설화문학으로 본

일본문화

이 책은 교육부 및 한국연구재단의 대학인문역량강화사업(CORE) 지원에
의해 HUFS 인문학총서로 출판된 것임

설화문학으로 본 일본 문화

문명재 지음

HU:iNE

머리말

그 동안 여러 권의 단독 또는 공저 연구서를 써왔는데, 이번에 쓴 『설화문학으로 본 일본문화』에 대해서는 개인적으로 특별한 의미를 느낀다. 일본 설화문학을 중심으로 연구해 오면서 『일본설화문학연구』(보고사 2003)와 『今昔物語集의 전승방법』(보고사 2005)을 집필한 후 시간이 많이 흘렀고, 그 동안의 연구 성과를 새롭게 정리하고자 하는 마음은 있었지만 실행을 못하고 있었다. 항상 과제를 앞에 두고 부담을 느끼면서 지냈는데 다행히 올해 연구년을 맞아 여유를 갖게 되었다. 특히 한 달 동안 일본 릿쿄(立教)대학의 초빙연구원으로 지내면서 연구서 집필에 집중할 수 있는 기회가 주어져 많은 도움이 되었다. 또한 한국외국어대학교 일본어대학 일본언어문화학부가 [인문역량강화사업]에 참여하면서 사업단으로부터 받는 지원도 좋은 모티베이션이 되었다. 도움을 주신 분들과 기관에 대해 지면을 빌어 감사를 드린다.

일본 설화문학을 연구해오면서 항상 염두에 두었던 것은 다른 문학 장르와는 성격이 다른 설화문학의 특징을 어떻게 하면 제대로 규명할 수 있을까 하는 방법론이었고, 이러한 고민을 하게 된 근원에는 필자는 한국인으로서 일본 고전문학을 연구하는 입장이라는 문제의식이 자리하고 있었다.

돌아보면 일본 유학시절 일본 국문학계의 학풍을 익히고 귀국해서도 한동안 거기에 익숙해 있었다. 그러던 중 일본문학이란 일본 학자에게는 국문학이지만 나에게는 외국문학이라는 사실을 점점 자각하게 되었고, 그렇다면 한국인의 입장에서 일본고전을 바라보는 적절한 시각과 방법이 필요한 것이 아닌가 하는 생각을 하게 되었다. 특히 설화문학의 경우는 모노가타리(物語)나 와카(和歌)와는 달리 전승성을 지닌 유동적인 문학, 일본어로 표현하자면 「流れの文学(흐르는 문학)」이라는 특징이 있고, 이런 특성을 지닌 설화문학을 대상으로 하다 보니 연구자로서의 아이덴티티에 더 민감했던 것 같다.

또 하나 본 연구서의 성격에 대해 언급하자면, 일본문학을 일본문화나 사회와 접목시켜 파악하고자 하는 의도가 담겨 있음을 밝혀 둔다. 원래 모든 문학이 그러하듯이 문학작품 안에는 작자의 의도와 상관없이 작품이 쓰인 당시의 시대적 제반 상황이 반영되기 마련인데, 설화문학의 경우는 특히 그렇다. 저서 안에서도 언급한 바 있지만 설화문학은 어떤 의미에서는 살아있는 역사라고도 할 수 있을 정도로 설화의 배경이 되는 시대상황을 적나라하게 묘사하고 있는데, 이러한 특징은 문학으로서 뿐만 아니라 역사 문화를 이해하는 데 있어서도 매우 효과적인 단서를 제공하는 것이다. 따라서 문학연구와 더불어 문화나 사회와 접목한 연구도 많은 가능성을 지니고 있다고 생각한다.

본 저서는 위에서 언급한 생각을 바탕으로 전체 12장으로 구성하였다. 그 동안의 연구 성과를 정리하는 한편 누구나 읽고 이해하기 쉽도록, 그리고 일본 고전문학과 일본문화를 가르치는 입장에서도 유익한 자료가 되도록 주의를 기울였다. 이러한 필자의 의도가 이 분야의 연구자는 물론 일반 독자에게도 잘 전해지기를 희망하고, 앞으로도 많은 사람들이 일본문학을 통해서 일본의 참모습을 이해하는데 도움이 되도록 더욱 노력하고자 한다. 그 동안 도움을 주신 분들과 기관, 출판 과정에서 노고를 아끼지 않으신 한국외국어대학교 지식출판원에 깊이 감사를 드린다.

2017년 6월

* 본 저서는 다음과 같은 출처의 저서 및 논문을 바탕으로 보완 및 재정리를 하였음.

제1장 일본설화문학에 대한 이해 : 『일본설화문학연구』 제*장 (보고사 2003)

제2장 일본의 시대별 설화문학과 개요 : 『일본설화문학연구』 제*장 (보고사 2003)

제3장 일본 설화문학 연구방법론 : [일본 설화문학 연구방법론 고찰] (『일어일문학연구』제63집2권(한국일어일문학회 2007.11)

제4장 신화의 세계 : [일본신화와 설화를 통해 본 신의 세계] (『국제지역연구』 제3권제4호 한국외대외국학종합연구센터 1999.12)

제5장 신과 불보살의 만남 : [일본신화와 설화를 통해 본 신의 세계] (『국제지역연구』 제3권제4호 한국외대외국학종합연구센터 1999.12)

제6장 여성에 대한 인식 : [『今昔物語集』의 여성에 대한 고찰] (『일어일문학연구』제58집2권(한국일어일문학회 2006.8)

제7장 가족의 인연 : [『今昔物語集』의 인연담 고찰 -부모와 자식 관계를 중심으로-] (『일본연구』 제69호 한국외대일본연구소 2016.9)

제8장 효와 불효 : [『今昔物語集』의 本朝(일본)部의 효행담 고찰] (『일본연구』 제42호 한국외대일본연구소 2009.12) / [『今昔物語集』의 불효담에 대한 고찰] (『일본연구』 제62호 한국외대일본연구소 2014.12)

제9장 무사의 전형 : [『今昔物語集』의 源頼信像 고찰] (『일본연구』 제49호 한국외대일본연구소 2011.9)

제10장 도적담으로 본 사회상 : [『今昔物語集』의 도적담 고찰] (『일

본연구』 제58호 한국외대일본연구소 2013.12)

제11장 지방관리와 민중의 삶 : [『今昔物語集』에 나타난 受領像 고찰] (『일어일문학연구』제70집2권(한국일어일문학회 2009.8)

제12장 애욕의 세계 : [『今昔物語集』의 애욕담(愛欲談)고찰] (『일본연구』 제65호 한국외대일본연구소 2015.9)

목차

제一장

일본 설화문학에 대한 이해

제1장 일본 설화문학에 대한 이해

설화와 설화문학의 차이는 무엇인가? 표현만 놓고 보면 설화에 문학이란 말이 붙어있으면 설화문학이고 문학이란 말이 없으면 그냥 단순히 설화이다. 일본문학사에서 이와 유사한 예는 와카(和歌)와 와카문학, 모노가타리(物語)와 모노가타리문학 등이 있다. 그렇다면 일본문학사에서 와카와 와카문학, 모노가타리와 모노가타리문학을 별개의 개념으로 생각했는가 하면 그렇지 않다. 예로부터 와카나 와카문학, 모노가타리나 모노가타리문학은 같은 개념으로 취급해왔던 것이다. 하지만 설화와 설화문학의 경우는 달랐다. 이 문제를 해결하려면 먼저 문학이란 무엇인가에 대해 생각해볼 필요가 있을 것이다.

제1절 문학의 정의

우리는 문학이란 말을 수시로 접하면서 살고 있지만, 정작 문학이란 무엇인가에 대해 생각해 보는 일은 별로 없다. 국문학이든 외국문학이든 문학을 전공하는 사람들조차 문학의 의미를 심각하게 생각하지 않고 곧장 특정 작가나 작품 연구에 몰두하는 경우가 많다.

그 이유를 생각해 보면, 우리는 평소 물이나 공기와 함께 생활하면서도 의식하지 못하듯이 문학에 둘러싸여 지내면서도 그 존재를 의식하지 못할 만큼 문학이란 말에 무디어져 있기 때문일 것이고, 또 하나 문학이란 말 자체의 정의를 내리기가 쉽지 않다는 것도 이유가 될 것이다. 이 문제에 대한 답을 위해 많은 문학이론서를 뒤적여 보아도 서구에서 도입된 추상적인 이론의 나열이 좀처럼 가슴에 와 닿지 않는다.

우선 이 문제에 접근하기 쉽게 하기 위해서 번역을 예로 들어보기로 하자. 일반적으로 번역 작품에 대해서 어떤 사람은 문학이란 말을 붙여서 번역문학이라 하는데 어떤 사람은 번역에 문학이란 말을 붙일 수는 없고 번역은 그냥 번역일 따름이라고 주장한다. 심지어 번역문학이란 용어를 사용하는 사람조차 일반 문학작품과는 달리 번역에 문학이란 말을 붙이는데 일말의 주저함을 느끼는 것이 사실이다.

이처럼 시나 소설에 대해서 문학이라 부르는 것에는 아무런 이의가 없음에도 번역에 문학을 붙여 번역문학이라 하는 것에는 저항을 느끼는 이유는 무엇일까? 가장 큰 이유는 번역이란 시나 소설과 같은 완전한 창작물이 아니라 번역의 모태가 되는 원작이 있다는 사실 때문일 것이다. 원작이 없는 번역이란 있을 수 없고, 원작이 존재한다는 사실은 바로 번역자의 창의성을 인정할 수 있겠는가 하는 의문을 품게 한다. 바로 이 점이 번역에 문학이란 말을 붙이는데 저항감을 갖게 하는 주된 요인인 것이다.

한편, 번역은 문학작품으로 보아도 손색이 없다고 주장하는 의견도 많은데, 이 경우에는 번역이란 원작을 바탕으로 하여 언어를 바꾸어 놓는 단순작업이라고 보는 것을 거부한다. 번역은 단순히 이쪽 상자를 저쪽으로 옮겨놓거나 같은 내용물을 포장만 다른 새로운 상자에 담는 것이 아니라, 원작에 대한 해석과 표현에 적극적으로 관여하는 행위라는 것이고, 그렇기 때문에 번역과정에서 행하는 번역자의 창의성은 존중되어야 한다는 것이다.

번역가 쉘리가 "시인의 언어는 그 자체에만 속하는 유일한 소리의 질서를 갖고 있기 때문에 번역된 시는 용광로에 던져진 제비꽃같이 그 색과 향기를 잃어버리고 만다"고 끊임없이 절망하면서도 번역의 펜을 꺾지 못했던 것은, 바로 그의 번역행위가 단순한 언어의 치환행위가 아니라 제비꽃의 색과 향기를 재창조 해내기 위한 끊임없는 노력의 창의적 행위였기 때문일 것이다.

이렇게 보면 번역을 문학으로 인정할 것인지 안할 것인지의 기준이 되는 중요한 요소로서 창의성을 지적할 수 있다. 즉 번역이란 행위에 대해 번역자의 창의성을 적극적으로 인정하는 입장에서는 번역문학이라 하지만, 그렇지 않은 경우에는 번역이 문학임을 부정하는 것이다.

한편 번역에도 여러 가지가 있을 수 있는데, 내용에 따라 크게 나누어보면 문학의 번역과 비문학(기술과학 법률 경제 등의 논문 저서 등)의 번역이 될 것이다. 이 때 비문학의 경우처럼 원문을 우리말로 옮겨놓는 단순작업의 번역은 기술과학서의 번역 또는 법률 경제서나 논문의 번역이라고 하지 번역문학이라고 하지 않는다. 이 상황을 문학작품에도 그대로 적용한다면 시나 소설의 번역이라고 해야 하겠지만, 앞에서 지적했듯이 견해의 차이는 있어도 어쨌든 문학이라는 말을 붙여 번역문학이라고 부르기도 하는 것이다.

그렇다면 문학과 비문학의 번역 사이에 존재하는 무엇이 이러한 차이를 가져오는 것일까? 앞에서 지적한 창의성의 유무 측면에서 보면, 비문학 번역의 경우는 문학 번역의 경우에 비해 번역자의 창의성이 개입할 여지가 적다는 점도 있겠지만, 보다 근본적인 원인은 창의성의 양적 차이보다 질적 차이에 있음을 간과할 수 없을 것이다. 즉 창의성만 있으면 모두 문학이라 할 수 있는 것이 아니다. 문학이기 위해서는 창의성을 갖추는 것이 전제조건이지만 단순히 창의성이 있는 것만으로는 부족하고 창의성의 질적 조건도 갖추어야 하는 것이다.

그런데 창의성의 질적 조건에는 평가라는 요소가 관여하게 되고, 평가라는 요소는 다분히 주관적이다. 음악을 예로 들면 어떤 사람은 클래식이 예술이고 대중음악은 예술이라 할 수 없다고 하는가 하면 이와 반대의 생각을 가진 사람도 있다. 하지만 예술이란 사람의 마음을 정화시키고 감동을 주는 것임을 감안할 때, 클래식에 무감각한 사람이 대중음악에 감동을 느낄 수도 있는 것이고 그런 사람에게는 대중음악이야말로 참다운 예술이 된다. 이와 마찬가지로 문학 역시 언어를 수단으로 한 예술인만큼 읽는 이에게 마음의 움직임을 주는 것이어야 한다. 그런데 작품을 통해 느끼는 감동이란 사람마다 다를 수 있고, 결국 개인의 평가는 주관적일 수밖에 없는 것이 사실이다.

바로 이 점이 문학의 정의를 어렵게 하는 것이 아닐까? 즉 지금까지 문학이기 위한 조건으로서 창의성과 평가라는 두 가지 요소를 지적했는데, 이 가운데서도 평가의 요소는 매우 주관적인 것이다. 따라서 문학의 정의는, 정의란 것이 모두 그렇듯이, 객관적이어야 하고 누구나가 납득할 수 있는 개연성이 요구됨에도 불구하고, 평가라고 하는 너무나 주관적인 요소가 개입되므로 어려울 수밖에 없는 것이다.

결국 만인이 공감하는 문학에 대한 정의는 불가능한 것처럼 보인다.

하지만 속 시원한 정의를 내릴 수는 없다 하더라도 우리가 평소 의식하지 못하고 지내던 근본적인 문제에 대해 주의를 환기시키고 되짚어 보는 과정을 거친다고 하는 것은 이러한 과정을 거치지 않은 채 문학을 이야기하고 연구 감상하는 것과는 큰 차이가 있으리라고 본다. 따라서 필자는 문학에 대한 정의의 어려움을 인정한 위에서, 문학이기 위한 조건으로서 창의와 평가라는 두 요소를 포함하여 [문학이란 언어(말과 글)를 통하여 인간에게 감동을 주는 창작물]이라고 정의하고자 한다.

[문학이란 언어(말과 글)를 통하여 인간에게 감동을 주는 창작물]
수단 평가 창의

제2절 설화문학의 개념 및 특징

설화문학이란 무엇인가를 논하기 위해서는 설화에 대한 개념을 파악할 필요가 있다. 그런데 설화는 한국과 일본의 국문학계가 모두 연구대상으로 삼고 있지만, 설화라는 용어의 사용과 그 연구방법론을 비교해 보면 여러 가지 차이가 있음을 느낄 수 있다.

가장 먼저 지적할 수 있는 것은, 일반적으로 설화라는 용어가 구승(口承)과 서승(書承)을 포함하는 포괄적인 개념으로 사용하고 있는 한국의 연구동향과는 달리, 일본의 국문학계에서는 서승에 의한 설화집을 구승문예와 구분하고 그 문학성을 규명하는 일이 최근의 연구동향으로서 주목받고 있다는 점이다.

이렇게 서로 다른 연구동향이 나타나게 된 주된 원인은 양국에 있어서의 현존하는 문헌설화집의 양적 차이에 있는 것으로 생각된다.

즉 많은 문헌설화집의 산일(散逸)을 겪은 한국으로서는 부족한 서승자료에만 의존하기보다는 구승자료를 포함시킴으로써 연구의 효과를 얻을 수 있었지만, 반면에 설화가 민속학과 국문학의 양 영역 사이에서 방황하는 결과를 가져왔고, 풍부한 서승자료가 현존하고 있는 일본은 구승에 의한 무카시바나시(昔話)를 서승과 구분하고 문자로 기록된 문헌설화집을 국문학의 주된 연구대상으로 하는 경향을 보이게 된 것이다.

따라서 여기에서 다루게 될 내용은 일본의 설화문학이므로 용어사용에 있어서도 현재 일본의 국문학계에서 통용되는 개념에 따르기로 하겠는데, 요약하자면 구승 또는 서승으로 전해지는 개개의 이야기가 설화이고, 개별적인 설화 또는 설화의 집합체로서의 설화집에 대하여 그 문학성을 인정하는 입장에서 설화문학이란 용어를 사용하기로 한다.

그렇다면 설화 또는 설화문학이란 무엇이고 어떠한 특징을 가지고 있는가? 설화는 소설이나 시와 같은 일반적인 문학작품과 성격이 다르다. 즉 소설이나 시는 창작자가 자신의 창의를 문자로 표현함으로써 완성되므로 일단 문자로 정착된 작품은 고정 불변의 성격을 지니지만, 설화는 그렇지 않다.

일례로 평론을 들어 보자. 고등학교 시절에 국어 선생님의 시 해설을 들으면서 과연 시인은 선생님의 해설처럼 그렇게 심오하고 기발한 의도를 가지고 시어를 선택하고 은유적인 표현을 했을까, 어쩌면 시인은 거기까지 의도하지 않았는데 선생님의 이해와 해석이 더 멋진 것은 아닐까 라고 감탄하면서 들은 경험이 있다. 이 때 시인이 정말 선생님의 설명한 바대로 의도했는지 아닌지는 이미 중요하지 않다. 왜냐하면 선생님의 해설에 의해 그 시는 우리에게 새로 태어나기 때문이다. 평론의 가치는 바로 여기에 있다. 어떤 작품에 대해 분석한 평론을 읽으면서 과연 작자가 평론가의 의미 깊고 신선한 해석과 같은 의도를 가지고서 작품을 썼을까 하는 의문을 품기도 하는데, 이는 실제의 작품보다 평론가의 작품분석이 뛰어나 평론이 오히려 작품의 진가를 높이는 경우도 있기 때문이다. 또 경우에 따라서는 작품의 문학성을 높이기 위해서 더 나은 방향으로의 수정 의견을 제시하기도 한다. 하지만 아무리 작품의 문학성이 높아진다 하더라도 평론가는 작품에 손을 댈 수는 없다. 왜냐하면 문학작품은 문학성의 높고 낮음과는 상관없이 작자의 창의성이 존중되어야 하는 창작물이기 때문이다.

하지만 설화는 그렇지 않다. 오늘날 우리가 접하는 설화는 한 개인의 창작물이 아니기 때문이다. 최초에 누군가가 설화를 창작했을지라도 전해지는 과정에서 얼마든지 변화가 발생하는 것이 바로 설화이다. 따라서 설화는 고정된 문학이 아니라 유동적으로 흐르는 문학이고, 이러한 전승성(傳承性)이 바로 설화의 가장 큰 특징이다.

다시 말해 전해지기 때문에 설화인 것이고, 이 점이 설화를 다른 장르의 문학과 구별 짓는 대표적인 요인이기도 하다. 설화와 설화문학에 있어서의 전승을 구체적으로 분석해 보면, 첫째 전승의 범위 면에 있어서는 시간적 전승과 공간적(=지리적) 전승으로 나누어 볼 수 있다. 시간적 전승이란 어떤 이야기가 생성되어 과거 현재 미래로 전해지는 것을 의미하고, 공간적(=지리적) 전승이란 어떤 이야기가 생성되어 한 지역에서 다른 지역으로 또는 한 나라에서 다른 나라로 전해지는 것을 의미한다. 두 번째로 전승의 형식면에 있어서는 구승과 서승으로 나눌 수 있는데, 어떤 이야기가 생성되어 입에서 입으로 전해지는 것을 구승이라 하고, 문자로 기록된 상태로 전해지는 것을 서승이라 한다. 세 번째로 전승의 내용 면에 있어서는 계승과 창조가 융합된 상태로 전해지는데, 여기에서 계승이란 생성된 이야기가 전해지는 과정에서 이전과 변함없이 답습되는 부분을 의미하고 창조란 같은 과정에서 새롭게 변화되는 부분을 의미한다.

이와 같은 전승의 세 가지 측면 중에서도 문학연구의 가장 중요한 대상은 바로 내용 면이다. 다른 장르의 문학작품은 일단 창작자의 손에 의해 완성되면 특별한 경우를 제외하고는 일회적이고 고정적인데 비하여 설화는 유동적이다. 의식적이든 무의식적이든 설화의 전승자는 전승 과정에 있어서 내용의 변화에 관여하는 것이다.

특히 문자로 기록된 설화집의 경우에, 전해지는 과정에서 전혀 변화가 생기지 않고 이전의 내용을 그대로 답습하는 것으로 여기기 쉬운데 사실은 그렇지 않다. 문헌설화에 있어서 전승자는 자신의 판단 또는 평가 등에 의해 전승 내용에 적극적으로 관여하기도 하고, 또는 시대적인 상황변화가 자연스럽게 반영된다든지 아니면 선행설화에 대한 해석상의 오류를 범한다든지 함으로써 소극적 또는 무의식적으로 영향을 미치기도 한다.

그렇기 때문에 설화는 생명력을 지니고 있다. 어느 때 어느 곳에서 설화가 생겨났을 때 모든 설화가 전승되는 것은 아니다. 생명력을 지닌 설화, 즉 재미있다든지 무섭다든지 교훈적이라든지 호기심을 채워준다든지 해서, 전하여 즐길만한 요소를 갖춘 이야기만 살아남는 것이다.

설화의 생명력은 왕성하다. 이야기가 전해지는 과정에서 많은 변용을 거치게 된다. 과장되기도 하고 삭제되기도 하고 뒤바뀌기도 하고 합해지고 나뉘기도 한다. 이러한 왕성한 생명력 속에는, 이야기가 전해 가는 과정에서 시대가 달라지고 장소가 달라짐으로써 발생하는 변화가 숨 쉬고 있고, 이야기를 전하는 자의 창의가 번뜩이고 있다.

또 하나 설화문학의 중요한 특징은 사실성(事實性)이다. 여기에서 말하는 사실이란 사실(史實)을 포함하고, 또 진실이 아닌 허구적 사실도 포함하는데, 허구적 사실이란 진실이 아니지만 당시에는 진실처럼 믿어진 것을 의미한다. 즉 현대를 살아가는 사람들의 인지 기준에서 보면 허구와 과장으로 보이겠지만 당시 사람들은 실제로 있을 수 있는 일처럼 인지하고 살았던 현상을 말한다. 그렇기 때문에 설화 안에는 설화발생 당시의 세계가 적나라하게 묘사되어 있고, 당시 사람들이 어떠한 생각으로 어떠한 삶을 살았는지를 알 수 있어, 마치 살아 숨 쉬는 역사를 읽는 듯하다.

제3절 설화문학의 자리매김

앞에서 서술했듯이 설화와 설화문학의 차이는 설화 다음에 문학이란 말이 붙어있는지 없는지의 차이이다. 즉 설화를 문학으로서 인정했는지가 문제가 되는데, 일본문학사에 있어서 설화와 설화집에 대한 문학적인 평가는 매우 인색했다고 할 수 있다. 예를 들어 모노가타리(物語, 일본의 고대소설)나 와카(和歌, 일본의 전통적 정형시)와 같은 장르의 작품은 산문 운문의 형식에 관계없이 일찍부터 문학작품으로서의 높은 평가를 받아왔지만 설화와 설화집은 그렇지 못했고, 따라서 일찍부터 모노가타리나 와카에 문학이란 말을 붙여서 모노가타리문학이나 와카문학으로 부르는 데에는 전혀 저항감이 없었지만 설화의 경우는 문학이란 말을 붙여서 설화문학이라고 부르는 경우가 드물었고 따라서 일본문학사에서도 제대로 문학으로서의 대우를 받지 못했었다. 이렇게 된 것은 설화가 다른 장르의 문학작품과는 그 성격이 달랐기 때문인데, 크게 두 가지 원인을 생각해 볼 수 있을 것이다.

첫째는 설화와 설화집의 창의성에 대해 의문이 제기되었기 때문이다. 설화란 개인의 창작이 아니고 전승되는 것이기 때문에 오늘날 우리가 접하는 설화란 이전의 내용을 답습한 것에 지나지 않는 것으로 여기고 그 창의성에 대해서는 인정하지 않으려 했던 것이다. 하지만 이후 설화집 및 설화집을 구성하는 개개의 설화에 대한 면밀한 검토가 이루어짐으로써 이제는 그 창의성에 대한 이의를 제기하지 않게 되었다. 즉 구승이든 서승이든 설화가 전해지는 과정에서는 변화가 따르기 마련이고, 이들이 설화집에 수록된다고 하는 것은 유동성을 잃고 문자로 고정되는 것을 의미하는 것이므로, 설화집의 편자는 개개의 설화를 문자로 고정시키는 과정에서 선행설화에 대한 해석과 표현 등을 통하여 설화의 내용에 크게 관여하고 있음이 면밀히 밝혀진 것이다.

두 번째는 평가의 문제라고 할 수 있겠다. 일본의 전통적인 문학관은 화조풍월(花鳥風月)을 대상으로 고전적인 정취와 우아함 고상함을 바탕으로 하고 있는데, 이러한 문학관에 비추어 보면 비속하고 적나라한 표현과 소재로 가득 찬 설화는 평가의 대상에서 제외되는 것이 당연하였던 것이다. 따라서 문학사의 취급 대상에서 제외된 이단적인 존재로서의 위치를 벗어나지 못했었다.

이처럼 와카나 모노가타리 문학에 비해 한 단계 저급한 것으로 보았던 설화에 대한 인식은 20세기 초인 메이지(明治) 다이쇼(大正)시대까지 이어졌다. 당시 최고의 고전문학사로서 인정받던 후지오카사쿠타로(藤岡作太郎)의 『국문학전사(国文学全史)』를 보면, 설화집으로서는 유일하게 『곤자쿠모노가타리슈(今昔物語集)』에 대해 언급하면서 "편자의 이상이라고 할 만한 것이 존재하지 않음은 물론이고 내용이나 수사적인 표현에 있어서 시적인 정취나 문학적 재능을 찾아보기 어렵다"라고 하여 문학적으로는 인색한 평가를 하였고, 다만 "내용에 있어서 역사적인 정확성도 없고 개인적인 상상력을 볼 만한 것도 없지만 이 책에서 귀중한 것은 당시의 사회풍속과 사람들의 정신세계를 살피는데 중대한 가치를 지닌다"고 함으로써, 자료로서의 가치를 인정하는데 지나지 않았음을 알 수 있다.

이러한 인식에 변화를 가져오게 된 것은 쇼와(昭和)2년(1927)에 아쿠다가와류노스케(芥川龍之介)가 「곤자쿠모노가타리슈감상(今昔物語集鑑賞)」이란 글을 발표한 것이 계기가 되었다. 그는 『곤자쿠모노가타리슈』에 대해 "생생한 표현은 곤자쿠모노가타리슈의 예술적 생명"이고 "서구인의 말을 빌리면 brutality(야성)의 아름다움"이라 하여, 설화집에 실린 설화에 대해 편자의 문학적인 행위를 인정하고 그 문학성을 높이 평가한 것이다.

이와 같은 우여곡절을 거쳐 설화 및 설화집은 일본문학사에서 중요한 위치를 차지하게 되었고, 이제 설화문학은 다른 장르의 문학과 더불어 연구와 감상의 중요한 대상으로 자리매김을 하게 되었다.

국문학 분야뿐만 아니라 역사연구에 있어서도 최근의 동향을 살펴보면 설화의 위상이 많이 바뀌었음을 느끼게 된다. 최근 국내외 역사연구의 동향을 살펴보면, 과거의 사건사 정치사 중심의 연대기적인 역사연구로부터 민속 종교 사회 생활상 등 종합적인 문화연구의 방향으로 그 무게중심이 이동하고 있음을 느낄 수 있다. 따라서 과거의 몇몇 중요 인물과 사건들로 엮어지던 역사연구가 이제는 신분의 귀천을 막론하고 모든 민중들을 주인공으로 삼고 그들의 삶의 모습 자체를 파악하는데 노력하고 있다.

이러한 변화와 더불어 문헌설화에 대한 인식도 달라졌다. 즉 정통사료를 중심으로 역사연구가 이루어지던 시대에 있어서 문헌설화는 사료적 가치를 인정받지 못하고 기껏해야 부수적이고 보조적인 역할을 하는데 지나지 않았지만, 생활문화사에 대한 관심이 커지면서 이제 그 진가를 발휘하게 된 것이다.

이는 문헌설화의 특성을 생각할 때 극히 자연스러운 변화이다. 설화 안에는 설화생성 당시의 사람들이 지니고 있던 정신세계와 일상생활의 모습들이 적나라하게 묘사되어 있고, 따라서 설화는 생생하게 살아 숨 쉬는 살아있는 역사의 기록이라 해도 과언이 아니다.

미래는 과거를 돌아볼 줄 아는 자에게 스스로를 열어 놓는다. 과거의 우리 선조들과 이웃 민족들이 어떠한 생각으로 어떠한 삶을 살았는가를 돌아보는 것은 다가오는 세상을 살아갈 우리에게 더없는 길잡이가 되어주고 있다. 이러한 점을 감안할 때 역사 문화의 연구에 있어서 문헌설화의 이용은 그 효과가 크게 기대된다고 할 수 있을 것이다.

제二장

일본의 시대별 설화문학과 개요

제2장 일본의 시대별 설화문학과 개요

제1절 상대시대의 설화문학

일본 문학사에서 상대 문학은 야마토(大和)시대의 문학이라고도 한다. 일본의 정치 문화의 중심이 야마토(지금의 나라를 중심으로 한 지역)에 있던 시대의 문학이란 의미이다. 시기적으로는 일본문학이 발생하여 794년 헤이안(平安-지금의 교토지방) 천도에 의해 중고시대가 시작되기 전까지를 말한다.

일본문학의 발생은 문자에 의한 기록문학시대 이전에 구송(口誦)에 의한 문학 활동의 시기가 있었음을 감안하면 상당히 고대로 거슬러 올라가야 할 것이다. 일본 민족이 문자를 갖지 못했던 원시시대에 있어서도 수렵 농경 제사 등의 생활 가운데 춤과 노래와 이야기 등의 여러 가지 형태로 사랑과 기쁨과 슬픔을 표현했었고, 이러한 것들이 입에서 입으로 구전되어 일본문학의 발생을 가져온 것이다.

설화는 좁은 의미에서는 신화나 전설을 제외하지만 넓은 의미에서는 이들을 포함한 구두전승에 의한 이야기 또는 이들을 문자화한 것을 총칭하는데, 상대 문학에 있어서 설화를 이야기할 때는 일반적으로 넓은 의미로 해석하여 신화 전설을 포함하고, 그 자료로서는 『고지키(古事記)』, 『니혼쇼키(日本書紀)』, 『후도키(風土記)』, 『다카하시노우지부미(高橋氏文)』, 『고고슈이(古語拾遺)』 등을 들 수가 있다. 이들은 전 시대의 구승문학을 집성한 것이고 편찬의 동기도 문학작품으로서의 완성에 있는 것은 아니었지만 상대 설화문학의 모습을 엿볼 수 있는 귀중한 자료이다.

1. 신화

신화는 하나의 신격을 중심으로 전승된 이야기로, 고대민족이 공통적으로 지니고 있는 상상력에 의해 자연계 및 인간계의 모든 사물이나 현상에 대해 신의 활동으로 파악한다. 그 서술방법에는 초현실적이고 상상에 의한 불합리한 면이 있지만, 당시 사람들에게는 그것이 사실이고 민족의 역사로서 믿어지고 있었다. 따라서 신화를 통하여 그 민족의 실제 생활모습 외에 소박한 천지창조 우주관 사생관 등을 엿볼 수 있다.

일본 신화는 주로 『고지키』와 『니혼쇼키』의 신대(神代)를 중심으로 고대 일본의 국토생성과 국가기원, 천신의 자손으로서 황족의 전개가 기술되어 있다. 이것은 7세기 후반에서 8세기전반에 걸쳐 확립된 천황의 절대적 권위와 야마토 조정의 세력신장에 바탕을 두고 성립했는데, 대내적으로는 국민에 대한 조정의 절대 위위를 나타내고, 대외적으로는 유구하고 존엄한 국가의 기원을 기록하려는 국가의식의 자각에 근거하여 서술되었다.

2. 전설

『고지키』와 『니혼쇼키』의 신들의 시대 이후에 많은 전설이 보이는데, 전설은 신화시대에서 역사시대로 옮겨가는 과도기에 발생하는 전승이다. 전설은 소재의 대상을 역사상의 특정인물과 사건 장소 시간을 배경으로 하고 있어, 신화와는 달리 초자연적인 요소가 적고 역사성을 띠고 있는 것이 특징이다. 즉 역사적 사실을 허구와 혼동하여 서술하거나 특정시대 또는 지역과 결부시켜 이야기가 전개된다. 일본의 경우 전설은 신화에 나타난 국토창조와 건국정신을 이어받아 주로 국가발전의 역사적 사실을 내용으로 하고 있는데, 예를 들면 진무(神武)천황 야마토타케루노미코토(日本武尊) 진구(神功)황후 유랴쿠(雄略)천황 등의 이야기를 서사적인 필치로 묘사하고 있다.

3. 고지키

제40대 덴무(天武)천황 시대에 히에다노아레(稗田阿礼)가 당시의 황실이나 민간의 신화 전설 등을 암송해 오던 것을, 제43대 겐메이(元明)천황 때인 712년(和銅5)에 오노야스마로(太安万侶)가 역사서로 완성시켰다. 상중하의 세권으로 되어 있는데, 상권은 신화를 통하여 천지창조로부터 신들의 활동을 서술한 신대의 기록이고, 중권은 제1대 진무천황에서 제15대 오진(応神)천황까지를, 하권은 제16대 닌토쿠(仁徳)천황에서 제33대 스이코(推古)천황까지를 기록하고 있다.

상권은 신들의 세계를 기록한 것으로, 남신 이자나기(伊邪那岐)와 여신 이자나미(伊邪那美)에 의한 국토생성신화, 아마테라스오미카미(天照大神)를 중심으로 한 천상계신화, 아마테라스오미카미의 뜻을 받들어 손자인 니니기노미코토(瓊瓊杵尊)가 삼종신기(三種神器 천황위의 상징으로서 전해지는 거울 검 곡옥의 세 가지 보물)를 가지고 천상계인 다카마가하라(高天原)에서 지상계인 다카치호노미네(高天穂峰)에 내려왔다는 천손강림신화로 이루어져 있다. 중권 하권은 인간의 세계를 기록한 것으로, 진무천황의 동국정벌 및 국가건설, 야마토타케루노미코토의 동서정벌, 진구황후의 신라원정 등의 전설과, 닌토쿠천황의 백성에 대한 자비심, 형제인 제23대 겐조(顕宗)와 제24대 닌켄(仁賢) 두 천황 사이에 있었던 황위 양보의 이야기 등이 실려 있다.

4. 니혼쇼키

제44대 겐쇼(元正)천황 시대인 720년(養老4)에 완성된 전 30권의 역사서로, 도네리신노(舎人親王)가 중심이 되어 편찬하였다. 제1,2권은 신대를 기록하고 제3권부터 제30권까지의 28권에 제1대 진무천황에서 제41대 지토(持統)천황까지의 사적을 한문으로 편년체 양식에 의해 기록하였다. 중국의 『사기(史記)』, 『한서(漢書)』 등의 사서를 참조하고 국내외의 여러 사료들을 인용 참고하여 만들어졌다.

편찬태도에 있어 『고지키』와는 다른 면이 많은데, 『니혼쇼키』의 신대 기록은 천손계 신화를 존중하여 황조신(皇祖神)에 직접 관련된 전승을 중심으로 건국신화를 구성하고 있고, 이즈모(出雲)계 신화나 민간전승은 가볍게 취급하고 있다. 황실과 호족들의 계보 동정 등이 기록되어 있고, 신대로부터 겐조 닌켄 부레쓰(武烈)천황 무렵까지는 『고지키』와 같은 신화 전설 설화를 연결시킨 기록이 많지만, 제26대 게이타이(継体)천황 무렵부터 역사적 사실의 기술이 많아져, 제36대 고토쿠(孝徳)천황 무렵부터는 설화적 요소가 거의 사라지게 된다.

『니혼쇼키』는 그 명칭에 나타나있듯이 대외적으로 자국을 의식한 입장에서 기술한 역사서로, 후반부는 사실성이 풍부하여 사료적 가치는 높으나 문학성은 뒤떨어진다. 하지만 기록된 시대의 대부분이 전승 시대이고 서사적 서술방법을 취하고 있기 때문에 결과적으로는 설화적 전승을 많이 포함하고 있다. 내용적으로 보더라도 신의 은덕과 재앙, 신과 인간과의 갈등, 기적과 영험 등, 천황의 통치와 관련된 사건들 외에도 여러 가지 소재의 이야기들이 실려 있어, 서사적 문학으로서 주목할 만한 내용을 담고 있다.

5. 후도키

제43대 겐메이(元明)천황 시대인 713년(和銅6), 칙명에 의해 각 지방에서 산물 지질 지형 지명의 유래 전승 등을 중앙정부에 보고한 것으로, 한문체를 주로 하면서 설화부분에는 국문체를 섞어 기술하였다. 현재 완전한 형태로 현존하는 것은 『이즈모후도키(出雲風土記)』뿐이고 히타치(常陸) 하리마(播磨) 분고(豊後) 비젠(肥前)지방의 『후도키』가 불완전한 형태로 전해지고 있는데, 이 외에도 여러 기록에 인용되어 부분적으로 남아 있는 30여 지방의 일문(逸文) 『후도키』가 있다.

문학적으로 주목할 부분은 각지의 민간전승인데, 특히 지명의 유래를 설명하는 전설을 많이 담고 있고 민중문학으로서 흥미를 끄는 설화들을 전하고 있다. 『후도키』의 설화는 단편적이어서 『고지키』나 『니혼쇼키』와 같은 사서의 신화 전설에 보이는 체계적인 국가의식이 희박하지만, 지방적으로 특색 있는 신앙이나 풍습, 농경과 어로생활 등을 반영한 설화가 많아서 고대 일본인의 생활상을 엿볼 수 있다.

6. 다카하시노우지부미

다카하시(高橋)씨 집안의 전승을 기록한 것이다. 다카하시와 아즈미

(安曇) 양 집안은 부젠(奉膳-천황의 식사를 담당하는 것)을 둘러싸고 마찰이 일자 다카하시씨가 자기 집안의 내력을 기록하여 조정에 제출한 것이다. 이 책은 현존하지 않지만 다른 문헌에 인용 기록된 것을 모아서 현재는 거의 원래의 내용으로 복원되었는데, 성립 시기는 명확치 않으나 792년(延暦11)으로 보는 설이 있다. 문학적 가치로는 설화와 고사 씨족 전승과 민간전승을 풍부하게 제공하고 있어 상대 전승문학의 일단을 엿볼 수 있다는 점을 들 수 있다.

7. 고고슈이

신화 전설을 기록한 역사서이다. 제51대 헤이제이(平城)천황 시대인 807년(大同2)에 인베노히로나리(斉部広成)가 기록한 것으로, 성립시기로 보면 헤이안시대의 문헌이지만 내용은 상대의 신화 전설을 전하고 있으므로 상대문학으로 다루는 것이 관례이다. 당시 조정의 제사를 담당했던 인베(斉部)씨는 제정(祭政) 양면에서 나카토미(中臣)씨와 세력을 겨루고 있었는데, 인베씨가 제사를 관장해야 하는 집안이라는 것을 주장하기 위해서 정사(正史)에 누락된 집안의 전승을 편집한 것이다. 천지개벽으로부터 덴표(天平)년간(729~749)까지의 기록을 싣고 있다.

제2절 중고시대의 설화문학

일본의 중고시대 문학은 794년에 제50대 간무(桓武)천황이 헤이안지방으로 도읍을 옮긴 후부터 1192년 미나모토노요리토모(源頼朝)에 의해 가마쿠라(鎌倉)막부가 개설되기까지 약 400년간의 문학을 말한다.

이 시기는 당시의 도읍 이름을 따서 헤이안시대라고도 하고 문학사에서는 헤이안문학이라고도 하는데, 교토(京都)의 귀족들을 중심으로 한 문학이 전개되었다.

헤이안 천도는 나라시대 말기의 정치적 혼란을 타개하고 율령정치를 재건하려는 조정의 방침에 의한 것이었고, 적극적으로 대륙문화를 받아들임으로써 전반적으로 당풍화(唐風化)의 분위기가 이루어졌다. 따라서 이 시대 초기에는 한시문이 발달하였고, 9세기 전반에 『료운슈(凌雲集)』, 『분카슈레이슈(文華秀麗集)』, 『게이코쿠슈(経国集)』 등의 칙찬(勅撰) 한시집들이 편찬되었다.

그러나 9세기 후반이 되면서 귀족사회에서는 당풍에서 벗어나려는 움직임이 나타나고, 가나(仮名)문자의 보급과 더불어 와카가 궁정귀족문학으로서 되살아나, 한시와 대등한 귀족문학으로 인정받게 되었다. 그 결과 10세기 초에는 『고킨와카슈(古今和歌集)』가 편찬되었고, 이것이 규범이 되어 칙찬와카집의 전통이 형성되었다.

한편 가나문자에 의한 산문문학도 다양한 형태로 전개되었다. 구승설화를 바탕으로 한 『다케토리모노가타리(竹取物語)』는 가구야히메라는 여주인공을 둘러싸고 벌어지는 귀공자들의 구혼담과 승천을 허구적인 필치로 그린 최초의 모노가타리이고, 『이세모노가타리(伊勢物語)』는 와카와 모노가타리가 혼합된 형태의 작품이다. 그리고 원래는 공적인 기록으로서 한문으로 쓰였던 일기가 인간내면의 세계를 표현하면서 문학의 한 장르로 발전하였는데, 도사(土佐)지방에서 현령의 임기를 마친 기노쓰라유키(紀貫之)가 도읍인 교토에 도착할 때까지의 여정을 일기체 기행문으로 쓴 『도사닛키(土佐日記)』를 효시로 하여, 여성의 내면생활과 심리를 사실적으로 그려낸 『가게로닛키(蜻蛉日記)』, 『이즈미시키부닛키(和泉式部日記)』, 『무라사키시키부닛키(紫式部日記)』, 『사라시나닛키(更級日記)』 등이 있다.

여류문학으로서 특히 주목할 작품으로는, 이치조(一条)천황 시대의 궁정을 배경으로 예리한 감성과 지성으로 독자적인 미의 세계를 전개한 세이쇼나곤(清少納言)의 수필 『마쿠라노소시(枕草子)』와, 주인공 히카루겐지(光源氏)와 그의 아들 가오루(薫)를 둘러싼 귀족세계와 여성편력을 거대한 구상 하에 담은 무라사키시키부(紫式部)의 『겐지모노가타리(源氏物語)』가 있다.

이후로도 많은 산문문학 작품들이 등장하였지만 모두 『겐지모노가타리』에는 미치지 못하였고, 모노가타리의 쇠퇴와 더불어 『에이가모노가타리(栄花物語)』, 『오카가미(大鏡)』와 같은 역사물과, 『곤자쿠모노가타리슈』를 비롯한 설화문학이 꽃을 피우게 되는데, 설화문학으로서 주요 작품은 다음과 같다.

1. 니혼료이키(日本霊異記)

정식 명칭은 『니혼코쿠겐포젠아쿠료이키(日本国現報善悪霊異記)』이고 작자는 나라 야쿠시지(薬師寺) 절의 승려 교카이(景戒)이다. 작품이 성립된 것은 대략 9세기 초로 헤이안시대이지만 수록된 설화는 나라시대의 설화가 대부분이고, 불교설화 116화가 상중하의 3권으로 나뉘어 실려 있다. 본문은 한문체로 쓰였고 현존하는 일본 최초의 불교설화집이다.

작품의 편찬 의도는 서문에 잘 나타나 있는데, 말하자면 선악의 업보는 그림자처럼 따라다니는 것으로, 이를 실제 예화를 통해서 제시함으로서 악심을 버리고 선도를 행하도록 하기 위해서 중국의 『명보기(冥報記)』, 『반야험기(般若験記)』 등을 모방하여 자국의 기이한 인과응보담을 기록한 것이라고 하였다. 또한 서명에 현보선악(現報善悪)이라 하였듯이 여기에 실린 설화들은 선악의 현보, 즉 현세에서 눈앞에 전개되는 선악의 응보를 대상으로 하고 있다.

작자 교카이는 정식 승려가 되기 이전에 사도승(私度僧)으로서 생활했는데, 사도승이란 국가가 공인한 승려가 아니라 스스로 출가하여 승려가 된 자를 말한다. 따라서 설화의 배경 또한 대사원이나 고승을 주인공으로 한 것 보다는 일반 민중의 세계에 접근한 이야기가 많아 사도승의 문학이라고도 부른다.

2. 산보에(三寶繪)

미나모토노타메노리(源爲憲)가 984년(永觀2)에 젊은 나이에 출가한 손시나이신노(尊子內親王)를 위해 편찬한 불교입문서적 설화집이다. 손시나이신노는 레이제이(冷泉)천황의 둘째 딸로 엔유(圓融)천황의 뇨고(女御)이다. 상 중 하의 세 권으로 되어있고, 불 법 승의 삼보를 평이하게 해설하여 불교에 대한 귀의를 권장하고 있다. 각 권은 불보(佛寶) 법보(法寶) 승보(僧寶)로 이루어져 있고, 상권에는 각종 불전에서 얘기한 석존의 본생담을, 중권에는 대부분 『니혼료이키』에서 취한 일본의 불교설화를, 하권에는 정월부터 12월까지 월별로 조정 사원 민간에서 행해지는 연중행사적인 불교행사와 법회에 대해 서술하고 있다. 원래는 그림과 문장을 교대로 하여 쓴 것이었으나 현존하는 것에는 그림이 소실되고 문장만 남아 있다.

3. 니혼오조고쿠라쿠키(日本往生極樂記)

일본 최초의 왕생전이다. 승니남녀(僧尼男女) 42인의 극락왕생기를 수록하고 있고 편찬시기는 편자인 요시시게노야스타네(慶滋保胤)가 출가한 986년(寬和2) 이후이다. 이 설화집은 헤이안시대 중기에 유행하던 정토사상을 배경으로 한 것인데, 당시 일본 정토사상사에 있어 이론적 지침서라 할 수 있는 겐신(源信)의 『오조요슈(往生要集)』와 더불어 왕생의 사례집으로서 편찬된 것이다.

내용면에서 보면 설화적인 서술이나 왕생과 직접 관련이 없는 사건에 대해서는 가능한 한 묘사를 절약하면서, 왕생의 전조나 예고 임종시의 기이 등, 주인공이 극락왕생을 이루었다는 증거가 될 만한 사실에 대한 묘사는 적극적이다. 이러한 사실은 이 작품이 설화적 사실보다는 신앙상의 절실한 요구가 반영된 것, 즉 극락왕생이 분명히 현실적으로 있을 수 있다는 것을 확인하여 자기신앙의 증거를 얻고, 나아가서는 자신의 왕생에도 도움을 받고자 하는 간절한 바람의 결과물이기도 하다. 각 설화에 나타난 임종시의 기이한 현상들은 대개 자운(紫雲) 음악 향기 등과 같이 유형화되어 나타나는데, 이것이 바로 왕생의 징표가 되는 것이다.

이 작품은 서문에서 밝히고 있듯이 중국의 선행 왕생전인 『정토론(浄土論)』, 『서응전(瑞應傳)』 등에 의해 자극을 받은 것으로, 승려 비구니 남자 여자의 순으로 분류 배열되어 있다. 42인의 왕생인 가운데 권문세가의 귀족은 단 한사람도 없다는 점에서 편자의 정토신앙에 대한 본질을 엿볼 수 있는데, 이러한 특징은 후속 왕생전에서도 공통적으로 엿볼 수 있다. 왕생전의 편자들이 대부분 관직과는 거리가 있는 불우한 문인귀족이었기 때문에 당시의 제도적 모순을 절감함과 동시에 세속적 가치관에서 벗어난 상태에서 진지하게 왕생을 희구하는 구도생활을 보낸 것이다.

이 작품으로부터 약 1세기 후 일본은 인세이(院政, 천황에서 물러난 상황이 정사를 돌보는 것)기에 접어드는데, 정토교는 각 층에 널리 침투하여 폭발적으로 성행하게 된다. 더불어 왕생전도 많이 편찬되게 되어 왕생전의 시대를 맞이하게 된다. 1100년경 오에마사후사(大江匡房)에 의해 편찬된 『조쿠혼초오조덴(続本朝往生伝)』을 비롯하여 『슈이오조덴(拾遺往生伝)』, 『고슈이오조덴(後拾遺往生伝) 『산게오조덴(三外往生伝)』 등이 나타났고, 이후로도 『고야산오조덴(高野山往生伝)』, 『미이오조덴(三井往生伝)』과 같이 불교의 종파나 사원과 관련된 왕생전도 등장하였다.

4. 홋케겐키(法華験記)

1043년경 천태종의 승려인 진겐(鎮源)에 의해 『다이니혼코쿠홋케쿄겐키(大日本国法華経験記)』가 성립했다. 법화경의 위력을 실증하기 위한 영험설화가 상권 40화 중권 40화 하권 49화의 합계 129화(단 제84화는 본문 결)에 수록되어 있다. 법화경은 천태종의 의거경전이고 당시 일본에서 가장 유포된 경전이었으므로 법화경영험기 편찬의 분위기는 무르익어 있었고, 작자가 천태종 승려인 만큼 히에잔(比叡山)과 관련된 이야기가 많은 것은 당연한 일일 것이다. 서문에서 송나라 의적(義寂)의 『법화험기(法華験記)』에 대해 언급하고 있는 것으로 보아, 이 작품 역시 왕생전과 마찬가지로 중국의 선행서를 의식하여 만들어진 것으로 보인다. 설화의 배열양식은 승려 비구니 남 녀 동물의 순으로 되어 있어 왕생전과 비슷하다. 내용 면에서는 법화경을 지닌 자의 수행, 신기한 주술의 힘, 죽은 후에도 법화경 독경을 계속한 해골의 썩지 않는 혀, 인적 없는 산 속 마을에서 육식대처 생활을 보내면서도 진지한 법화경수행의 공덕으로 왕생을 이룬 조손(浄尊)법사의 왕생담 등, 여러 가지 기이한 설화를 통하여 법화경의 선양을 도모하고 있는데, 설화 속에 묘사된 기이의 대부분은 중국의 선행 불교영험설화에 연원을 둔 유형적인 것이라고 할 수 있을 것이다.

5. 곤자쿠모노가타리슈

양적으로나 질적으로 일본 최고의 설화집이라고 일컬어지는 작품으로, 작자는 미상이고 성립은 대략 1120년~1150년으로 추정된다. 전 31권(이 가운데 8 18 21권은 결권)에 1000여화의 설화를 수록하고 있는 이 작품은, 방대한 수록설화 수를 자랑할 뿐만 아니라 묘사된 세계의 다양함과 정연한 조직 구성이란 면에서도 타의 추종을 불허하는 대작이다. 작품 전체는 천축(天竺, 인도) 진단(震旦, 중국) 본조(本朝, 일본)의 세 편으로 나뉘고 각 편은 다시 불법부와 세속부로 분류되는데 각 항목마다 일정한 구성원리가 존재한다.

이러한 구성상의 특징이 의미하는 것은, 예를 들면 인도 중국 일본의 삼국은 당시 지리적 공간적으로 일본인에게 인식되고 있던 세계의 전체이고, 불법과 세속 또한 현실적 이념적으로 인식되고 있던 세계의 전체를 의미하는 것이었으므로, 말하자면 전 세계상을 망라하여 편찬하고자 한 의도가 있었던 것으로 보인다. 이 가운데 고대 한국에 관한 설화가 없는 것은 아니고 소수화에 등장하는데 중국의 일부처럼 여겨진 면이 있고, 이는 고대 한국과의 경쟁심리가 작용한 결과로서 의도적인 배제로도 짐작되는데, 이러한 현상은 이 작품에서 뿐만 아니라 이 시기 전후에 성립하는 다른 문헌에서도 삼국이라 하면 으레 인도 중국 일본을 가리키는 용어로 사용되고 있는 것을 보아도 알 수 있다. 각 권에 수록된 내용을 간략히 요약하면 다음과 같다.

• 천축편

제1권 [천축] 38화. 처음 8화는 석가의 잉태(천상계에서 인간계로 내려와 정반왕의 부인 마야부인의 태내에 잉태됨) 탄생(마야부인의 오른쪽 옆구리에서 태어남) 사문유관(석가가 왕자시절 왕궁 밖으로 나가 노 병 사의 3고와 출가자를 보고 충격을 받음) 출가(왕궁을 나옴) 고행(여러 스승을 찾아 고행을 함) 항마(깨달음을 방해하려는 악마를 항복시킴) 성도(보리수나무 아래서 완전한 부처의 깨달음을 얻음) 초전법륜(처음으로 설법을 함)의 순으로, 석가가 이 세상에 탄생하여 깨달음을 얻고 사람들을 교화하는 데 이르는 과정을 이야기하고 있다. 각 설화는 독립된 것이지만 내용적 시간적으로는 연속된 불교 탄생의 이야기이다. 제9화 이후는 시간보다도 내용에 중심을 둔 배열로, 포교를 시작한 석존과 불제자들에 대해 바라문교도 등의 외도들이 가한 박해와 여기에 맞서 이겨내고 사람들의 마음을 굴복시킨 이야기, 석존의 아들 라후라를 비롯한 친족들의 출가담, 수달장자에 의한 기원정사 건립 등, 재가신자들의 귀의를 내용으로 한 설화가 이어진다. 따라서 전체적으로 제1권은 불교의 창시에서 교단의 성립에 이르는 초기불교사를 이야기한 설화로 배열되어 있다.

제2권 [천축] 41화. 처음 2화는 석존의 부모 이야기로, 제1화는 석존이 임종을 지켜보는 가운데 세상을 떠나는 아버지 정반왕의 이야기이고 제2화는 사후 도리천에 왕생한 어머니 마야부인을 위해 석존이 천상계에 올라가 설법한 이야기이다. 이들 설화를 포함해서 제2권은 석존의 교화설법담으로 이루어져 있는데, 석존의 서거나 유리왕에 의한 석가족 대학살 등 각종 불경에 등장하는 석존생존시의 대사건이 배열되어 있어 제1권에 이어 석존전의 일부를 이루고 있다.

제3권 [천축] 35화. 제27화까지는 불제자들의 일화, 용 금시조 앵무 등의 축생도와 불법, 각종 전생담과 변신담, 석존 또는 불제자에 대한 공양담, 불법을 들은 공덕담 등, 석존 생존 중의 불법에 의한 구제담이 실려 있고, 제28화 이후는 석존의 열반과 입관 다비 분골을 이야기한 설화가 시간적 흐름에 따라 배열되어 있다. 따라서 제1권의 석가탄생에서 도를 이루고 열반에 이르기까지의 석존 일대기가 이어지고 있는 것으로 볼 수 있다.

제4권 [천축 부처이후] 41화. 석존 열반후의 불교설화를 모은 것인데, 제22화 까지는 가섭이나 아난에 의한 경전의 결집과 라후라와 파사닉왕 등 생전의 석가를 아는 사람들의 이야기에서 시작하여 아육왕(아쇼카왕) 시대를 중심으로 한 석가 열반 이후 비교적 가까운 시기의 이야기들이 실려 있고, 제23화 이후는 대천 용수 제파 무착 세친 호법 청변 등 카니카와 시대 이후 사람들의 이야기와 부처와 경전의 영험담, 저승담 등으로 구성되어 있다.

제5권 [천축 부처이전] 32화. 제4권의 「부처이후」와 대응하는 것으로, 제1권에서 제4권까지가 천축의 불교설화를 모아놓은 데 비해 제5권은 천축의 세속담으로 이루어져 있다. 제1화에서 제6화까지는 국왕왕후담, 제7화에서 제12화에는 석가의 본생담, 제13화에서 제29화에는 본생담의 성격을 지닌 동물담, 기타 설화를 수록하고 있다. 이 가운데 제1화와 제2화는 승가라국과 집사자국의 건국설화로, 이 두 나라는 실은 이름만 다르지 한 나라인데 지금의 스리랑카를 가리킨다. 모두 『대당서역기(大唐西域記)』에 나오는 이야기이고 제1화는 석존의 본생담의 형식을 취하고 있다. 그리고 제13화 이후에 실린 「쟈타카」라고도 부르는 석가의 본생담은 석존이나 기타 인물들의 과거세를 배경으로 한 전생담이므로 본래는 불교설화에서 출발했겠지만 이 작품에서는 세속설화로 탈바꿈되어 있는 점이 주목된다. 우리에게도 친숙한 동물담의 경우는 『현우경(賢愚経)』 등의 불경을 출전으로 하고 있고 본생담의 성격이 남아있는 경우와 그렇지 않은 경우가 혼재되어 있는데, 원숭이와의 약속을 지키기 위해 자신의 고기를 찢어 독수리에게 준 사자(제14화) 짐승들의 왕이라 속이고 사자의 등에 탄 것 까지는 좋았지만 그 포효소리에 기겁하여 죽고 만 여우(제20화) 학에게 부탁하여 하늘을 날아가게 되었지만 약속을 저버리고 말을 하는 바람에 추락한 거북(제24화) 원숭이를 속여 간을 뺏으려다 실패한 거북(제25화) 등,

옛날이야기를 통해서 우리와 친숙한 이야기들도 보인다.

• 진단편

제6권 [진단 불법] 48화. 처음 10화는 중국의 불교전래담으로, 구마라염(鳩摩羅炎). 구마라십(鳩摩羅什) 부자의 2대에 걸친 불상전래담(제5화)과 현장삼장(玄奘三藏)이 천축으로 불법을 구하기 위해 떠난 구법의 길(제6화) 등, 설산을 넘고 서역의 사막을 건너 불교를 중국에 전한 선인들의 고생을 엿볼 수 있는 중국불교의 기원 및 불교사라고 할 수 있을 것이다. 제11화에서 제30화까지는 석가여래나 아미타여래 등의 부처 또는 불상에 기원하여 영험이 있었던 이야기로 구성되어 있고, 제31화 이후는 제7권 제43화까지 각종 경전에 의한 영험담이 이어진다.

제7권 [진단 불법] 47화. 제6권에 이어 제43화까지 경전 영험담이 수록되어 있다. 화엄 아함방등 반야 법화의 순으로 배열되어 있는데, 이 순서는 이 설화들의 출전인 『삼보감응요약록(三寶感應要略錄)』과도 일치하고 있다. 제44화 이후는 이름을 명시하지 않은 경전이랄지 선행(禪行) 계행(戒行) 등의 영험담으로, 불법영험담 중의 기타 편으로 볼 수 있겠다.

제8권 [결권]. 제8권은 현존하지 않는 결권이다. 제6권과 제7권에 배치된 제불영험담과 제경영험담이 소위 삼보 가운데 불보와 법보의 공덕담을 수록하고 있는 것으로 보아 제8권에는 승보담이 예정되어 있었던 것으로 추정된다.

제9권 [진단 효양] 46화. 효양이란 부제목이 붙어 있지만 효자담은 처음 14화에 지나지 않고, 제15화와 제16화는 오히려 우정담에 가깝고 제17화 이후는 윤회전생담이나 살생에 의한 인과응보담, 죽었던 사람이 소생하여 저승에서의 경험을 이야기하는 저승담 등, 넓은 의미에서의 인과응보담이 배열되어 있다. 인과응보는 불교의 기본이념 중의 하나이고, 따라서 거시적으로 보아 제9권은 불교설화의 일부로 보아야 할 것이다. 효자담의 중심을 이루는 것은 유교적인 이념이겠지만 불교와 무관하지는 않았고, 부모은중경과 같은 경전에서 볼 수 있듯이 효자담과 불교는 오히려 깊은 관계가 있었다고 할 수 있다. 곽거의 황금솥 이야기(제1화)와 맹종의 죽순 이야기(제2화)를 비롯하여 유명한 효자들의 이야기가 이어지고, 『명보기(冥報記)』를 출전으로 하는 저승담도 흥미를 끄는 요소가 많은데, 특히 저승세계의 관료조직이나 관리들의 생태를 전하는 왕숙(王璹)의 소생담(제34화)과, 살아있으면서 저승의 고관과 교제한 휴인천(眭人蒨)의 이야기(제36화) 등이 주목을 끈다.

제10권 [진단 국사] 40화. 중국의 세속설화편이다. 제1화의 진시황제로부터 한고조 무제 원제와 왕소군 현종과 상양인의 이야기를 거쳐 현종과 양귀비(제7화) 시대 불명의 궁녀 이야기로 이어진다. 단 「국사」라는 부제가 붙어 있지만 권 전체가 국사와 관련된 것은 아니고, 공자와 노장(老莊)을 포함한 선인과 현인들의 일화를 비롯하여 후반부에는 시대 또는 왕조명을 명시하지 않은 왕과 왕후담이 배열되어 있다.

• 일본편

제11권 [본조 불법] 38화. 일본의 불법전래담에서 시작하여 절의 연기담이 이어진다. 백제에서 전래되어 쇼토쿠(聖德)태자에 의해 뿌리내린 일본의 불교(제1화)가 교키(行基)와 같이 민중 속에서 생활한 승려, 유학승 또는 감진(鑑真) 같은 훌륭한 도래승의 노력으로 꽃을 피우고(제2화), 도다이지(東大寺, 제13화) 고후쿠지(興福寺, 제14화) 등 여러 사원이 각지에 계속해서 건립되어가는 불교 전파의 모습이 그려져 있다.

제12권 [본조 불법] 40화. 제10화까지는 탑의 건립담과 각종 법회의 창시담이 실려 있어 일본에서 불교가 융성하게 전파되는 모습을 그리고 있다. 제11화에서 제24화까지는 제불영험담이고, 제25화부터는 법화경영험담이 시작되어 제13권을 거쳐 제14권의 제29화에 이르기까지 방대한 양의 설화가 수록되어 있어 당시 법화경 신앙이 얼마나 왕성했는가를 엿볼 수 있다. 이 가운데는 조가(増賀, 제33화) 쇼쿠(性空, 제34화) 에이지쓰(睿実, 제35화) 등의 명승 일화도 들어 있다.

제13권 [본조불법] 44화. 앞의 제12권에 이어 법화경영험담이 계속된다.

제14권 [본조 불법] 45화. 제29화까지는 법화경영험담의 계속이고, 『홋케겐키(法華験記)』를 출전으로 한 이야기가 많다. 특히 제3화는 도조지(道成寺)연기담으로 널리 알려진 이야기이고, 스자쿠(朱雀)문 앞에서 여우가 미녀로 변신하여 젊은 남자와 정을 통하고 자신의 내생을 위해 공양을 부탁한 후 남자 대신 목숨을 잃은 이야기(제5화)도 있다. 제30화 이후에는 반야 방등 열반의 순으로 경전영험담이 이어진다.

제15권 [본조 불법] 54화. 극락왕생담 54화를 수록하고 있다. 헤이안시대 중기 이후 성행하게 되어 당대를 풍미한 정토신앙을 반영한 것으로, 수록화의 대부분은 『니혼오조고쿠라쿠키』와 『홋케겐키』의 두 작품을 출전으로 하고 있다. 이 시대의 정토교는 법화경의 독송과 수행 염불을 겸하면서 극락정토의 장엄한 모습을 떠올리는 관상염불(観想念佛)을 주로 한 수행이 강조되었다. 이 권에서 가장 인상에 남는 왕생의 주인공으로서는 제15화 조조(長増)와 제39화 겐신(源信) 어머니의 왕생설화 등이 있는데, 이들의 이야기는 예외적으로 출전미상이다.

제16권 [본조 불법] 40화. 관음보살의 영험담을 모아놓았다. 관음보살의 영험담은 현세이익을 주로 하기 때문에 대부분의 이야기가 현세에서의 빈곤이나 위기 재난 등 주인공이 직면한 곤경을 상세히 묘사하고 있는 점이 특징이다. 민담으로 전해지던 지푸라기장자(와라시베초자)이야기(제28화)의 수록과 도적에게 붙잡힌 젊은 부부의 파란만장한 탈출담(제20화) 등은 오늘날 다시 읽어도 독자의 흥미를 끌기에 충분하다.

제17권 [본조 불법] 50화. 지장보살을 비롯한 제보살(허공장 미륵 문수 보현 등)과 비사문천 길상천녀 등의 영험담이 이어진다. 특히 재능은 있으나 학문과 수행에 게으른 승려를 깨우치기 위해서 미녀로 화하여 바른 길로 인도한 허공장보살의 영험담(제33화) 등 읽을거리가 많은 권이다.

제18권 [결권] 이 권은 처음부터 결권이었을 것으로 추측되는데, 전체적인 구성상 삼보영험담 가운데 승보(僧宝)에 해당하는 권으로서, 여러 고승의 이야기가 예정되었을 것으로 생각된다.

제19권 [본조 불법] 44화. 출가담과 효자 보은담 등이 실려 있다. 출가담은 이 권에만 있는 이야기들로, 출가에 이르기까지 속세에서의 고뇌와 인연 등이 묘사되어 있어, 불교설화치고는 드물게 세속적인 소재와 인간묘사에 뛰어난 이야기가 많다. 그리고 효자담 수록화가 적은 것은 본래 일본의 효행담 자체가 적었기 때문으로 보이는데, 원칙적으로는 유교사상이 중시되어 중국의 효자전류 서적이 유포되었지만 자기나라의 효자담은 의외로 적은 수밖에 전해지지 않았음을 알 수 있다.

제20권 [본조 불법] 46화. 덴구(天狗)담 저승담 인과응보담 등 불교와 관련된 설화이면서도 세속설화로 넘어가기 위한 과도적 성격의 설화가 실려 있다. 덴구담은 이 권에만 존재하는데, 덴구는 일본에서 불법을 방해하는 상상 속의 존재로 마물로서 여겨지고 있었기 때문에 이야기의 마지막에는 법문이나 고승에 의해 타도되는 장면이 묘사되고 있다.

제21권 [결권]. 본조 세속부가 시작되는 권인데, 천축부나 진단부의 구성에 비추어 볼 때 일본의 국왕을 비롯한 왕실담이 배열되어 있었을 것으로 추측된다.

제22권 [본조] 8화. 후지와라(藤原)씨의 시조인 후지와라노카마타리(藤原鎌足)를 시작으로 후지와라씨의 역대 전기가 실려 있지만 모두 8

화에 그치고 있다. 실질적으로 일본 조정의 정권을 담당해온 세도가문의 이야기이므로 일본의 역사를 기록한 설화들이 수록되어 있었겠지만 현재는 8화만 전해지고 있다.

제23권 [본조] 14화. 제1화부터 제12화까지는 현존하지 않고 제13화부터 시작되고 있는데, 제13화에서 제16화까지는 무예담, 제17화에서 제25화까지는 힘센 자와 스모꾼 이야기, 제26화는 마술(馬術)담 등이 실려 있다. 그리고 제1화에서 제12화까지가 누락되어있는 점과, 제25권이 제1화에서 제14화까지로 다른 권에 비해 설화수가 적다는 점, 수록 설화의 내용적 성격이 비슷한 점 등을 들어, 제23권과 제25권이 본래 한 권을 이루었던 것이 아닌가 하는 추측도 있다.

제24권 [본조 세속] 57화. 악기연주 공예 그림 바둑에서 시작하여 의술 음양술 점술 음악 한시 와카 등 지적인 기예담이 수록되어 있다. 각각 한 방면의 기예에 뛰어난 사람의 이야기를 실었는데, 시가(詩歌)에 관한 이야기에 있어서도 시가 자체를 감상하려는 의도보다 사건의 전말 서술이 중심이 되고 있다.

제25권 [본조 세속] 14화. 무사들에 의한 전란을 수록하고 있다. 제1화의 다이라노마사카도(平将門) 제2화의 후지와라노스미토(藤原純友) 이야기에서 시작하여 제13화의 젠쿠넨노에키(前九年の役) 제14화의 고산넨노에키(後三年の役)로 이어진다. 중간에는 감무헤이씨(桓武平氏)와 세이와겐지(清和源氏)로 나뉘어, 각 가문의 무사를 주인공으로 한 이야기가 시대순으로 배열되어 있다. 특히 다이라노코레모치(平維茂)와 후지와라노모로토오(藤原諸任)간의 전투담(제5화)이나, 미나모토노요리노부(源頼信) 요리요시(頼義) 부자가 말도둑을 사살한 이야기(제12화) 등은 걸작이라 할 만 하다.

제26권 [본조 숙보] 24화. 숙보란 전세로부터의 인연에 의한 업보를 말한다. 즉 현세에서 일어나는 여러 가지 기이한 일들은 모두 숙보에

이한 것이라는 생각 하에 여러 지방의 다양한 기이담을 수록하였다.

제27권 [본조 영귀] 45화. 인간에게 해를 가하는 영귀류의 행위를 중심으로 한 이야기가 실려 있다. 제30화까지는 죽은 자의 영이나 자연의 정령 여러 귀신의 이야기에 이어서 여우나 멧돼지가 변신하여 인간을 속이는 이야기, 제42화 이후로는 기타 귀신들의 이야기가 실려 있다.

제28권 [본조 세속] 44화. 골계담을 모아놓은 권이다. 이나리신사 참배길에 만난 미녀가 자기의 아내인 줄을 모르고 다가가 수작을 부리다 뺨을 얻어맞은 마쓰타노시게카타(茨田重方)의 이야기를 시작으로 여러 인물들의 실패담과 우스꽝스런 행위가 웃음을 자아낸다.

제29권 [본조 악행] 40화. 제1화에서 제30화까지는 근대소설이나 영화에서도 때때로 소재로 사용한 강도 살인 강간 등의 악행담이고, 제31화에서 제40화까지는 소재가 바뀌어 동물담이 배열되어 있다.

제30권 [본조 잡사] 14화. 『야마토모노가타리(大和物語)』와 공통된 이야기가 많고, 제1화 외에는 모두 이야기 가운데 와카를 포함하고 있어, 우타모노가타리(歌物語, 와카를 포함한 산문체 이야기)의 성격이 강하다. 내용은 연애나 부부간의 관계에 관한 것이 많다.

제31권 [본조 잡사] 37화. 작품의 마지막 권으로서 앞의 권에서 수록에 빠진 잡다한 이야기들을 모아 놓았다.

*『산보에』에 대한 설명이 빠져 있음. 보완할 것.

제3절 중세시대의 설화문학

일본의 중세시대 문학은 1192년 미나모토노요리토모(源頼朝)에 의해 가마쿠라(鎌倉)막부가 개설된 후 1338년 아시카가타카우지(足利尊

氏)에 의해 시작된 무로마치(室町)막부시대를 거쳐 1603년 도쿠가와이에야스(徳川家康)에 의해 에도(江戸)막부가 시작될 때까지의 약 400년간의 문학을 말한다. 이 시기는 당시 막부의 명칭을 따서 가마쿠라무로마치시대라고도 하는데, 문학에 있어서는 그 중심이 귀족에서 서민층으로 확대되어 가는 과도기적인 양상을 나타내고 있다.

중고시대 말에 일어난 호겐(保元) 헤이지(平治)의 난을 거쳐 무사들의 시대가 도래하지만 귀족들은 정치의 실권은 잃었어도 문학의 중심에 위치하면서 전통을 유지하고자 했다. 특히 고토바인(後鳥羽院)은 궁정정치의 회복을 도모하면서 와카를 장려하여 대규모의 우타아와세(歌合)가 여러 차례 개최되었다. 이러한 배경 하에 칙찬와카집인 『신코킨와카슈(新古今和歌集)』가 편찬되었다. 대표적인 편자 후지와라노테이카(藤原定家)는 부친인 슌제이(俊成)가 추구한 유겐(幽玄)의 세계를 더욱 발전시켜 우신요엔(有心妖艶)의 풍조를 이상으로 했는데, 이는 당시 시대적 변동 속에서 상실되어 가는 왕조적인 미의 전통을 언어의 세계 속에서 재구성하려는 시도이기도 했다. 이후 그의 자손은 니조(二条) 교고쿠(京極) 레이제이(冷泉)의 세 파로 나뉘어 서로 경쟁하게 되고 칙찬와카집도 계속해서 편찬되어 13대집이 이루어지게 된다.

시대의 흐름과 더불어 와카는 점차 침체하게 되고 이에 대신하여 성행하게 된 것이 렌가(連歌)이다. 귀족 무사 승려들에게 애호되다가 서민층으로 확산된 렌가는 와카의 형식을 바탕으로 하고 있다. 즉 한 수의 와카를 두 사람이 5.7.5의 상구(上句)와 7.7의 하구(下句)로 나누어 화답하는 단렌가(単連歌)에서 시작하여 3인 이상이 모여 한 구씩 계속 이어가는 쵸렌가(長連歌)로 발전해 갔다. 그리고 쵸렌가를 내용면에서 보면 골계(滑稽)를 중심으로 한 무신렌가(無心連歌)와 우아함을 중심으로 한 우신렌가(有心連歌)로 분류되는데, 무신렌가는 서민층에서 유행했고 우신렌가는 귀족층에서 유행했다. 그러다가 중세 말이 되면 초

심자와 서민들 사이에서는 점차 쉽고 일상적인 놀이의 문학으로서의 렌가를 추구하게 되는데, 이것이 바로 해학과 풍자와 비속함을 중심으로 한 하이카이렌가(俳諧連歌)이고, 근세의 하이카이(俳諧)로 이어지게 된다.

산문문학에 있어서는 전 시대의 『겐지모노가타리』를 비롯한 모노가타리 작품들의 모방과 개작이 주를 이루어 새로운 맛이 없었다. 이러한 의고(擬古)모노가타리는 결국 중세 말에서 근세 초기에 걸쳐 독자층을 확보해 간 오토기조시(御伽草子)에 의해 교체된다.

이 시기에 주목할 만한 산문문학으로서는 역시 군기(軍記)와 설화문학이다. 군기문학으로서는 『호겐모노가타리(保元物語)』, 『헤이지모노가타리(平治物語)』, 『헤이케모노가타리(平家物語)』, 『다이헤이키(太平記)』 등의 걸작이 나타났고, 이들은 힘있고 활기찬 화한혼효문(和漢混淆文)의 문체로 기록되어 넓고 다양한 계층에서 읽혔다. 그리고 『소가모노가타리(曾我物語)』, 『기케이키(義経記)』와 같은 전설적 영웅전도 군기문학에서 파생된 작품으로 볼 수 있다.

수필문학에 있어서는, 당시 정토신종을 비롯한 신불교 여러 종파가 생겨남으로써 사상과 표현이 다양하게 전개되는데, 특히 자기체험에 근거하여 예전의 인간관이나 종교관에서 벗어난 새로운 표현을 통해 높은 문학성을 발휘한 작품이 많았다. 대표적인 작품으로서는 가모노 초메이(鴨長明)의 『호조키(方丈記)』와 요시다켄코(吉田兼好)의 『쓰레즈레구사(徒然草)』를 들 수 있다. 『호조키』는 전반부에서 기근 또는 천재지변 등을 겪으면서 느낀 무상을, 후반부에서는 자신의 신상을 술회하면서 초암에서의 유유자적한 생활을 그리고 있는데, 전체적으로는 무상감이 바탕에 흐르고 있고, 『쓰레즈레구사』는 작자의 감흥이 향하는 대로 사회나 인생의 문제를 비롯하여 자연의 정취 일화 등을 바탕으로 다방면의 소재를 예리한 관찰과 사색으로 기술하고 있다.

한편 설화문학에 있어서는 수많은 작품들이 편찬되어 설화의 전성시대를 맞이하게 된다. 대표적인 작품으로는 『고지단(古事談)』, 『홋신슈(発心集)』, 『우지슈이모노가타리(宇治拾遺物語)』, 『짓킨쇼(十訓抄)』, 『고콘초몬쥬(古今著聞集)』, 『샤세키슈(沙石集)』, 『산고쿠덴키(三国伝記)』 등을 들 수 있는데, 승려와 귀족 무사 서민 등 불교와 세속의 모든 계층을 주인공으로 삼고 그들의 생활이나 행동을 다채롭게 묘사하고 있다.

1. 고지단

작자는 미나모토노아키카네(源顕兼)로 1212~1215년에 성립. 모두 6권으로 구성되었고 제1권 왕도(王道) 후궁(后宮) 제2권 신절(臣節) 제3권 승행(僧行) 제4권 용사(勇士) 제5권 신사(神社) 불사(仏寺) 제6권 정택(亭宅) 제도(諸道)의 체제로 되어 있다.

2. 홋신슈

『호조키』의 작자인 가모노초메이가 편찬하였고 성립시기는 미상이나 1210년경으로 추정하고 있다. 전 8권에 100여화의 불교설화를 모아 놓았다. 일본 승려의 사적을 중심으로 인간의 내면 심리에 대한 통찰이 잘 그려져 있어 문학성이 뛰어나다. 출가자의 효시로 받들어지는 겐빈(玄賓)을 필두로 센간(千観) 조오가(増賀) 등 고승들의 출가와 공덕담 왕생담 귀신담 은애(恩愛)담 등이 수록되어 있다.

3. 우지슈이모노가타리

1220년대 초반 성립으로 추정되고 편자는 미상이다. 서문과 197화로 이루어졌는데, 이 가운데 80여화가 『곤자쿠모노가타리슈』와 일치하고 있어 양자의 비교연구도 활발하게 이루어지고 있다. 동서고금의 각 계층에 걸친 이야기를 수록하였고, 전체적으로는 불교설화에 속하는 이야기가 많은 편이나 세속설화적인 성격도 강하다. 특히 불교설화 가운데는 영험담이나 승려 은둔자의 일화 등이 많지만 계몽성이나 교훈성은 희박하고 이야기의 재미와 기이함 주인공의 매력 등이 인상에 남는 경우가 많다.

수록화 가운데 「도깨비에게 혹을 떼인 이야기」나 「혀 잘린 참새 이야기」 등은 민담의 요소가 강한 설화들로, 우리나라의 「혹부리 영감」, 「흥부전」 등과 매우 유사한 줄거리로 되어 있어 양국 설화의 근원과 전래양상을 비교 분석하는데 좋은 자료가 되고, 이 외에도 당시의 민속 또는 민간신앙 등을 엿볼 수 있는 자료를 제공하기도 한다.

4. 짓킨쇼

작자는 교토 히가시야마(東山) 기슭에 암자를 짓고 염불삼매경으로 지내는 노인이라고 되어 있을 뿐으로 정확한 신상은 미상이고 성립연대는 1252년. 내용은 10항목의 교훈에 의해 10단으로 정연하게 구성되어 있으나 각 단의 분량은 매우 불규칙하다. 구체적으로는 제1단 「마음가짐과 행실을 바로 세울 것」 제2단 「교만을 멀리 할 것」 제3단 「다른 사람을 멸시하지 말 것」 제4단 「남 이야기나 비난 또는 말을 많이 하지 말 것」 제5단 「벗을 골라 사귈 것」 제6단 「충직함과 곧은 마음을 중시할 것」 제7단 「오로지 사려 깊은 마음을 가질 것」 제8단 「모든 일에 인내심을 가지고 할 것」 제9단 「원망하는 마음을 멈출 것」 제10단 「재능과 기예를 갖출 것」 등으로 되어 있다. 설화의 대부분이 계몽 교화의 의도에 의해 서술된 것이 명확하고 일상적 삶의 방식을 평이하게 이야기한 실용적 교양적 성격이 강한 전형적인 교훈설화집이라 할 수 있다.

5. 고콘초몬쥬

1254년 다치바나노나리스에(橘成季)가 편찬하였고 20권에 726화라는 방대한 양의 설화를 수록하고 있다. 이 가운데 약 80화 정도는 『짓킨쇼』 등으로 부터 후인이 증보한 것으로 추정되고, 나머지 가운데 약 600여의 설화는 편에 따라 거의 시대순으로 배열되어 있다. 그 대부분은 헤이안시대의 설화이고 가마쿠라시대의 이야기는 전체의 3분의 1 정도에 지나지 않는다. 따라서 왕조시대의 귀족문화를 상찬하고 회고하는 경향이 강하다.

구체적인 권 제목을 보면 제1권 「신기(神祇)」 제2권 「석교(釈教, 불교설화)」 제3권 「정도충신(政道忠臣) 공사(公事)」 제4권 「문학(文学)」 제5권 「와카」 제6권 「관현가무(管絃歌舞)」 제7권 「능서(能書, 명필 서예가) 술도(術道, 음양도 관상)」 제8권 「효행은애(孝行恩愛)」 제9권 「무용(武勇) 궁시(弓矢)」 제10권 「마예(馬芸) 스모(相撲)강력(強力, 괴력)」 제11권 「화도(画図) 게마리(蹴鞠)」 제12권 「바쿠에키(博亦, 도박) 투도(偸盜, 도적)」 제13권 「축언(祝言) 애상(哀傷)」 제14권 「유람(遊覧)」 제15권 「숙집(宿執, 집념) 투쟁(闘諍)」 제16권 「흥언리구(興言利口, 골계 또는 남녀간 이야기 등)」 제17권 「괴이(怪異) 헨게(変化, 괴물 변신)」 제18권 「음식(飲食)」 제19권 「초목(草木)」 제20권 「어충금수(魚虫禽獣)」 등으로 정연하게 분류되어 있다.

6. 샤세키슈

무주(無住)에 의해 1279년 성립된 불교설화집이다. 전반부인 제1권에서 제5권까지는 사본간에 큰 차이가 없으나 후반부인 제6권에서 제10권까지는 사본간에 내용과 구성에 있어 큰 차이가 있고, 전반부는 주로 국토창생신화부터 본지수적(本地垂迹) 여러 불보살들의 영험담 학승담 와카 렌가담 등이 실려 있고, 후반부에는 설경사(説経師)담 질투와 파계 집념담 정직 충효담 고승임종담 등이 수록되어 있다.

7. 산고쿠덴키

무로마치 중엽(15세기초~중엽) 겐토(玄棟)에 의해 성립되었다. 인도 중국 일본의 3국 설화를 순서대로 1화씩 반복하여 이야기하는 식으로 배열하였는데, 대부분은 인연담 효양담 보은담 고승담 등의 불교설화이다. 각 권 30화씩 전 12권 360화로 구성되었다.

제4절 근세시대의 설화문학

일본문학사에서 근세라 하면, 1603년(慶長8) 도쿠가와(徳川) 막부가 수립된 후 1867년(慶応3) 막부붕괴까지의 265년간을 말한다. 이 시대는 지금의 도쿄(東京)인 에도에 막부가 있었기 때문에 에도시대라고도 하는데, 중앙집권적 봉건제도가 완성된 시기이기도 하다.

오다노부나가(織田信長)와 도요토미히데요시(豊臣秀吉)를 거쳐 도쿠가와이에야스(徳川家康)에 의해 일본 전토가 통일됨으로써 중세와 같은 전란기가 끝나고 평화로운 시대가 유지되었다. 도쿠가와 막부는 봉건제도를 확립하고 신분계급제도에 의한 주종관계를 추구함으로써, 쇼군(将軍) 다이묘(大名) 무사의 지배계급이 농공상의 서민을 지배하는 사회가 되었다. 하지만 중세말부터 서민계급은 경제적 사회적인 실력을 키워가고 특히 조닌(町人)이라 하는 상인들의 진출이 두드러졌다. 근세는 지배계급의 무력과 상인계급의 경제력이 서로 대립하고 견제하면서 발전해 가다가 이윽고 근세말에 이르러 서민세력의 승리에 의해 봉건제도가 타파되고 메이지(明治)유신을 통하여 새로운 시대를 맞이하게 된다.

도쿠가와 막부는 문치주의를 내세우고 유학(儒学)을 채용하였고, 따라서 이 시기에는 광범위하고 현저한 문화의 발전을 이룩했다. 사상면에서 보면 중세까지의 정신적 지주였던 불교가 쇠퇴하고 유교사상이 막부의 장려 하에 널리 영향을 미치게 되었다. 유교의 영향으로 발생한 국학은 고전과 황실존중의 사상을 고취시켰으며, 이 외에도 양학(洋学)이 도래하여 근대적 문명의 발달에 공헌하였다. 그리고 근세 초기에 유입된 인쇄술에 의해 『고문효경(古文孝経)』 이하 수많은 서적이 간행됨으로써 문학과 학문의 발달에 커다란 영향을 미쳤다.

한편 근세는 조닌의 시대이기도 했다. 경제의 규모가 전국적으로 확대되고 토지경제에서 화폐경제로 변화됨에 따라 그들의 세력은 날로 증대되었다. 전란의 시기에는 무력을 지닌 무사의 세력이 컸지만, 이제 평화로운 시기가 되니 경제력을 지닌 조닌들은 서서히 무사계급을 압도해 갔다. 무사와 조닌은 이 시기의 문화를 담당하는 양대 세력이라고도 할 수 있겠는데, 이들은 서로 대조적인 성격을 띠고 있었다. 즉 무사계급이 이상주의적이고 보수와 형식에 사로잡혀 있던데 비해 조닌들은 현실주의적이고 진취와 자유 향락을 즐기면서 그들의 생활과 사고방식을 문화에 접목시켰다. 하지만 이들이 항상 대조적으로 서로 다른 세계에서 지낸 것은 아니다. 같은 시대를 살아간다는 것은 서로 영향을 주기도 하고 받기도 하는 것이어서, 시대가 흐름에 따라 무사에게는 상인의 기질이 상인에게는 무사의 정신이 침투하여 서로 영향을 끼치면서 문화의 주체를 이루어 갔다.

한편 문학에 있어서는 그 흐름을 3시기로 구분하는 경우도 있으나 크게 보면 전기와 후기의 2시기로 나누어 볼 수 있고, 전기와 후기문학을 각각 가미가타(上方)문학과 에도문학으로 부르면서 대조적으로 취급하는 것이 일반적이다. 그리고 가미가타문학과 에도문학은 각각을 다시 제1기와 제2기 제3기와 제4기로 나누기도 한다.

가미가타란 지금의 교토와 오사카(大阪)를 중심으로 한 지역을 말하는데, 에도에 막부가 개설된 이후에도 문화의 중심이 즉시 에도로 옮겨가지는 않았다. 그러다가 에도 중기(18세기 중엽)에 이르러 점차 문화의 중심이 가미가타에서 에도로 이동했는데, 이 현상을 문운동점(文運東漸) 또는 문화동천(文化東遷)이라 하고, 일본 근세문학에서는 이 시기를 경계로 전기 후기문학으로 구분하고 있다.

가미가타문학의 제1기는 계몽기라고 할 수 있는데, 조루리(浄瑠璃) 가부키(歌舞伎)와 같은 새로운 연극이 발생했고 운문에서는 중세말의 렌가가 쇠퇴하는 대신에 하이카이가 등장하는 등 근세문학의 초기형태가 나타나기는 했어도 이렇다 할 새로운 문학이 생산되지는 않았다. 하지만 이 시기에는 활발하고 현실적인 문화가 오사카의 조닌을 중심으로 발달했는데, 소설 출판의 대부분이 교토와 오사카에서 이루어졌다. 특히 기독교의 도래와 한반도에서 전래된 금속 및 목판 인쇄술의 영향은 지대하였다. 종래에 필사(筆写)에 의해서 전해지던 문학이 인쇄물로 보급되기 시작함으로써 폭넓은 독자층을 확보하게 되었고 문학의 발전에 커다란 영향을 끼친 것이다.

제2기는 가미가타문학의 전성기로, 에도 초기의 계몽적인 소설이나 전통적인 와카 렌가 하이카이의 시대를 지나 근세의 독자적 생명력을 지닌 문예가 왕성해졌는데, 겐로쿠문학(元禄文学)이라고 일컬어지는 것이 바로 그것이다. 특히 이 시기에는 우키요조시(浮世草子)의 이하라사이카쿠(井原西鶴), 하이카이의 마쓰오바쇼(松尾芭蕉), 조루리의 치카마쓰몬자에몬(近松門左衛門)이라는 삼대문호(三大文豪)가 나타나 각 장르에서 뛰어난 활약을 하였다. 이러한 새로운 문학의 등장과는 별도로 복고적 정신이 세력을 얻어 고전연구가 활기를 띰으로써 국학의 기초가 이루어지기도 하였다.

제3기는 에도문학의 발전기이다. 문화의 중심이 가미가타에서 에도로 이동함으로써 에도를 중심으로 전국적인 문화권이 형성되었는데, 새로운 문화의 중심지가 된 에도는 가미가타에 비하면 무사나 유학자등의 지식인들이 많아서 지적인 요소가 강해졌고, 생활과 정신면에서는 조닌적(상인적)인 요소가 두드러지게 나타나는데, 문예에도 이러한 현상이 반영되게 되었다. 국학은 가모노마부치(賀茂真淵) 모토오리노리나가(本居宣長) 등에 의해 대성되고 소설은 사이카쿠의 뒤를 이어 샤레본(洒落本) 곳케이본(滑稽本) 기뵤시(黄表紙) 요미혼(読本) 등이 활발해졌다. 시가에서는 국학자에 의한 전통적인 와카와, 이것이 유희적으로 변모된 교카(狂歌) 센류(川柳)가 유행했고, 하이카이 방면에서는 바쇼의 뒤를 이어 요사부손(与謝蕪村)을 중심으로 한 하이카이의 부흥이 이루어졌다.

제4기는 에도문학의 완숙기이면서 퇴폐기이기도 하다. 완숙기에 접어든 에도문화는 더욱 세련되고 풍자적이 되었지만 현세적 향락주의가 만연됨에 따라 문학을 건전하게 발전시키지는 못하였다. 특히 이 시기의 퇴폐적이고 통속적인 풍조는 닌조본(人情本)등의 소설과 희곡(가부키의 대본)에 반영되었고, 저속하기는 하지만 대중적이고 엄청난 양의 작품이 만들어져 서민층에 널리 유행하였다.

한편 근세 산문문학에 있어서는 가나조시(仮名草子) 우키요조시 등 다양한 장르의 문학이 발달되었고 이들은 모두 얼마간 설화적인 요소를 포함하고 있었으므로 설화문학을 따로 분류하여 정의하기가 어려워졌다. 그래서 일반적으로 문학사에서 구분하는 대표적인 장르에 속하는 작품은 제외하고 순수하게 설화문학으로 볼 수 있는 작품 가운데 대표적인 것만을 개관해 보기로 하겠다.

1. 야마토니쥬시코(大倭二十四孝)

작자는 아사이료이(浅井了意)라고 하나 확실치는 않고 1665년에 간행되었다. 중국 원나라 곽거경(郭居敬)의 『이십사효시선(二十四孝詩選)』이 오토기조시(御伽草子) 『니쥬시코(二十四孝)』로 번역되어 효자담으로서 유행하다가 일본의 독자적인 효자담을 편찬하고자 하는 의도에서 성립한 것이 본 작품이다. 12책 24화로 이루어졌는데, 제1화인 서품은 효도의 대의를 이야기한 것이어서 결국 효자설화는 모두 23화이다. 내용은 효행담이지만 설화의 형태로 보았을 때 영험담 권선징악설화 선계(仙界)담 복수담 부호몰락전설 등 다양하다. 불교적 사건을 많이 배열하여 인과응보사상과 윤회사상에 의한 교훈적 의도도 보인다. 하지만 대부분 선행 문학에서 취한 것이 많아 중세적 색채가 강하고 독창성이 부족한 것이 흠이다.

2. 쇼코쿠햐쿠모노가타리(諸国百物語)

작자미상으로 1677년 간행. 전 5권으로 되어 있고 각 권마다 20화로 총 100화의 괴기담을 수록하였다. 당시 중국의 『전등신화(剪灯新話)』와 같은 괴담의 유행을 배경으로 여러 괴담집의 편찬이 이루어졌는데, 특히 햐쿠모노가타리(百物語)란 형식과 이름의 작품이 유행했다. 단편설화를 주로 하여 유령 귀신 등을 소재로 한 민화적 괴기담이 대부분이다.

3. 사이카쿠쇼코쿠바나시(西鶴諸国ばなし)

작자는 이하라사이카쿠이고 1685년 간행되었다. 5권으로 되어 있고 각 권마다 7화를 수록하여 모두 35화로 되어 있다. 내용은 작자가 일본의 각 지방을 편력하면서 얻은 이야기들로, 설화의 무대는 교토 오사카 에도는 물론이고 나라(奈良) 사카이(堺) 후시미(伏見) 하카타(博多) 히메지(姫路) 스루가(駿河) 등 지방 곳곳의 도시에 이르고 있다. 무대가 되는 지방의 다양함과 더불어 등장인물 또한 다채로운데, 무사 상인 농민 어부 승려 예능인 선인에서부터 덴구(天狗, 일본에만 존재하는 상상 속의 존재로 불법의 방해자로서 또는 악역으로서 등장하는 경우가 많고 일반적으로는 얼굴이 빨갛고 코가 긴 모습이 많다) 게쇼노모노(化生者, 도깨비)에 이르고 있다. 하지만 당시 사회의 직업이나 신분상 주류를 이루던 상인 농민 무사 계층의 이야기가 중심을 이루고 있다.

4. 혼초진자코(本朝神社考)

하야시라잔(林羅山)이 편찬하였고 1638~1646년 성립으로 추정된다. 상 중 하 3권으로 되어 있는데, 상권에는 이세(伊勢) 게쿠(外宮) 사이구(斎宮) 하치만(八幡) 이와시미즈(石清水) 쓰루오카(鶴岡) 혼다(誉田) 가스가(春日) 미와(三輪) 가모(賀茂) 마쓰오(松尾) 이나리(稲荷) 이소노카미(石上) 스미요시(住吉) 기온(祇園) 기타노(北野) 니우묘진(丹生明神) 기부네(貴布禰) 등 27신사의 기원 연기담이 기록되어 있고, 중권은 구마노(熊野) 다가(多賀) 하쿠산(白山) 다케치(高市) 가시마(鹿島) 가토리(香取) 등 60여 신사의 이야기를 수록, 하권에는 우마야도노오지(厩戸皇子) 야마시로노오에노오지(山背大兄王) 우라시마코(浦島子) 도조호시(道場法師) 오노노타카무라(小野篁) 등의 인물설화를 중심으로 지명설화와 신사 연기

설화 등이 함께 수록되어 있다.

5. 혼초레쓰조덴(本朝列女伝)

전설상의 여성에서 무사 집안의 여성에 이르기 까지 217인의 여성에 대해 한문체로 기술한 평전이다. 1668년 구로사와히로타다(黒沢弘忠)에 의해 간행되었고, 본 서의 간행 배경에는 당시 『조쿤쇼(女訓抄)』와 같은 여성교훈물의 유행과 『유향열녀전(劉向列女伝)』의 출판, 기타무라키긴(北村季吟)의 번역본인 『가나레쓰조덴(仮名列女伝)』 등의 보급이 있었다.

모두 10권 10책으로 되어 있는데, 내용을 보면 제1권에는 후비전(后妃伝) 15인과 부록 6인 제2권에는 부인전(夫人伝) 11인 제3권에는 유인전(孺人伝, 孺人은 大夫의 妻) 24인과 부록 11인 제4권에는 부인전(婦人伝) 5인과 부록 3인 제5권에는 처녀전(妻女伝) 26인 제6권에는 첩녀전(妾女伝) 9인과 부록 2인 제7권에는 기녀전(妓女伝) 11인과 부록 3인 제8권에는 처녀전(処女伝) 25인과 부록 4인 제9권에는 기녀전(奇女伝) 5인과 부록 2인 제10권에는 신녀전(神女伝) 6인과 부록 5인으로 되어 있어, 모두 본전(本伝) 181인과 부록 31인에 이른다.

6. 와카이토쿠모노가타리(和歌威徳物語)

와카의 공덕을 이야기한 설화집으로 1689년 성립으로 보인다. 상중 하의 3권에 모두 101화를 수록하였고 상권은 신감(神感) 중권은 군은(君恩) 하권은 인애(人愛)로 되어 있다. 상권의 신감에는 34화가 실려 있는데 신감이란 와카에 감동한 신이 비를 내리게 한다든지 무고한 누명을 벗게 해 준다든지 복덕을 내려준다든지 하는 내용을 말한다. 중권의 군은이란 와카의 공덕으로 천황이나 군주의 은총을 입게 되는 것으로 모두 25화를 수록하고 있다. 하권의 인애란 와카를 읊어 사랑을 이루고 탄식을 그치게 된다든지 재난을 벗어나는 일 등의 이야기로 34화를 수록하고 있다. 그리고 마지막에 「와카의 여러 가지 공덕」이란 항목을 마련하여 위의 세 가지 분류에서 제외된 8화를 수록하였다.

7. 신초몬주(新著聞集)

1749년 출판된 에도시대의 실록물로서 중세시대의 「고콘초몬주」를 모방한 설화집이다. 모두 18권으로 구성되어 있는데, 각각의 항목을 보면 제1 충효(忠孝)편 제2 자애(慈愛)편 제3 수은(酬恩)편 제4 보구(報仇)편 제5 숭행(崇行)편 제6 승적(勝蹟)편 제7 용렬(勇烈)편 제8 망간(妄奸)편 제9 숭려(崇厲)편 제10 기괴(奇怪)편 제11 집심(執心)편 제12 원혼(寃魂)편 제13 왕생(往生)편 제14 앙화(殃禍)편 제15 재지(才智)편 제16 청직(清直)편 제17 속담(俗談)편 제18잡사(雜事)편으로 되어 있다. 수록 설화의 수는 377화로 방대하고 내용은 황당무계한 것이 적으며 여러 지방의 기담을 모아 놓았다. 무사 상인 농민들의 이야기를 열거하고 있는데 특히 무사의 이야기가 많고 실명으로 서술된 경우도 많다.

제 三 장

일본 설화문학 연구방법론

제3장 일본 설화문학 연구방법론

앞에서 언급했듯이 설화문학은 다른 장르의 문학과는 성격이 다르다. 예를 들어 시나 소설은 창작자가 작품을 구상하고 언어를 통한 창의성을 발휘하여 완성되므로 일단 문자로 정착된 작품은 특별한 경우가 아니면 고정불변의 성격을 지니게 된다. 하지만 설화문학은 그렇지 않다. 오늘날 우리가 대하는 대부분의 설화 또는 설화문학은 특정 개인의 창작물이 아니다. 최초에 누군가가 설화를 창작했을지라도 전해지는 과정에서 얼마든지 변화를 수반하는 것이 설화요 설화문학인 것이다. 이러한 유동성 전승성이 바로 설화문학의 대표적인 특성이기도 하고, 다른 장르의 문학과 구별 짓는 요인이기도 하다. 따라서 설화문학의 연구방법론은 이러한 특성을 감안한 것이어야 하고 다른 장르의 연구방법론과는 자연히 다를 수밖에 없다. 이와 같은 관점에서 『곤자쿠모노가타리슈』를 중심으로 설화문학의 다양한 연구방법론에 대해 서술해보고자 한다. 『곤자쿠모노가타리슈』는 일본의 대표적인 설화문학작품이라는 것 외에도, 설화문학연구사를 돌아보았을 때 그동안 『곤자쿠모노가타리슈』는 다양한 방법론에 의해 총체적인 연구가 이루어져 왔기 때문에 연구방법론 서술의 주된 대상으로 하였다.

제1절 문학적 연구방법론

설화문학의 문학적 연구방법론이란 설화문학의 문학성을 규명하는데 중점을 둔 연구방법론이다. 따라서 문학을 정의하는 두 요소, 즉 창조와 평가에 초점을 맞추어 고찰하게 된다. 이 가운데 평가의 문제는 이미 연구대상으로 삼은 것 자체가 그 설화에 대한 어느 정도의 평가가 이루어지고 있음을 의미하는 것이고, 또한 창조에 대한 고찰의 결과가 평가의 요인이 되기도 한다. 그러므로 결국 문학적 연구방법론은 고찰 대상설화의 창조성을 규명하는 것을 최우선 과제로 삼게 되고, 그 결과를 바탕으로 한 평가가 이어지게 된다.

설화집의 창조성 규명에 의한 평가는 다양한 분야에서 연구가 이루어져 왔는데, 설화문학의 연구는 자료의 발굴로부터 시작되었다고 할 수 있을 것이다. 그리고 발굴된 자료에 대한 소개에서 번자(飜字) 주석에 이르기까지, 연구 및 감상의 기초 자료를 제공하는데 기여하는 것이 바로 문헌학적 연구방법론이다. 이 방법론은 다른 장르의 문학에 있어서도 보편적으로 행해지는 방법론이지만 특히 설화문학에 있어서는 설화의 출전을 밝히는데 있어서 중요한 방법론이다. 따라서 독립된 하나의 방법론으로 다룰 수도 있으나 여기에서는 넓은 의미에서의 문학적 연구방법론에 포함시켜 서술하기로 한다.

『곤자쿠모노가타리슈』처럼 작품의 성립사정에 관한 모든 사항이 미상인 채로 세상에 모습을 드러내는 경우에는 문헌학적 연구방법론이 중요한 역할을 한다. 성립사정이란 설화집의 편자 성립연대 편찬목적 등을 말하는데, 설화집의 서문 또는 발문에 관련 사실의 기록이 남아있는 경우는 문제가 쉬워지나, 그렇지 않고 모든 것이 미상인 경우는 복잡한 연구 과정을 거쳐야 한다.

또한 설화문학에서 중요한 연구 분야의 하나가 바로 출전을 밝히는 일인데, 이 분야에 있어서 문헌학적 연구방법론은 거의 절대적이라고 할 수 있다. 이러한 성립사정과 출전에 대한 연구가 이루어짐으로서 설화문학의 문학성을 규명하는 기초적 자료가 제공되는 것이니 가장 선행되어야 할 연구이기도 하다.

다음으로, 설화집의 구성에 관한 연구도 문학적 연구방법론의 한 분야이다. 예를 들어 『곤자쿠모노가타리슈』는 전 31권에 1100여 설화를 수록하고 있는데, 이 방대한 양의 설화가 천축 진단 본조의 세 편으로, 각 편은 다시 불법과 세속으로, 매우 질서정연하게 구성되어 있다. 이러한 외견상 드러나는 구성 외에도 편자는 설화를 배열하는 데 있어서는 2화 1류 양식이라는 독특하고도 치밀한 구성법을 택하고 있음이 밝혀졌다. 이것은 구니사키후미마로(国東文麿)가 발견한 『곤자쿠모노가타리슈』의 독특한 설화전개양식인데, 그의 설명에 의하면 『곤자쿠모노가타리슈』의 서로 이웃한 두 설화 사이에는 그 외의 설화에 비하여 한층 깊은 관련성이 보이고 또한 그 일괄된 두 설화와 다음 두 설화와의 사이에도 어떤 연상계기(聯想契機)가 작용하고 있다는 것인데, 이러한 구성상의 특징을 밝히기 위해서는 설화집 전체의 내용을 면밀히 비교 검토하는 과정이 필수적이다.

그러나 뭐니 뭐니 해도 문학적 연구방법론이 가장 필요하고 빛을 발하는 분야는 역시 내용 분석에 의한 연구 분야인데, 특히 앞에서 얘기한 설화문학의 특성(유동성 전승성)을 감안했을 때는 더욱 그렇다.

예를 들어 A라는 설화가 선행 설화 또는 문헌자료와 관련이 없는 경우는 A설화의 내용만 가지고 그 문학성을 규명할 수밖에 없지만, B라는 설화가 서로 유사한 내용을 담고 있고 B설화가 A설화보다 이전에 성립했을 경우, A설화의 문학성을 규명하고자 하면 A설화에 대한 고찰만으로는 부족하다. 왜냐하면 A설화에는 이미 선행하는 B설화에서 답습한 내용이 상당 부분 내포되어 있기 때문이다. 따라서 A설화의 창조성에 대한 고찰은 출전인 B설화와의 대비를 통하여 서로 달라진 부분을 중심으로 행해지게 된다.

이러한 연구방법론은 특히 『니혼료이키』, 『홋케겐키』, 『주코센(注好選)』, 『니혼오조고쿠라쿠키』와 같은 일본의 선행문헌과, 『명보기』, 『삼보감응요약록』, 『효자전』과 같은 중국의 한문전적을 출전으로 하고 있는 『곤자쿠모노가타리슈』의 문학성을 규명하는 데 있어서는 반드시 필요한 방법론이라고 할 수 있을 터인데, 실제 예화를 통해 보기로 하자.

『곤자쿠모노가타리슈』 제12권 제2화 「도토미지방의 니우노치가미가 탑을 세운 이야기(遠江國丹生茅上塔語)」는 『니혼료이키』 중권 제31화를 출전으로 하고 있고, 양자를 비교해보면 상당이 유사하다. 따라서 『곤자쿠모노가타리슈』만을 분석해서는 『곤자쿠모노가타리슈』의 문학적 특징을 논하기 어렵고, 『니혼료이키』와의 비교 분석이 필요하다. 제목을 비롯하여 각 단락 별 내용을 비교하여 표로 정리해보면 다음과 같다.

• 제목

『니혼료이키』	『곤자쿠모노가타리슈』
將建塔發願時生女子捲舍利所産緣	遠江國丹生茅上塔語

『니혼료이키』의 제목은 탑을 세우려고 발원했을 때 태어난 여자 아

이가 불사리를 쥐고 있었다는 이야기인데, 『곤자쿠모노가타리슈』는 도토미지방의 니우노치가미가 탑을 세운 이야기로 되어 있어, 양자는 상당한 차이를 보인다. 특히 『곤자쿠모노가타리슈』의 특징은 조탑(造塔)에 초점을 맞춘 제목으로 되어 있는데, 이러한 변용은 설화집 전체의 구상과 함께 생각해 보아야 그 특징을 이해할 수 있다. 즉 『곤자쿠모노가타리슈』의 편자는 설화집 전체의 조직상 제12권의 서두를 탑과 관련된 연기담으로 구성하려 하였고, 이러한 의도에 맞게 제목을 변용한 것으로 보인다. 즉 작품 전체의 구상에 의한 의도된 변용이고, 이러한 변용에서 편자의 창의성을 발견할 수 있는 것이다.

• 제1단락

『니혼료이키』	『곤자쿠모노가타리슈』
㉮丹生直弟一者, 遠江國磐田郡之人也. 弟一作塔發願, 未造其塔而歷淹年, 猶睠願果, 每軫于懷.	今昔、聖武天皇ノ御代ニ、遠江ノ國、磐田ノ郡、□ノ郷ニ、ⓐ丹生ノ直茅上ト云フ人有ケリ。心ヲ発シテ塔ヲ造ラムト思フ願有ケリ。而ルニ、ⓑ公私ノ營無隙クシテ、其ノ願ヲ不遂ズシテ年來ヲ經ルニ、此ノ事ヲ思ヒ歡ク事無限シ。

제1단락은 설화의 도입부로서 등장인물과 시대, 탑을 세우려는 원을 가지고 있었지만 이루지 못하고 있음 등이 기술되어 있다. 우선 서두를 보면, 『곤자쿠모노가타리슈』는 시대명 지명 인명 순으로, 『니혼료이키』는 인명 지명으로 시작하고 있는데, 이것은 『곤자쿠모노가타리슈』가 『니혼료이키』의 다음 단락에 나오는 「쇼무천황시대(聖武天皇御世)」를 이용하여, 시대명 지명 인명의 순으로 기술하는 편자의 작품 전체의 구상에 맞게 순서를 조정한 데서 발생한 것이다.

그리고 인물명을 비교해보면, ㉮「丹生直弟一」([靈])와 ⓐ「丹生ノ直茅上」(今)로 되어 있어 씨성에는 변화가 없으나 「弟一」([靈])과 「茅上」(今)

이라는 이름에 약간의 차이를 보인다. 이 가운데 「弟一」과 「弟上」은 모두 형제 중의 첫째를 의미하는 것이니 같은 이름으로 보아도 무방하고, 「弟」과 「茅」의 차이는 자형(字形)으로 보았을 때 매우 유사하여 『곤자쿠모노가타리슈』가 출전을 옮기면서 잘못 본 것으로 여겨진다. 일반적으로 출전의 기록을 이용하는 경우에 고유명사를 개변하는 예는 거의 없음을 고려하고 『니혼료이키』가 필사본임을 고려한다면, 양자의 이름에 나타난 글자 차이는 충분히 있을 수 있는 일이고 동일인으로 보아도 무방할 것이다.

그리고 『곤자쿠모노가타리슈』에는 탑을 세우려는 서원을 가지고 있었으나 오랫동안 이루지 못한 원인을 ⓑ「공적 사적 일로 틈이 없어(公私ノ營無隙クシテ)」와 같이 부가 설명하고 있다. 이 부분은 『니혼료이키』에는 없는 내용으로서, 『곤자쿠모노가타리슈』의 편자는 막연하나마 이유를 설명하는 것이 줄거리 전개에 합리적이라고 판단하고 나름대로 창의성을 발휘한 것으로 보인다.

이처럼 도입부에 나타난 양자의 차이는 『곤자쿠모노가타리슈』의 전체적인 구상 및 약간의 오독과 합리적인 부연설명 등에 의한 것으로, 『니혼료이키』가 출전임을 의심할 정도는 아니라고 판단된다.

• 제2단락

제2단락은 니우노치가미 부부가 노령으로 아이를 출산하였는데 그 아이가 왼손을 꽉 쥔 채로 태어났다는 기이한 사실을 기술하고 있다. 『곤자쿠모노가타리슈』를 중심으로 양자를 비교해보면, 일견해서 알 수 있듯이 『곤자쿠모노가타리슈』의 기술이 증폭되어 있다.

우선 치가미의 부인이 회임했을 때의 상황을 비교해 보면, ㉮ 「아내는 62세에 회임하여 여자아이를 낳았다(妻年六十二歲, 懷妊生女.)」(靈) 에 대해서 ⓐ 「치가미의 아내는 나이 63세 되는 해에 생각지도 않게 회임

『니혼료이키』	『곤자쿠모노가타리슈』
聖武天皇御世. 弟上年七十歲 ㉮妻年六十二歲, 懷妊生女. 捲左方手, 以所産生. ㉯父母怪之, 開于捲手, 彌增固捲, 猶故不舒. ㉰父母愁曰,「嫗非時産子, 根不具. 斯爲大恥. 以因緣故, 汝生我子」. 迺不嫌棄, 而慈哺育. 漸隨長大, 面容端正.	而ル間、ⓐ茅上ガ妻、年六十三ト云フ年、不慮ザル程ニ懐任シヌ。茅上幷ニ家ノ人、此レヲ奇異ト思ヒ歡ク間ニ、月滿テ、平ラカニ女子ヲ産セリ。茅上、平ラカニ産セル事ヲ喜テ、其ノ生レタル兒ヲ見レバ、左ノ手ヲ捲テ開ク事無シ。ⓑ「自然ラ、此レ有ル事カ」ト疑ヒテ、父母此レヲ開カムト爲ルニ、彌ヨ固ク捲テ不開ズ。父母此レヲ怪ブ事無限シ。ⓒ父有テ母ニ云ク、「汝ヂ、齡ヒ可産キ齡ニ非ズシテ産セリ。然レバ、其レニ依テ根ヲ不具ズシテ生ゼル也。此レ大ナル恥也。然レドモ、汝ヂ緣有ルニ依テ我ガ子ヲ生ゼリ」ト云テ、憎ミ棄ル事無クシテ悲ビ養フ間ニ、漸ク長大シテ、其ノ兒ノ形貌端正ナル事無並シ。

했다. 치가미와 집안사람들이 이를 이상히 여기고 기뻐하는 동안에, 달이 차서 편안하게 여자아이를 낳았다. 치가미는 안산한 것을 기뻐하며 태어난 아이를 보니(茅上ガ妻、年六十三ト云フ年、不慮ザル程ニ懐任シヌ。茅上幷ニ家ノ人、此レヲ奇異ト思ヒ歡ク間ニ、月滿テ、平ラカニ女子ヲ産セリ。茅上、平ラカニ産セル事ヲ喜テ、其ノ生レタル兒ヲ見レバ)」(今)로 되어있어, 『곤자쿠모노가타리슈』는 치가미의 아내가 생각지도 않게 임신했다는 점, 모두가 기이하게 생각하며 걱정하였지만 편안하게 출산했다는 점, 치가미가 아내의 안산을 기뻐하며 태어난 아이를 본 것 등이 『니혼료이키』에 비해 부가 기술되어 있다.

다음으로, 태어난 아이가 왼손을 꼭 쥐고 있는 것에 대해 부모가 이상하게 생각한 대목에서, ㉯「부모가 이를 이상히 여기고(父母怪之)」(靈)를 ⓑ「그럴만한 사연이 있어 이런 일이 있는 것일까 하고 의심하며(「自然ラ、此レ有ル事カ」ト疑ヒテ)」(今)라고 하여, 『곤자쿠모노가타리슈』는 편자가 부모의 마음을 읽고 있는 입장에서 기술한 내용으로 개변하고 있다.

㉰와 ⓒ의 下線部는 주먹을 쥔 불구아가 태어난 이유와 부끄러움, 인연 등에 대해서 이야기하는 장면인데, 대화의 주체에 있어 차이를

보인다. 즉 『니혼료이키』는 「부모가 걱정하여 말하기를(父母愁曰)」이라 하여, 대화체 안의 「할머니가 아이를 낳을 나이가 아니기 때문에 근본을 갖추지 못한 것이다(嫗非時産子, 根不具)」와는 맞지 않고 있다. 이러한 모순을 해결하기 위해서 『곤자쿠모노가타리슈』의 편자는 「아버지가 어머니에게 말하기를(父有テ母ニ云ク)」으로 바꿈으로써 「당신은 나이가 출산할 나이가 아닌데 낳았다. 그래서 그 때문에 불구의 몸으로 태어난 것이다(汝ヂ、齡ヒ可産キ齡ニ非ズシテ産セリ。然レバ、其レニ依テ根ヲ不具ズシテ生ゼル也。)」와 순조롭게 연결되고 있다.

• 제3단락

『니혼료이키』	『곤자쿠모노가타리슈』
年至七歲, 開手示母曰,「見是物」. 人瞻掌, 有舍利二粒. ㉮歡喜異奇, 告知諸人. 諸人衆喜展轉. 國司郡卿悉喜.	而ル間、兒年七歲ニ成ルニ、始メテ其ノ手ヲ開テ父母ニ告グ。父母喜テ此レヲ見レバ、開タル掌ノ中ニ佛ノ舍利二粒有リ。ⓐ父母、此レヲ見テ思ハク、「此ノ兒、手ニ佛舍利ヲ捲テ生レタリ。此レ只人ニ非ザルカ」ト思テ、彌ヨ傳シヅキ養テ、諸ノ人ニ此ノ舍利ヲ捲タル事ヲ告テ令知ム。聞ク人皆此レヲ貴ビ讃ム。此ノ事、世ニ廣ク聞エテ、國ノ司、郡ノ司皆貴ブ。

이 단락은, 아이가 일곱 살이 되어 처음으로 쥔 손을 펴보이자 손바닥에 두 개의 불사리가 있었고 이 사실을 모든 사람들에게 알렸더니 기뻐했다는 부분이다. 양자의 사소한 차이는 차치하고, 우선 『니혼료이키』의 밑줄 부분 ㉮가 『곤자쿠모노가타리슈』의 ⓐ와 같이 증폭 개변된 점이 두드러진다. 즉 『곤자쿠모노가타리슈』는 『니혼료이키』의 「기뻐하고 기이하게 여기며 모든 사람들에게 알렸다(歡喜異奇, 告知諸人)」고 하는 단순한 사실의 기술을 바탕으로 하여, 「부모가 이를 보고 생각하기를, 『이 아이는 손에 불사리를 쥐고 태어났다. 이것은 보통 사람이 아닐 것이다』라고 생각하고 더욱 소중하게 키웠고, 모든 사람들에게 아이가 불사리를 쥐고 태어난 것을 알렸다(父母、此レヲ見テ思ハク、

「此ノ兒、手ニ佛舍利ヲ捲テ生レタリ。此レ只人ニ非ザルカ」ト思テ、彌ヨ傳シヅキ養テ、諸ノ人ニ此ノ舍利ヲ捲タル事ヲ告テ令知ム。)」고 구체적으로 표현하고 있는 것이다. 따라서 『곤자쿠모노가타리슈』는 주체가 부모임을 명시하고 있고, 편자가 전지적 작가 시점에서 부모의 마음을 읽고 있는 것이어서, 훨씬 생생한 느낌을 전달하고 있다고 할 수 있을 것이다.

• 제4단락

『니혼료이키』	『곤자쿠모노가타리슈』
引率知識, 建七重塔, 安彼舍利以供養了. 今磐田郡部内建立磐田寺之塔是也. 立塔之後, 其子忽死. ㉮闔知, 願无不得, 願无不果者, 其斯謂之矣.	其ノ後、茅上此ノ塔ヲ起ムト爲ルニ、ⓐ我ガ力ニ不堪ズシテ知識ヲ引テ物ヲ集メテ、其ノ郡ニ有ル磐田寺ノ內ニ五重ノ塔ヲ起テ、彼ノ舍利ヲ安置シ奉テ、遂ニ思ノ如ク供養シツ。塔ヲ供養シテ後、其ノ兒、幾ノ程ヲ不經ズシテ死ヌ。ⓑ父母恋ヒ悲ムト云ヘドモ、甲斐無クテ止ヌ。ⓒ智リ有ル人ノ云ク、「此レ願ヲ不遂ザル事ヲ令遂ムガ爲ニ、佛ノ化シテ、舍利ヲ具シテ生レ來給テ、塔ヲ起テ供養シテ後、隱レ給ヒヌル也」トナム父母ニ告ゲ令知ケル。實ニ可産キ齡ニ非ズシテ生ゼルニ、舍利ヲ捲レルヲ以テ然カ可知シ。ⓓ其ノ塔于今有リ。磐田寺ノ內ノ塔、此也トナム語リ傳ヘタルトヤ。

마지막 제4단락에서는 『곤자쿠모노가타리슈』의 ⓐ와 ⓑ처럼 줄거리의 대세와는 상관없는 간단한 부가 기술이 보이고 있고, 이 외에 특히 주목할 것은 『곤자쿠모노가타리슈』의 ⓒ와 ⓓ 부분이다. 양 설화집 편자의 평어를 기록한 부분인데, ⓒ는 『니혼료이키』의 ㉮「확실히 알 수 있듯이, 서원을 세워서 이루지 못할 것은 없다는 것은 바로 이러한 것을 두고 말함이다(闔知, 願无不得, 願无不果者, 其斯謂之矣.)」와 내용상 상당한 차이가 있다. 즉 『곤자쿠모노가타리슈』는 「어느 깨달은 자가 말하기를, 『이것은 이루지 못한 원을 이루게 하기 위해서 부처님이 아이로 화하여 사리를 쥐고 태어나, 탑을 세우고 공양을 마친 후 모습을 감추신 것이다』라고 부모에게 알려 주었다. 실제로 아이를 낳을 수 있는 나이가 아님에도 아이를 낳고, 더구나 사리를 쥐고 있던 것으로 보

아, 그 말이 사실임을 알 수 있다.(智リ有ル人ノ云ク、「此レ願ヲ不遂ザル事ヲ令遂ムガ爲ニ、佛ノ化シテ、舍利ヲ具シテ生レ來給テ、塔ヲ起テ供養シテ後、隱レ給ヒヌル也」トナム父母ニ告ゲ令知ケル。實ニ可産キ齡ニ非ズシテ生ゼルニ、舍利ヲ捲レルヲ以テ然カ可知シ。)」라고 하여, 탑을 세우게 된 근본적인 연유를 부처님의 영험에서 찾고 있다. 이것은 탑의 건립에 대한 신비함을 더해주고, 『니혼료이키』에는 없는 『곤자쿠모노가타리슈』의 독자적인 부가 기술인 ⓓ 「그 탑은 지금도 있는데, 이와타데라 라는 절 안의 탑이 바로 그것이다(其ノ塔于今有リ。磐田寺ノ內ノ塔、此也)」라는 마무리와 더불어, 탑의 연기담으로서의 효과를 충분히 발휘하고 있는 것이다.

이상 살펴본 바와 같이, 『곤자쿠모노가타리슈』는 『니혼료이키』를 바탕으로 하면서 편자의 구상을 표현하기 위하여 독자적인 문학적 영위를 행하였고, 이러한 점을 통해서 『곤자쿠모노가타리슈』의 문학적 특성을 살펴볼 수 있는 것이다.

제2절 민속학적 연구방법론

대부분의 문학작품은 장르에 관계없이 성립시의 시대적 상황을 배경으로 하고 있다. 예를 들어 일본 헤이안시대의 작품은 모노가타리가 되었든 수필이 되었든 와카가 되었든 그 배경에 헤이안시대의 시대적 상황이 반영되어 있기 마련이다.

그런데 다른 장르의 문학과 비교해서 설화문학에는 설화 생성 당시 사람들의 삶의 모습이 가장 생생하고도 적극적으로 반영되어 있는데, 설화문학의 민속학적 연구방법론이란 설화 또는 설화집의 이러한 특징에 주목하여 당시 사람들의 삶의 모습을 고찰함으로서 설화문학의 특성을 규명하는 방법론이다.

따라서 이 방법론에 의한 연구 분야는 역사 사회 문화 종교 사상 풍토 등 매우 넓은 영역을 포괄하고 있다고 할 수 있다. 이러한 연구 영역은 최근의 생활문화사 연구가 각광을 받으면서 특히 주목을 끌고 있고, 여러 국가 또는 민족 간의 삶의 모습을 비교 연구하는데 있어서도 중요한 분야로 인식되어가고 있으므로 앞으로의 활발한 연구 성과가 기대되는 방법론이기도 하다.

이 방법론에 의한 구체적인 고찰 일례로서 『곤자쿠모노가타리슈』에서의 여성에 대한 인식을 살펴보기로 한다. 여성에 대한 인식은 시대와 지역에 따라 차이가 있는데, 『곤자쿠모노가타리슈』에는 12세기 초까지의 여성들의 다양한 삶의 모습이 표현되어 있다.

일반적인 인식을 살펴보기 위해서 제30권 제3화 [오미지방 수령의 딸이 조조라는 승려와 정을 통한 이야기(近江守娘通淨藏大德語)]를 보면, 조조(淨藏)라는 고승이 가지기도(加持祈禱)를 통하여 귀신들린 여자를 치료해주고 그 집에 머물다가 갑자기 애욕심이 생겨 정을 통하게 된 이야기가 나온다. 부모의 기대를 저버린 그녀는 버림받게 되어 일생을 망치게 되는데, 말미에 편자는 이 여자에 대해서 「이것은 여자의 마음이 매우 어리석은 것이다. 조조가 아무리 마음을 호소하더라도 여자가 상대하지 않았다면 어쩔 수 없었을 것이다. 그런데 『여자의 마음가짐이 어리석은 탓에 몸을 쓸데없이 망치게 된 것이다』라고 세상 사람들이 떠들었다(此レハ女ノ心ノ極テ愶キ也。淨藏心ヲ盡シテ云フトモ、女ノ不用ザラムニハ、不可叶ズ。然レバ、「心柄女ノ、身ヲ徒ニ成ツル也」トゾ、世人云繚ケル)」라고 이야기하고 있어, 고승의 유혹 탓에 일생을 망쳤지만 세상 사람들은 일방적으로 여자의 마음가짐이 잘못된 탓으로 돌리고 있는데, 이것은 당시 사람들의 여성 경시 풍조를 반영한 것으로 볼 수 있다.

한편 불법부 설화를 보면, 불교에 있어서의 여성 차별도 세속보다 결코 덜 하지 않았음을 알 수 있다. 제11권 제26화는 「덴교 대사가 처음

으로 히에산의 불법을 창시한 이야기(傳敎大師始建比叡山語)」로, 엔랴쿠지(延曆寺)의 연기담인데, 불당과 탑을 짓고 많은 승방을 지어 승려들을 살게 하면서 천태종의 법문을 공부하게 하였지만, 「여자는 이 산에 오르지 못했다(女ハ、此山ニ登ル事無シ)」고 하는 부분이 있고, 말미에 대사가 직접 쓴 법화경을 스님들이 경배하였는데, 「만일 여자와 조금이라도 접촉한 사람은 영원히 이 법화경을 경배할 수 없다(若シ女ニ少モ觸ヌル人ハ、永ク是ヲ礼シ奉ル事無シ)」고 되어 있어, 불교계의 뿌리 깊은 여성 차별 의식이 반영되어 있다.

이것은 여성이 특정한 종교적 행사에 참가하거나 성역에 들어가는 것을 금하는 여인금제(女人禁制)가 지켜지고 있었음을 의미하는 것인데, 일본에서 원래부터 이러한 여성 차별 의식이 있었던 것은 아니다. 고대에는 여성이 제사 등의 행사에서 탁선자(託宣者)로서 높은 지위를 차지하고 있었지만, 불교와 유교가 전해지면서 달라지게 되었다. 특히 오장삼종(五障三従)은 여성에 대한 차별의식을 단적으로 나타내고 있다. 오장(五障)은 『법화경』, 「제바달다품(提婆達多品)」 제12권에 나오는 것으로, 여성은 다섯 가지 장애가 있기 때문에 여성의 몸으로 성불할 수 없다는 것이고, 삼종(三従)은 『예기』에 나오는 말로, 여성이 따라야 할 세 가지 길을 말하는 데, 어려서는 부모에게 따르고 결혼한 후에는 남편에게 따르며 늙어서는 자식에게 따르는 것을 의미한다. 이러한 삼종 의식은 유교에 한정된 개념은 아니었고, 『대지도론(大智度論)』, 『승만경의소(勝鬘經義疏)』, 『초일월삼매경(超日月三昧經)』과 같은 불전에서도 이야기되고 있다.

이처럼 성불하기 어려운 존재로 인식되었던 여성의 극락왕생담이 『곤자쿠모노가타리슈』에는 다수 수록되어 있다. 예를 들어 제15권 제49화 「우다이벤 후지와라노스케요의 아내가 왕생한 이야기(右大弁藤原佐世妻往生語)」는, 어려서부터 불법을 믿고 열심히 수행한 여자가 출산

한 후 조리를 잘못하여 죽게 되었지만 극락왕생을 하게 되었다는 이야기인데, 말미에 「출가를 하지 않았고 여자라고는 하나 이처럼 왕생을 한 것이다(不出家ズシテ、女也ト云ヘドモ、此ク往生スル也)」라고 하는 말에서 여자가 남자보다 왕생하기가 어려웠다는 것을 읽을 수 있지만, 어쨌든 여인왕생이 이루어지고 있음을 알 수 있다.

하지만 불교에서 여성이 항상 부정적이지만은 않았다는 것도 『곤자쿠모노가타리슈』의 설화를 통해서 알 수 있다. 제17권 제33화 [히에잔 승려가 허공장의 도움으로 깨달음을 얻은 이야기(比叡山僧依虚空藏助得智語)]에는, 허공장보살이 아름다운 여자로 변신하여 수행을 게을리하던 젊은 승려를 정진하게 하였다는 내용이 나온다. 이 외에도 길상천녀 변재천녀 관음보살 등도 여성의 이미지로 등장하는 사례를 자주 볼 수 있는데, 이들 불보살과 천녀의 여성성을 통한 영험의 발휘는 불교에서의 여성의 이미지를 긍정적으로 인식하게 하는 요소가 되었다.

이상 몇몇 설화를 통해서 헤이안 시대의 여성에 대한 인식을 살펴보았는데, 여성에 대해서 피상적으로 이해하는데서 그치는 것이 아니라 일상 속에서 생생하게 살아 숨쉬는 민중의 의식을 읽을 수 있고, 나아가서는 작품의 특성을 이해할 수 있다는 점에서 민속학적 연구방법론의 의미를 찾을 수 있을 것이다.

제3절 복합적 연구방법론

설화문학의 복합적 연구방법론이란 문학적 연구방법론과 민속학적 연구방법론을 겸용한 방법론으로서, 설화집 편자의 문학적 영위와 설화 속에 내재되어 있는 민속적 요소를 총체적으로 파악하는 것을 목적으로 한다. 이 방법론은 최근에 주목을 받고 있는 학제간 연구의 일종이라고 할 수 있겠는데, 앞에서 기술한 설화문학의 특성을 감안할 때 매우 유용한 방법론이라고 생각된다.

예를 들어 『곤자쿠모노가타리슈』 제16권 제3화는 관음영험담인데, 이 설화의 특징을 충분히 규명하기 위해서는 관음신앙에 대한 이해뿐만 아니라, 『곤자쿠모노가타리슈』의 편자가 출전을 어떠한 구상 하에 수용하고 있는가를 함께 밝히는 것이 필요하다.

제목은 「스오지방의 한간다이가 관음보살의 도움으로 목숨을 건진 이야기(周防國判官代依觀音助存命語)」로, 어려서부터 법화경과 관음보살을 신봉하던 남자가 적으로부터 공격을 당하였지만 미이데라(三井寺) 관음의 영험으로 상처 하나 입지 않고 살아났다는 이야기이다. 『곤자쿠모노가타리슈』는 『홋케겐키』 하권 제115화를 출전으로 하면서 충실히 수용하고 있지만, 양자를 비교해보면 『곤자쿠모노가타리슈』 편자의 숨은 의도를 읽을 수 있는데, 유사한 부분은 제외하고 논점이 되는 부분만을 발췌하여 비교하면 다음과 같다.

	『홋케겐키』	『곤자쿠모노가타리슈』
導入部	周防國玖珂郡有一人. 姓名不詳. 某國判官代也. ㉮從少年讀法華經. 奉仕觀音. 十八日持齋. 請僧讀㉯法華經. ㉰有一怨敵. 常伺求短. 欲害此人. ㉱其郡有山寺名三井. 觀音瑞像. 靈驗顯然. 判官代參供養. 逕多年序.	今昔、周防ノ國、玖珂ノ郡ニ住ム人有ケリ。其ノ國ノ判官代也。ⓐ幼ノ時ヨリ心ニ三寶ヲ信ジテ、常ニ法花經ノ第八巻ノ普門品ヲ讀誦シテ、觀音ニ仕ケリ。每月ノ十八日ニハ、自ラ持齋シテ、僧ヲ請ジテⓑ普門品ヲ令讀誦シム。ⓒ亦、其ノ郡ノ內ニ一ノ山寺有リ。三井ト云フ。觀音ノ驗ジ合フ寺也。判官代常ニ此ノ寺ニ詣キ。其ノ觀音ヲ恭敬シ奉ル事、久ク成ニケリ。ⓓ而ルニ、此判官代其ノ國ノ內ニ敵有テ、短ヲ伺ヒ隙ヲ計テ、判官代ヲ殺サムト思ケリ。
文末評語		此レヲ思フニ、觀音ノ靈驗ノ不思議ナル事、天竺震旦ヨリ始メテ我ガ國ニ至マデ、于今不始ズト云ヘドモ、此ハ正シク人ニ代テ、疵ヲ受ケ給ヘル事ノ貴ク悲キ也。然レバ、世ニ有ラム人、專ニ觀音ヲ可念奉シ、トナム語リ傳ヘタルトヤ。

우선 도입부를 보면, 『곤자쿠모노가타리슈』는 『홋케겐키』의 ㉰ 적이 해를 입혔다는 것과 ㉱ 미이데라 관음상의 영험과 신봉의 순서를 바꾸어서 ⓒ와 ⓓ처럼 기술하고 있어, 『곤자쿠모노가타리슈』 쪽이 『홋케겐키』보다 합리적이다. 즉 ⓒ는 설화의 첫 부분에서 주인공 한간다이(判官代)에 대한 소개에 적합한 내용이므로 앞으로 가져오는 것이 적절하고, ⓓ는 본격적인 사건의 시작에 해당하는 것이다.

더욱 주목할 점은, 『홋케겐키』의 ㉮와 ㉯를 『곤자쿠모노가타리슈』와 비교해 보았을 때 『곤자쿠모노가타리슈』는 『홋케겐키』의 「법화경(法華經)」을 「법화경 제8권 보문품(法花經ノ第八卷ノ普門品)」으로 바꾸어 기술하고 있는 점인데, 결론부터 말하자면 이것은 『곤자쿠모노가타리슈』의 편자가 본 설화의 관음영험 성격을 부각하기 위한 의도였다고 보인다. 『곤자쿠모노가타리슈』는 제13권과 제14권의 일부를 법화경영험담으로, 제16권을 관음영험담으로 구성하고 있고, 따라서 편자는 『홋케겐키』의 본 설화를 법화경영험담으로도 관음영험담으로도 이용하는 것이 가능했는데, 결국은 관음영험담에 배치했다. 그러자면 관음영험의 성격을 부각시켜야 하는데, 그 방법의 일환으로서 보문품을 명기한 것으로 보인다. 주지하는 바와 같이 법화경은 8권 28품으로 이루어져 있고 이 가운데 제8권 제25품이 「관세음보살보문품」으로, 주로 관음보살의 다양한 영험을 기록하고 있다. 따라서 보문품만을 독립시켜 『관세음경』 또는 『보문품』이라고 부르기도 한다. 이러한 배경을 알고 있던 『곤자쿠모노가타리슈』의 편자는 막연하게 기술한 『홋케겐키』의 「법화경(法華經)」을, 보다 구체적이고 관음영험을 강조할 수 있는 「보문품」으로 개변한 것이고, 이러한 의도는 평어에서도 잘 나타나 있다. 즉 『홋케겐키』에는 없는 관음영험의 강조로 설화를 마무리하고 있는데, 이것은 「보문품」으로의 개변과 함께 설화 전체를 관음영험담으로 완성시키는 효과를 나타내고 있는 것이다.

이처럼 법화경 및 관음신앙에 대한 이해뿐만 아니라, 『홋케겐키』를 출전으로 이용하면서 『곤자쿠모노가타리슈』의 편자가 행한 개변, 그리고 그것이 어떠한 구상 하에서 이루어졌는가를 함께 고찰하는 방법론을 도입함으로써, 본 설화에 대한 본질을 더욱 명확히 규명할 수 있게 된다.

제4절 비교문학적 연구방법론

마지막으로 비교문학적 연구방법론은 일본의 설화문학과 다른 나라의 설화문학을 비교 고찰하는 방법론으로, 서로 다른 토양에서 성립된 설화집의 분석을 비교 검토함으로서 자국의 설화적 특징을 부각시키고자 하는 의도에 입각하고 있다. 예를 들어 『곤자쿠모노가타리슈』와 『삼국유사(三國遺事)』는 일본과 한국의 대표적인 설화문학 작품으로서, 양자 간에 전승이나 영향관계는 엿볼 수 없지만 비교를 통해서 각 설화의 배경을 파악하고 설화집의 특징을 규명할 수 있다. 일례로 『곤자쿠모노가타리슈』의 관음영험담과 유사한 『삼국유사』의 불상영험담을 몇 가지 비교, 정리해보기로 하자.

- 화재를 스스로 피함
  - 이즈미지방의 산사에 불이 났을 때 정관음(正觀音) 목상이 아무도 옮기지 않았는데 불당 밖으로 나와 있어 무사했다. (『곤자쿠모노가타리슈』 16-7)
  - 신라 중생사(衆生寺)에 화재가 나서 불을 끄고 법당에 가보니 관음보살상이 화재를 피하여 뜰 가운데 서 있었다. (『삼국유사』 3-16)

• 불상이 자신의 소재를 알림

- 야마토지방 오카모토데라(岡本寺)의 관음상 12체 가운데 6체가 도난당했는데 관음이 솔개로 변하여 자신의 소재를 알려주어 찾게 되었다. (『곤자쿠모노가타리슈』 16-13)
- 굴산조사(崛山祖師) 범일(梵日)이 금빛 나는 어린 아이로 화한 정취보살(正趣菩薩)이 소재를 알려주어 불상을 찾게 되었다. (『삼국유사』 3-23)

• 영험의 사후 증명

- 가난한 여자가 도와준 여자의 몸에 옷을 걸쳐 주었는데 나중에 보니 관음상의 어깨에 그 옷이 걸쳐 있었다. (『곤자쿠모노가타리슈』 16-7)
- 원효법사가 희롱한 여인이 신 한 짝을 남기고 사라졌는데 나중에 절에 이르자 관음보살상 자리 밑에 전에 보았던 신 한 짝이 벗겨져 있었다. (『삼국유사』 3-23)

• 신체의 불구를 고침

- 두 눈이 보이지 않는 사람이 천수관음의 화신의 도움으로 눈을 뜨게 되었다. (『곤자쿠모노가타리슈』 16-23)
- 희명(希明)이란 여자의 아이가 눈이 멀자 분황사 벽에 그려진 천수관음 앞에 가서 눈을 뜨게 해달라는 노래를 지어 빌게 했더니 눈이 떠졌다. (『삼국유사』 3-22)

• 자식을 얻음

- 수 년 동안 관음보살에게 자식을 기원한 부부가 불당 뒤의 울타리에서 울고 있는 갓난아이를 얻게 되었는데 바로 기엔(義淵) 승정이

다. (『곤자쿠모노가타리슈』 11-38)

- 자장(慈藏)의 아버지가 아들이 없으므로 천수관음에게 아들 낳기를 빌었는데, 어머니의 꿈에 별 하나가 품 안으로 들어오더니 자장을 잉태했다. (『삼국유사』 4-6)

불상이 자신의 소재를 알린 영험에서 『삼국유사』가 정취보살상의 영험으로 하고 있는 것 외에는 모두 관음영험담으로, 유사한 영험의 모티브를 나타내고 있다. 이와 같은 유사성은 관음영험의 근원이 되는 『법화경』에서 그 원인을 찾을 수 있을 것이다. 그러나 『곤자쿠모노가타리슈』 제16권 제36화에는 『삼국유사』에서는 볼 수 없는 요소도 지적할 수 있는데, 간단한 줄거리는 다음과 같다.

렌슈(蓮秀)라는 승려가 평소에 관음보살을 신봉하고 매일 관음품 백권을 독송하는 등 수행을 하였고, 동시에 항상 가모(賀茂)신사에 참배하였다. 그러던 중 중병에 걸려 죽게 되었는데 하루가 지난 후 소생하여 저승에서 겪었던 일을 이야기하였다. 산즈노카와(三途ノ川)에서 옷을 벗겨 빼앗는 노파 귀신을 만났는데, 마침 네 명의 천동(天童)이 나타나 렌슈는 법화경 신자로 관음이 보호하는 자이니 옷을 빼앗지 말고 풀어주라고 했다. 그리고 나를 속세로 데리고 오다가 도중에 두 명의 천동을 만났다. 이들이 렌슈를 향해, 「우리는 바로 렌슈가 저승으로 가는 것을 가모명신(賀茂明神)이 보시고, 그를 데리고 돌아오도록 보내신 것이다(我等ハ此レ賀茂ノ明神ノ、蓮秀ガ冥途ニ趣クヲ見給テ、令将返メムガ為ニ遣ス所也)」라고 말하자 되살아났다는 것이다. 그 후 그는 더욱 법화경과 관음을 신봉하였고, 가모신사에도 참배했다. 그리고 말미에, 가모명신은 저승에서도 도움을 주시는 신이라고 평을 하며 이야기를 맺고 있다.

여기에서 주목하고자 하는 것은 법화경 및 관음과 가모명신의 습합, 즉 신불습합의 요소를 볼 수 있다는 점인데, 이러한 특징은 특히 『곤자쿠모노가타리슈』에는 자주 보이나 『삼국유사』에서는 보기 어렵다.

한국 중국 일본의 경우는 하나의 문화권을 형성하면서 활발한 문화적 교류가 있었던 만큼 유사한 설화들이 다수 존재하는데, 유사함 속에서도 이질적인 요소가 내재되어 있어, 이들을 비교 분석하는 비교문학적 연구방법론은 자국 설화및 설화집의 특징을 살피는데 필요하고도 효과적인 방법론이라고 할 수 있다.

오늘날 우리가 접하는 설화문학은 수많은 생성과 변용과 소멸의 과정을 거치면서 살아남은 이야기들이다. 설화문학 가운데에는 독자적인 설화뿐만 아니라 선행 문헌을 출전으로 하는 설화도 공존하고 있고, 따라서 현재의 모습에 이르기까지의 과정이 매우 다양하다. 이러한 특징을 지닌 설화문학의 특징을 규명하기 위해서는 다양한 연구방법론이 필요하다는 인식 하에, 기존의 방법론을 참조하면서 몇 가지로 정리해 보았다.

우선 문학적 연구방법론에서는, 출전과 『곤자쿠모노가타리슈』와의 비교를 통하여 개변된 부분에서 편자의 창의성을 찾고 거기에서 문학적 특성을 규명하는 과정을 분석해 보았고, 민속학적 연구방법론에서는, 편자의 구상과는 상관없이 설화에는 생성될 당시의 시대적 상황이 반영되어 있음을 주목하고 설화 속에 묘사된 민중의 삶의 모습을 고찰함으로써 설화문학의 특성을 밝히고자 하였다. 그리고 위의 두 가지 방법론을 겸용한 방법론으로서 복합적 연구방법론의 필요성과 효용에 대해 언급하고, 마지막으로 다른 나라 설화와의 비교를 통하여 자국설화의 특징을 밝히고자 하는 비교문학적 연구방법론을 소개하였다.

설화문학의 특성을 감안할 때 그 연구는 종합적인 시각에서 이루어져야 함은 재론의 여지가 없다. 따라서 위와 같은 방법론의 구분은 길잡이의 한 방편에 지나지 않고, 실제로 연구가 이루어지는 상황에서는 서로 유기적인 관련을 가지고 방법론 간의 병용이 행해짐으로써 보다 선명하게 설화문학의 실체 및 특징이 규명될 것이다.

제四장

신화의 세계

제4장 신화의 세계

신화를 통한 지역연구의 대상은 매우 방대한데, 일본 또는 일본인을 이해하는데 있어 중요한 키워드 중의 하나가 바로 신(神)에 대한 문제이다. 즉 일본인에게 있어 신이란 어떠한 존재였는가 하는 점인데, 우선 일본의 신을 나타내는 말로서 「야오요로즈노카미」라는 말이 있고 한자로는 「八百萬神」이라 표기하는데서 엿볼 수 있듯이 헤아릴 수 없이 많은 신이 존재하고, 그 만큼 다양하고 복잡한 역할과 이미지를 지니고 있다. 또한 일본은 신의 나라이고 천황은 신의 후예요 아라히토가미(現人神)라는, 천황제와 결부된 의식도 있다. 이러한 신들의 출현과 이미지, 그리고 신에 대한 의식의 형성과 그 영향 등을 알아보기 위해서 먼저 일본신화 속에 나타난 신의 출현과 일본의 기원부터 살펴보기로 하겠다.

제1절 국토 창조

일본사람들은 자기나라의 기원을 언제쯤으로 생각하고 있는 것일까 궁금해진다. 우리나라의 경우 수십 년 전까지 단기(檀紀)가 사용되었던 것을 보아 알 수 있듯이, 단군신화에 나타난 단군조선을 국가의 시작으로 생각했었다. 이러한 신화 속의 이야기들에 대한 인정 여부가 논란의 대상이 되기도 하는데, 여기서는 신화의 사실 여부를 문제 삼으려는 것은 아니고 신화에 묘사된 세계의 의미에 초점을 맞추어 보고자 한다.

신화 또는 설화라는 것은 어떤 특정한 이야기가 생겨나게 된 당시의 사회 역사 문화 풍토 등 여러 요소를 배경으로 하고 있고, 특히 그 시대를 살았던 사람들의 정신세계를 바탕으로 하고 있다. 따라서 오늘날의 우리가 생각할 때에는 비현실적이고 있을 수 없는 일처럼 여겨지는 사실도 당시 사람들은 진지하게 믿었다는 점을 잊어서는 안 된다. 즉 신화나 설화 속의 사실들을 현대를 살아가는 우리의 기준으로 판단해서는 안 된다는 것이다.

최근 일본 사학계의 움직임에서도 엿볼 수 있듯이, 학계의 관심분야가 과거의 연대기적인 사건사 정치사 중심 연구에서 점차 생활문화사 중심 연구로 옮겨가면서, 옛날 사람들이 과연 어떠한 생각을 가지고 어떠한 삶을 살았었는가 하는 문제가 관심의 대상이 되고 있다. 따라서 얼마 전까지 역사연구에 있어서는 신빙성이 문제시되어 냉대를 받아오던 문헌설화가 이제는 중요한 자료로서 대접을 받게 되었는데, 이는 신화나 설화가 당시의 제반 상황을 배경으로 하여 생성된 이야기라는 특성을 지니고 있기 때문일 것이다.

이렇게 보면 일본인이 자기나라의 기원을 언제로 생각하고 있는지를 알아보기 위해서는 역시 그들의 신화를 살펴보는 것이 필요하다.

우리나라의 경우, 『삼국유사』에 실린 단군신화는 국토의 생성에 대한 이야기는 없고 국가의 기원을 이야기한 건국 신화의 성격을 지닌데 비하여, 현존하는 일본의 가장 오래된 역사서 『고지키』(712)는 일본 국토가 만들어지게 된 이야기로부터 시작하고 있는데, 줄거리는 다음과 같다.

아주 오랜 옛날 하늘과 땅이 처음으로 분리되던 천지개벽의 시기에, 천상계에 다카마노하라(高天原)란 곳이 있었는데 그 곳에 여러 신들이 나타났다. 그 당시 땅은 단단히 굳지 않아서 물에 떠있는 기름이나 해파리와 같이 흐물흐물 떠다니고 있었다. 그래서 여러 신들이 의논한 끝에 남신 이자나기노미코토(伊邪那岐命)와 여신 이자나미노미코토(伊邪那美命)의 두 신에게 명하여 떠다니는 국토를 단단하게 굳은 땅으로 만들게 하자고 결정하고, 신성한 창을 주면서 그 일을 맡겼다.

그래서 두 신은 하늘과 땅 사이에 걸려 있는 사다리 위에 올라가 창을 밑으로 내려서 바닷물을 천천히 휘저었다. 그런 후 창을 들어 올리자 창끝에서 소금물이 뚝뚝 떨어지다 굳어져 섬이 생겼다.

"야 섬이 생겼다, 어서 내려 가보자."

두 신은 섬으로 내려와 신성한 기둥을 세우고 넓은 궁전을 지었다. 그리고 이자나기가 이자나미에게 물었다.

"그대의 몸은 어떻게 해서 만들어졌소?"

"내 몸은 만들어지다 보니 한군데 부족한 곳이 있습니다."

"그래? 사실 내 몸은 만들어지다 보니 한군데 남는 곳이 있는데, 그렇다면 내 몸의 남는 곳을 그대 몸의 모자라는 곳에 집어넣어 국토를 낳고자 하는데 어떻소?"

"그렇게 합시다."

합의를 한 두 신은 신성한 궁전의 기둥을 중심으로 돌다가 만나서 부부가 되는 행위를 하였는데, 이 때 먼저 말을 건 것은 여신 이자나미였다.

"아 이자나기여 당신은 정말 멋진 남자시군요."

"아 이자나미여 당신도 정말 아름다운 여자입니다."

라고 말을 주고받으면서 아이를 낳았지만, 태어난 것은 거머리처럼 뼈가 없는 것이었기 때문에 실패하고 말았다. 다른 신에게 그 이유를 물었더니 여자가 먼저 말을 걸었기 때문이라고 했다. 그래서 이번에는 남자 쪽에서 먼저 말을 걸자 제대로 된 아이를 낳게 되었다.

이자나미가 낳은 것은 여러 섬들이 되었고, 그 후로도 계속해서 땅의 신 바람의 신 물의 신 초목의 신 등등 수많은 신들도 낳았는데, 어느 날 둘 사이에 불행이 찾아들었다. 이자나미가 불의 신인 가구츠치노카미(迦具土神)를 낳다가 그만 음부에 화상을 입고 마침내 죽고 만 것인데, 그녀가 죽은 후 간 저승세계가 바로 요미노쿠니(黃泉國)였다.

"아 불쌍한 이자나미여, 사랑하는 아내를 하찮은 자식과 바꾸다니."

죽은 이자나미의 몸에 엎드려 큰 소리로 우는 이자나기의 눈물에서 나키사와메노카미(泣澤女神)라는 울보 여신이 태어날 정도로 슬퍼하였다.

"에이, 이렇게 된 바에야 참을 수 없다."

이자나기는 칼을 빼어들고 태어난 불의 신의 목을 친 뒤 저승세계 요미노쿠니로 향했다. 이 때도 칼에 묻은 피로부터 많은 신들이 태어났다. 요미노쿠니로 들어가는 동굴 입구에서 이자나미를 만난 이자나기가 말했다.

"사랑스런 이자나미여, 나와 그대가 만들던 나라를 아직 다 완성하지 못했소. 그러니 제발 나와 함께 돌아갑시다."

그러자 이자나미는 안타까운 얼굴로 말했다.

"정말 안타깝습니다. 좀 더 일찍 와 주셨더라면 좋았을 텐데. 나는 이미 요미노쿠니의 음식을 먹어버렸습니다."

저승세계의 음식을 먹으면 다시는 이승세계인 아시하라노나카쓰쿠니(葦原中国)로 돌아갈 수 없는 일이었다. 하지만 이자나미는 간절히 원하는 남편의 정성에 끌리고 말았다.

"사랑하는 나의 남자여, 일부러 여기까지 와 주셨으니 고맙기 그지없습니다. 그러니 어떻게든 당신 곁으로 다시 돌아갈 수 있도록 이곳 요미노쿠니의 신들에게 부탁해 보겠습니다. 그 대신 한 가지 조건이 있습니다. 여기에서 기다리는 동안 결코 안으로 들어와 내 모습을 엿보아서는 안 됩니다."

이자나기가 약속하자 이자나미는 안으로 들어갔다. 하지만 좀처럼 아내는 나오지 않았다. 기다리다 지친 이자나기는 머리에 꽂은 빗에서 빗살을 하나 꺾어 들고 불을 붙여서 안으로 들어가 살짝 엿보았다.

"으악!"

이게 어떻게 된 일인가. 사랑하는 아내는 온 몸이 구더기 투성이인 무섭고도 추한 모습으로 변해 있었던 것이다. 혼비백산한 이자나기는 뛰쳐나와 도망치기 시작했다.

"잠깐 기다리라고 했는데 약속을 깨뜨리다니. 나의 이런 모습을 보아 버렸으니 도저히 참을 수 없다. 저 자를 쫓아라."

이자나미는 저승의 추녀 귀신들에게 명령했다. 필사적으로 도망쳐 저승과 이승의 경계에 다다랐을 때 이번에는 이자나미가 직접 쫓아왔다. 놀란 이자나기는 커다란 바위로 저승과 이승의 통로를 막아 버렸다. 이리하여 두 신은 절교하고 이후로 저승으로 통하는 길도 막혀버려 오갈 수 없게 되었는데, 그 곳이 바로 지금의 이즈모(出雲)지방이다.

이와 같이 일본의 국토는 두 남녀 신에 의해 만들어졌다고 서술되어 있는데, 흥미로운 내용이 담겨 있다. 하나는 두 신이 궁전의 기둥을 돌면서 부부가 되는 행위를 하였다고 한 부분으로, 『고지키』 원문에는 「미토노마구하히(美斗能麻具波比)」라고 표현되어 있다. 「미토」란 여성의 성기를 말하고 「마구하히」란 원래 눈맞춤을 뜻하는 말이었는데 전성되어 성교를 의미하게 되었다. 그러므로 일본 국토의 생성은 남신과 여신의 성교에 의해 이루진 것이고 더구나 두 신은 남매 신이었으므로 근친상간에 의한 국토창조라는 점이 특기할 만하다.

또 하나는 그리스 신화에 나오는 올피스 이야기와 모티브 면에서 유사하다는 점이다. 아내인 오리이디체의 죽음으로 슬픔에 빠진 올피스는 저승에 가서 아내를 다시 돌려보내 주기를 청한다. 저승의 왕은 그의 음악에 반하여 청을 들어 주지만 조건이 있었다. 즉 올피스가 앞에 걸으면 아내가 뒤따를 것인데 저승의 문을 나설 때 까지는 결코 뒤를 돌아보아서는 안 된다는 것이었다. 그러나 올피스는 과연 아내가 뒤따라오는지 갑자기 불안해져 저승 문 앞에 이르자 뒤돌아보고 만다. 때문에 두 사람 사이에는 영원히 건널 수 없는 장애가 생기고 아내는 슬픈 눈으로 저승으로 되돌아가고 만다. 이 때도 약속을 깬 것은 남자 쪽이었다.

제2절 신에서 천황으로

요미노쿠니에서 돌아온 이자나기는 어떻게 되었을까, 그리고 일본의 국토가 만들어지고 신들이 나타난 후의 세계는 어떻게 전개되는지 『고지키』의 신화를 좀 더 추적해 보기로 하겠다.

1. 아마테라스오미카미(天照大神)

저승에서 돌아온 이자나기는 더럽고 부정한 곳에 다녀왔으니 몸을 씻어 깨끗하게 해야겠다고 생각하고 미소기(禊)를 하게 된다. 미소기란 우리말로 표현하자면 목욕재계에 가까운 말이라 할 수 있겠는데, 미소기의 행위를 하는 동안 그가 벗어던진 지팡이 허리띠 옷 등으로부터 여러 신들이 생겨났고 몸을 씻을 때도 곳곳에서 신들이 태어났다. 왼쪽 눈을 씻을 때 아마테라스오미카미(天照大神)라는 해의 여신이 생겨나자 그녀에게 천상계인 다카마노하라(高天原)를 지배하게 하였고, 오른쪽 눈을 씻을 때 쓰쿠요미노미코토(月讀命)라는 달의 여신이 생겨나자 밤의 세계를 맡겼으며, 코를 씻을 때 스사노오노미코토(須佐之男命)라는 남신이 생겨나자 바다를 다스리도록 했다.

그런데 스사노오는 맡겨진 나라는 다스리지 않고 큰 소리로 울기만 했다. 너무 심하게 울어서 산천의 나무와 물이 다 말라버릴 지경이었다. 보다 못한 이자나기가 그 이유를 묻자 스사노오는 돌아가신 어머니 이자나미가 있는 나라에 가고 싶다고 했다. 화가 난 이자나기는 스사노오를 추방해 버렸다.

쫓겨난 스사노오는, 그렇다면 누님인 아마테라스에게 사정 이야기를 하고 가야겠다고 생각하고 하늘나라로 올라가는데 산천이 울리고 온 나라가 진동하였다. 아마테라스가 그 소리를 듣고 놀라서, 필시 동생이 나쁜 마음을 먹고 자가 나라를 빼앗으러 오고 있다고 생각했다. 그래서 단단히 무장을 하고 찾아온 이유를 따지자, 스사노오는 그 동안의 사정을 이야기하고 절대 나쁜 마음을 먹고 온 것이 아니라고 했다. 그리고 그것을 증명하기 위해서 같이 서약을 하고 신들을 낳아보기로 했는데, 스사노오의 자식으로 검과 옥에서 세 여신이 태어났고, 아마테라스의 자식으로 다섯 남신이 태어났다. 이를 보고 스사노오가 말하기를,

"내 마음이 결백하다는 증거로 내가 낳은 자식들은 모두 상냥한 여자들이니 내가 이겼소."

라고 말하고 승리에 도취되어 난동을 부렸다. 그러고도 모자라 아마테라스가 직녀와 함께 신에게 바칠 베를 짜고 있을 때 지붕에 구멍을 뚫고 말가죽을 벗겨서 안으로 던져 넣었다. 직녀는 깜짝 놀라 베틀의 북에 음부를 찔려 죽고 말았다. 이를 본 아마테라스는 두려워서 하늘의 석실 문을 열고 안에 숨어 버렸다. 이렇게 되니 하늘나라 다카마노하라는 완전히 암흑 속에 빠지고 지상 세계도 영원한 어둠이 계속되었다.

이렇게 되자 여러 신들이 모여 상의했지만 별다른 방법이 없었다. 이때 힘이 장사인 아메노타지카라오노미코토(天手力男神)는 바위 문 옆에 숨어 있고 아메노우즈메노미코토(天宇受讀命)는 문 앞에서 춤을 추기 시작했는데, 신들린 듯이 춤을 추다 보니 젖가슴이 드러나고 허리띠가 음부까지 흘러 내렸다. 이를 본 많은 신들이 다카마노하라가 떠나갈 듯이 일제히 웃어댔다. 아마테라스는 '내가 이 안에 숨어 있으면 온 세상이 암흑이라 모두 곤란할 텐데 어째서 춤추고 웃고 떠드는 것일까'하는 생각이 들어 석실 문을 살짝 열고 밖을 내다보았다. 그러자 힘센 아메노타지카라오노미코토(天手力男神)가 그 틈을 노려 문틈에 손을 집어넣고 바위 문을 열어젖히면서 아마테라스의 손을 잡아 끌어

냈다. 그러자 다카마노하라도 땅위의 세계도 모두 태양이 비치고 밝은 세상으로 다시 돌아왔고, 신들은 스사노오를 다카마노하라에서 추방해 버렸다.

2. 스사노오노미코토

쫓겨난 스사노오는 홀로 이즈모(出雲)지방의 히노카와(肥河)라고 하는 강변에 도착했다. 이 때 상류에서 젓가락이 흘러내려오는 것을 보고 위에 사람이 살고 있을 것이라는 생각에 찾아가 보니 할머니와 할아버지가 여자아이를 사이에 두고 울고 있었다. 스사노오가 연유를 묻자 할아버지가 대답했다.

"내게는 원래 딸이 여덟 있었는데, 해마다 몸통은 하나인데 머리와 꼬리가 여덟 개인 야마타 노오로치(八俣大蛇)라는 괴물이 습격해와 딸들을 먹어 치웠습니다. 올해도 그 괴물이 올 시기가 되었기 때문에 울고 있는 것입니다."

"나는 태양신 아마테라스의 동생인 스사노오인데, 너의 딸을 아내로 준다면 내가 그 괴물을 해치워주겠다."

말을 마친 스사노오는 딸을 빗으로 변신시켜 자기 머리에 꽂고 신들로 하여금 울타리를 둘러치게 하였다. 그리고 울타리에는 여덟 개의 문을 만들고 문마다 앞에 잘 빚은 술을 담은 술독을 놓아두고 기다렸다. 그러자 정말 노인의 말대로 야마타노오로치라는 괴물이 나타났다. 괴물은 술독을 보자 여덟 개의 머리를 모두 술독에 처박고 술을 마셔대더니 술에 취해 쓰러져 잠들고 말았다. 이 때를 놓치지 않고 스사노오가 나타나 칼을 빼어들고 괴물의 목들을 모두 잘라 버렸다. 그리고 가운데 꼬리를 잘랐을 때 안에서 아주 훌륭한 칼이 나왔다. 신기하게 생각한 스사노오는 나중에 그 칼을 누님인 아마테라스에게 바쳤는데, 이것이 바로 삼종신기(三種神器)의 하나인 구사나기노쓰루기(草薙劍)라는 칼이다.

3. 오쿠니누시노카미(大國主神)

이후 스사노오와 아내인 구시나다히메(櫛名田比売)는 침실에서 부부의 행위를 하여 둘 사이에 많은 신들이 태어났는데 그 직계 후손에 오쿠니누시노카미(大國主神)라는 신이 있었다. 이 신에게는 많은 형제들이 있었는데, 모두 자기 나라를 오쿠니누시에게 물려주었다. 나라를 물려주게 된 이유로서 다음과 같은 이야기가 전해진다.

오쿠니누시와 형제들이 이나바(因幡, 지금의 돗토리현 지방)에 사는 야가미히메(八上姬)에게 구혼하기 위하여 함께 길을 떠났는데, 형제들은 오쿠니누시에게 짐을 짊어지게 하고 종자로 삼아 데리고 갔다. 짐을 진 오쿠니누시는 뒤처지고 형제들이 앞서 가던 중 해변에 다다랐을 때 알몸이 된 토끼 한 마리가 누워있는 것을 발견하고 여러 신들이 물었다.

"토끼야 무슨 일로 그러고 있느냐?"

"보시다시피 저는 가죽이 모두 벗겨져 아파서 울고 있습니다."

"너의 몸을 고치려면 이 바닷물에 목욕을 하고 바람 부는 산꼭대기에 누워있어 보거라."

토끼는 가르쳐준 대로 했다. 하지만 바람을 쐬자 바닷물이 마르면서 온 몸의 살갗이 갈라지고 그 고통이 이루 말할 수 없을 정도였다. 그래서 쓰러져 울고 있었는데 신들의 맨 뒤에 따라온 오쿠니누시가 토끼를 보고 물었다.

"왜 너는 그렇게 엎드려 슬피 울고 있느냐?"

"제 이야기를 들어 보십시오. 저는 바다 건너편 오키노시마(隱岐島)

에 살고 있는데 육지로 건너오고 싶어도 건널 수가 없었습니다. 그래서 바다 속에 살고 있는 악어를 속여서 '나하고 너하고 누가 더 종족이 많은지 비교해 보자. 먼저 너는 네 종족을 데리고 와서 건너편 해변까지 일렬로 늘어서 엎드려 있어라. 그러면 내가 악어들의 등을 밟고 건너면서 수를 세도록 하지'라고 했습니다. 나의 말대로 악어가 징검다리처럼 엎드려 있을 때 수를 세면서 건너다가 해변에 닿기 직전 '너희들은 나한테 속은 거야'라고 말하자마자 맨 끝에 있던 악어가 나를 잡아서 가죽을 모두 벗겨버렸습니다. 그래서 울고 있는데, 먼저 온 많은 신들이 바닷물로 목욕하고 바람을 쐬면서 누워있으라고 가르쳐 주어 그대로 했더니 온 몸이 상처투성이가 되어 버렸습니다."

토끼는 빨갛게 벗겨진 몸을 떨면서 말했다. 그러자 토끼가 불쌍해진 오쿠니누시가 가르쳐 주었다.

"지금 바로 강가에 가서 깨끗한 물로 몸을 씻고 향포(香蒲)꽃가루를 뿌린 다음 그 위에 누워있으면 네 몸은 틀림없이 나을 것이다."

이 말을 들은 토끼가 그대로 해보니 정말 원래의 몸으로 회복되었다. 이것이 바로 이나바의 흰 토끼로 지금도 토신(兎神)이라고 부른다. 이 토끼가 오쿠니누시에게 "다른 많은 신들은 모두 야가미히메를 아내로 삼을 수 없을 것이고, 보따리를 짊어지고 하인처럼 보이기는 하지만 당신이 틀림없이 아내로 삼게 될 것입니다" 라고 말했다.

이후 야가미히메는 구혼하러 온 형제 신들의 청혼을 물리치고 오쿠니누시 신과 결혼하겠다고 하였다. 그러자 많은 신들이 화를 내고 오쿠니누시를 죽이려고 했지만 다른 신들의 도움으로 그의 조상인 스사노오가 살고 있는 지하의 저승세계에 도착하였다. 그곳에서 스사노오의 딸인 스세리비메(須勢理毘賣)를 만나 결혼을 하고 스사노오의 시험을 무사히 견뎌냄으로써 국토를 개척하는 일이 맡겨졌다.

그 후로 오쿠니누시는 여러 신들과 결혼을 하여 많은 신들을 낳았다. 하지만 지상에서는 여러 신들이 싸우고 횡포를 부리므로 소란스러웠다. 이를 본 천상계 다카마노하라의 아마테라스오미카미와 다카미무스비노카미(高御産巣日神)는 많은 신들을 모아놓고 회의를 한 결과 아메노호히노카미(天菩比神)를 내려보냈지만 그는 오쿠니누시에게 아첨하면서 천상계 신들의 명령을 듣지 않았다. 그래서 다시 아메노와카히코(天若日子)를 내려보냈는데 이번에는 오쿠니누시의 딸인 시타테루히메(下照比賣)를 아내로 삼고 돌아오지 않았다. 그러자 천상계의 신들은 그가 돌아오지 않는 이유를 물어보기 위해서 어떤 신을 파견할 것인가 의논한 끝에 나키메(鳴女)라는 꿩을 보내기로 했다. 명령을 받은 꿩은 지상으로 내려와서 아메노와카히코에게 천상계 신들의 이야기를 그대로 전했다. 그러자 옆에 있던 아메노사구메(天探女)라는 영적 능력을 가진 여자가, 이 새는 그 우는 소리가 매우 불길하니 죽이라고 진언했다. 아메노와카히코는 그녀의 말대로 하늘나라에서 가져온 활과 화살로 꿩을 쏘아 죽였다. 그런데 그 화살이 꿩의 가슴을 뚫고 하늘나라에까지 날아가 천상계 신들이 있는 곳에 떨어졌다. 신들은 "이 화살은 아메노와카히코의 화살임에 틀림없는데, 만일 그가 나쁜 신에게 쏜 화살이 여기까지 날아온 것이라면 무사할 것이지만, 그렇지 않고 우리 명령을 거역하는 마음에서 쏜 것이라면 이 화살에 맞아 죽을 것이다"고 말하고, 화살이 날아들어 온 구멍을 통해서 지상세계로 되던졌다. 결국 아침에 침상에서 잠을 자던 아메노와카히코는 가슴에 화살을 맞고 죽어버렸다. 그리고 그 꿩은 한번 간 채로 소식이 없었으므로, 이후 사신으로 간 채 소식 없는 꿩(우리말의 「함흥차사」와 비슷한 뜻인데, 원어로는 「기지노히타쓰카이(雉の頓使)라고 함)이란 속담이 생기게 되었다.

이처럼 지상세계인 아시하라노나카쓰쿠니에 사자를 재차 파견했지만 실패로 끝나자 다음에는 누구를 보낼 것인가 상의 끝에 다케미카즈치노카미(建御雷神)를 보내기로 했다. 다케미카즈치노카미는 지상의 이즈모지방에 내려와 오쿠니누시를 만나서 말했다.

"아마테라스오미카미와 다카미무스비노카미의 분부에 의해 그대들의 의견을 들으러 왔소. 그대들이 지배하고 있는 지상세계 아시하라노나카츠쿠니는 우리 천상계 신들의 자식이 다스리기로 되어 있는 나라라고 아마테라스오미카미께서 말씀하셨는데, 그대의 생각은 어떤가?"

"나는 지금 대답할 수 없고 내 아들인 야에코토시로누시노카미(八重言代主神)가 대답해 드릴 것입니다."

오쿠니누시의 말대로 아들인 야에코토시로누시노카미를 불러 물어보니, 나라를 천상계 신의 자손에게 바쳐야 한다고 대답했다. 그러자 오쿠니누시는 다른 아들 다케미나카타노카미(建御名方神)의 말도 들어보자고 했다. 마침 그 때 그 아들이 나타나서 천명이 덤벼야 겨우 움직일 수 있는 거대한 바위를 손끝으로 가볍게 놀리면서 말했다.

"누구냐, 우리나라에 와서 이러쿵저러쿵 지껄이는 자가. 어디 한번 힘겨루기를 해서 결판을 내자. 자 그럼 내가 먼저 당신의 손을 붙잡겠다."

그래서 다케미카즈치노카미가 자기 손을 상대방에게 잡혀 주었더니 그것이 갑자기 고드름으로 변하였다가 다시 칼날로 변하였다. 이를 보고 놀라서 물러나자 이번에는 반대로 다케미카즈치노카미가 다케미나카타노카미의 손을 잡고 마치 방금 싹이 튼 갈대를 잡아 뽑듯이 쉽게 붙잡아 던졌더니 멀리 도망쳐 버렸다. 뒤쫓아 가서 붙잡아 죽이려고 했더니 목숨만 살려달라고 애원하면서 아버지인 오쿠니누시와 형인 야에코토시로누시노카미의 말에 거역하지 않을 것을 약속하고, 천상계 신의 자손의 명령에 따라 지상세계를 바치겠다고 말했다.

이렇게 해서 오쿠니누시는 지상세계인 아시하라노나카츠쿠니를 천상계 신의 자손이 다스리는 것을 인정하니, 다케미카즈치노카미는 천상계 다카마노하라로 돌아가서 지상세계를 평정하였음을 보고했다. 천상계의 신 아마테라스오미카미와 다카미무스비노카미는 누구에게 지상세계의 통치를 맡길 것인지 의논 끝에 히노호노니니기노미코토(日子能邇邇藝命)를 하늘에서 내려 보내기로 했다.

4. 니니기노미코토(瓊瓊杵尊)

니니기노미코토가 하늘에서 내려올 때, 천신 아마테라스오미카미는 야사카노마가타마(八尺の勾玉) 가가미(鏡) 구사나기노쓰루기(草薙劍)라는, 옥과 거울과 검의 세 가지 신기(神器)를 주면서 신들과 함께 지상으로 내려가도록 했다. 구름을 뚫고 위풍당당하게 떠나온 그는, 쓰쿠시(筑紫, 지금의 규슈지방)의 히무카(日向)에 있는 다카치호(高千穗)라는 성스러운 봉우리에 도착했다.

"이곳은 멀리로는 가라쿠니(韓國, 고대 한반도에 대한 명칭)를 바라보고 있고 가까이로는 가사사(笠沙)곶과 직접 통하여 아침 해가 직접 비추는 나라이고 석양이 빛나는 나라이다. 그러니 이곳은 정말 좋은 땅이로다."

하고 말한 후, 그 곳에 궁전을 짓고 살았다. 그러던 어느 날 니니기노미코토는 가사사곶에서 아름다운 여자를 만나게 되어 누구냐고 물었다.

"저는 오야마쓰미노카미(大山津見神)의 딸로, 이름은 고노하나노사쿠야비메(木花之佐久夜毘賣)라고 합니다."

"그대에게는 형제가 있는가?"

"예, 이와나가히메(石長比賣)라는 언니가 있습니다."

"나는 그대와 결혼하고 싶은데 어떤가?"

"저로서는 뭐라고 대답하기 어렵습니다. 아버지인 오야마츠미노카미께서 대답해 주실 것입니다."

니니기노미코토가 그녀의 아버지에게 사신을 보내 딸과 결혼하고 싶다고 하자 아버지는 기꺼이 허락했다. 그리고 언니도 함께 데려가도록 했다. 그러나 그는 언니인 이와나가히메가 매우 못생긴 것을 보고 돌려보내 버렸다. 그리고 동생인 고노하나노사쿠야비메만 머무르게 하고 그녀와 하룻밤 잠자리를 같이 했다.

한편 아버지는 니니기노미코토가 언니를 돌려보내자 매우 부끄러워 하면서,

"내가 두 딸을 함께 보낸 것은 다 이유가 있었는데…. 언니 이와나가히메를 바친 것은 하늘신의 아들은 눈이 내리고 바람이 불어도 언제나 바위처럼 영원히 불변하시라는 뜻이 있고, 동생 고노하나노사쿠야비메를 드린 것은 나무에 꽃이 화려하게 피듯이 무한히 번창하시기를 기원하는 뜻에서 보낸 것이다. 그런데 이렇게 이와나가히메를 되돌려 보내고 동생만 남겨 두었으니, 앞으로 천상계 신의 아들의 수명은 나무의 꽃처럼 한계가 있어 덧없는 것이 되고 말 것이오." 라고 말했다. 이 일로 인하여 지금에 이르기까지 역대 천황의 수명은 영원하지 않게 되었다.

어느 날 고노하나노사쿠야비메가 니니기노미코토에게 아이를 가져서 출산이 가까워졌음을 알렸다. 그러나 니니기노미코토는 단 하룻밤의 관계만으로 아이를 가졌다는 것은 믿기 어려운 일이니 그 아이는 자기 아이일 리가 없고, 따라서 필시 지상세계의 다른 신의 아이일 것이라고 말했다. 그러자 그녀가 대답했다.

"만약 제가 가진 아이가 다른 지상세계 신의 아이라면 출산할 때 무사하지 않을 것이나, 만일 천상계 신의 아이라면 무사히 태어날 것입니다."

라고 서약했다. 그리고 출입구가 없는 산실을 차려놓고 그 안에 들어간 후 흙을 발라서 완전히 막아 버렸다. 출산 때가 되자 산실에 불을 붙인 채 아이를 낳았는데, 불길이 한창일 때 태어난 신이 호데리노미코토(火照命)이고 이어서 호스세리노미코토(火須勢理命)가 태었고 그 다음에 호오리노미코토(火遠理命)가 태어났다.

이 가운데 형 호데리노미코토는 바다에서 나는 물고기를 잡았고 동생 호오리노미코토는 산에 사는 짐승을 잡았는데, 어느 날 동생 호오리노미코토가 형에게 서로 먹이를 잡는 도구를 바꾸어 써보자고 제안했더니 형이 듣지 않았다. 몇 번이나 조른 뒤에 겨우 허락을 얻은 동생은 바꾼 도구로 물고기를 낚았지만 한 마리도 못 낚고 낚싯바늘을 바닷속에서 잃어버리고 말았다. 형이 이제 서로의 도구를 원래대로 바꾸자고 말했을 때 동생은 어쩔 수 없이 사실대로 말했다. 하지만 형은 계속 돌려줄 것을 요구했다. 동생은 허리에 차고 있던 칼을 풀어 오백 개의 낚싯바늘을 만들어 주었지만 형은 받지 않았다. 다시 천개를 만들어 주어도 받지 않으며 원래의 자기 바늘을 내놓으라고 재촉했다.

그래서 동생이 바닷가에서 울고 있는데, 바닷물을 다스리는 신 시오쓰치노카미(鹽椎神)가 다가와서 울고 있는 이유를 묻자 사정을 이야기했다. 이야기를 듣고 난 시오쓰치노카미는 바닷속 와타쓰미노카미(綿津見神)라는 신의 궁전에 가는 방법을 가르쳐 주면서 그 신의 딸과 의논해 보라고 했다. 가르침대로 호오리노미코토가 궁전에 도착했더니, 와타쓰미노카미의 딸 도요타마비메(豊玉毘賣)가 그를 보고 반해서 둘은 결혼을 하게 되었다. 삼년이 지난 어느 날, 호오리노미코토가 크게 한숨을 쉬는 것을 보고 아내가 그 이유를 물었다. 그래서 자기가 형의 낚싯바늘을 잃어버리고 계속 재촉당하고 있음을 이야기했다.

이런 사정을 딸에게서 들은 와타쓰미노카미는 바닷속의 물고기들에게 그 낚싯바늘을 가진 자가 있는가를 알아보니 붉은 돔이 목에 가

시가 걸려 고통스러워하고 있다는 것을 알았다. 그래서 돔의 목을 살펴보니 낚싯바늘이 걸려 있었으므로 바로 빼서 호오리노미코토에게 건네주었다.

이렇게 해서 낚싯바늘을 찾은 호오리노미코토는 악어 등을 타고 본국으로 돌아왔다. 이후 형은 낚싯바늘을 돌려받았지만, 동생이 와타쓰미노카미의 계책대로 실행함으로써 형은 점점 가난해졌고 나중에는 동생을 모시는 신세가 되고 말았다.

한편 남편을 지상 세계로 돌려보낸 도요타마비메는 아이를 갖게 되자 남편이 사는 곳에 찾아와 말했다.

"나는 이미 몸이 무거워져 출산할 때가 다가왔습니다. 하지만 천상계 신의 아들을 바닷속에서 낳아서는 안 된다고 생각해서 당신을 찾아온 것입니다."

말을 마치자 아이를 낳기 위한 산실을 만든 후 남편에게 말했다.

"다른 세상에서 온 자는 출산할 때가 되면 자기 나라에서의 모습이 되어 아이를 낳는 법입니다. 그러므로 나도 본래의 내 모습이 되어 아이를 낳으려고 하니 부디 내 모습을 보지 말아 주십시오."

하지만 호오리노미코토는 이상한 생각이 들어 아내가 아이 낳는 모습을 몰래 들여다보았다. 그러자 아내는 커다란 악어로 변하여 기면서 뒹굴고 있었다. 그 모습을 본 그는 놀라 도망치고 말았다. 이 사실을 알게 된 아내는 부끄럽게 생각되어 아이를 남겨둔 채 돌아가며 말했다.

"나는 앞으로도 계속 바닷길을 따라 이 나라에 왔다 갔다 하려고 생각하고 있었는데, 그런데 내 모습을 보아 버린 것은 정말 유감입니다."

말을 마친 그녀는 해신의 나라와 지상세계와의 국경을 막아버리고 바다 속으로 돌아가 버렸다. 그 때 태어난 아이가 아마쓰히코나기사타케우가야후키아에즈노미코토(天津日高日子波限建鵜草葺不合命)이다.

호오리노미코토는 다카치호(高千穗)궁에서 오백팔십 년을 살았고 그의 능은 다카치호산 서쪽에 있다. 그리고 아들 아마츠히코나기사타케우가야후키아에즈노미코토가 숙모인 다마요리비메노미코토(玉依毘賣命)와 결혼하여 네 아이를 낳았는데, 처음에 이쓰세노미코토(五瀨命)를 낳고 다음에 이나히노미코토(稻氷命)를 낳고 다음에 미케누노미코토(御毛沼命)를 낳고 마지막으로 와카미케누노미코토(若御毛沼命)를 낳았다.

마지막에 낳은 와카미케누노미코토는 별명을 도요미케누노미코토(豊御毛沼命)라고도 하고 가무야마토이와레비코노미코토(神倭伊波禮毘古命)라고도 부르는데, 바로 일본의 제1대 천황인 진무(神武)천황이다.

제五장

신과 불보살의 만남

제5장 신과 불보살의 만남

신화의 세계에서 등장한 신은 국토창조로부터 천황의 조상으로서의 역할에 이르기까지 다양하게 전개되고 있음을 보았는데, 긴메이(欽明)천황 13년(538) 일본에 불교가 전래된 이후 이제 신은 여러 장면에서 불보살과 만나게 된다. 그 과정에서 신과 불보살은 다양한 역학관계를 보여주는데 그 양상이 설화에 적나라하게 묘사되어 있고, 이를 비교를 통해 살펴보기 위해서 한일 양국의 설화를 검토해보기로 하겠다.

한일 양국에 있어서 불교의 전래란 여러 가지 측면에서 해석이 가능하겠지만, 어떤 의미에서는 옛날부터 신앙되어 오던 토착신과 불보살과의 만남으로 해석할 수 있을 것이다. 불교의 전래와 더불어 신과 불보살의 만남이 이루어지자 서로 반발하기도 하고 융화를 보이기도 하였는데, 각 나라마다 신과 불보살 양자의 관계가 안정적으로 정착되기까지에는 상당한 우여곡절이 있었을 것이다.

가까운 예를 하나 들어보자. 서울 근교의 도봉산에 오르다 보면 천축사라는 절이 있고 경내의 가장 높은 곳에 암자가 하나 있다. 멋진 불상이 모셔져 있을 거라고 기대하면서 올라가 보면 안에는 하얀 수염을 길게 늘어뜨린 노인이 호랑이를 비롯한 많은 짐승들을 거느리고 서 있는 그림이 정면을 장식하고 있다. 사람들은 처마 밑의 현판에 산신각이라 써 있는 것을 보고 그 노인이 산신령임을 알게 되고, 부처님을 모시는 절에 산신령이 같이 모셔져 있다는 사실에 의아함을 느끼게 된다.

이처럼 불교와 재래신앙과의 접촉은 종교문화의 여러 곳에서 엿볼 수 있는데, 특히 설화 속에는 옛날 사람들이 지니고 있던 정신세계가 생생하게 묘사되어 있어, 신과 불 양자의 관계가 변화해 가는 과정을 살펴보는데 좋은 단서를 제공한다.

그런데 한일 양국을 대상으로 하다 보니 양국의 수많은 자료 가운데 선택이 쉽지 않은데 마침 일본의 대표적 문헌설화라 할 수 있는 『곤자쿠모노가타리슈』에 인도 중국 일본의 설화가 1000여화 수록되어 있어 비교를 위한 좋은 자료를 제공하고 있고, 부족한 한국설화의 경우는 성립시기와 성격이 비슷한 『삼국유사』(13세기 후반 성립)를 이용하면서, 필요에 따라 다른 자료를 보충하기로 하겠다.

한편 신과 불의 만남을 논할 때 「신불혼효(神佛混淆)」, 「신불습합(神佛習合)」, 「본지수적(本地垂迹)」 등의 용어가 자주 사용되는데, 이들 용어의 개념을 명확히 정의하는 것은 쉬운 일이 아니다. 우선 일반적으로는 어떻게 해석되고 있는가를 보기 위해서 사전의 풀이를 빌려보면 다음과 같다.

- 신불혼효 : 신불동체설에 근거하여 고유의 신과 불교의 불보살과를 동일시하고 양자를 같은 곳에 모시고 신앙하는 것.

- 신불습합 : 고유의 신에 대한 신앙과 불교신앙을 절충하여 융합조화한 것으로 신불혼효라고도 함.
- 본지수적 : 본지로서의 불보살과 수적으로서의 신, 즉 본지인 불보살이 세상의 중생을 구제하기 위하여 모습을 바꾸어 나타난 것이 신이라고 보는 것.

그런데 이상과 같은 용어해석은 어디까지나 사전적인 풀이에 불과하고, 실제로 설화에 보이는 신과 불보살의 접촉을 위의 세 가지 용어로 정리해 버리면 너무 추상적인 파악에 지나지 않게 된다. 바꾸어 말하면 위의 세 가지 용어만으로는 다 나타내기 어려울 정도로 설화상의 신과 불의 관계는 다양한 양상으로 전개되고 있다는 것을 의미하는데, 여기에서는 신불의 만남 양상이 발전되어가는 과정에 따라 불교전래와 신불의 대립, 불교융성과 신의 조력, 신의 불교귀의, 신불동격의 네 가지로 정리하여 살펴보기로 한다.

제1절 불교의 전래와 수용

불교가 전래된 이후 그 수용에 대한 태도는 나라마다 다른 모습을 보이고 있는데, 일본의 경우 한동안은 찬반의 충돌을 피할 수 없었다. 『곤자쿠모노가타리슈』 제11권 제1화 「쇼토쿠(聖德)태자가 일본에 처음으로 불법을 펼친 이야기」는 일본의 불교전래를 태자의 전기 형식을 빌려 이야기한 것으로, 긴메이천황 13년(538)에 백제에서 불교가 전해졌을 때 그 수용을 둘러싼 찬반의 대립이 일어났던 것은 역사적인 사실로서 확인되는데, 이 사실에 근거를 둔 이야기이다.

백제로부터 미륵불상이 전래되자 쇼토쿠태자와 소가노우마코(蘇我

馬子)는 불당을 세우고 불법을 전파하려고 했지만, 그 때 불법 배척을 주장하던 모노노베(物部)와 나카토미(中臣)씨 측에 유리한 사태가 벌어졌다. 그것은 역병의 유행이었는데, 다음 이야기는 이를 둘러싼 양측의 공방이 전개되는 장면이다.

백제에서 미륵불상을 보내왔다. 그러자 소가노우마코라는 대신이 건너온 사신을 맞이하여 자기 집의 동쪽에 절을 짓고 거기에 머물게 했다. 대신이 이 절에 탑을 세우려고 하자 태자가 「탑을 세우면 반드시 안에 부처의 사리를 안치시켜야 한다」고 말하고, 사리 한 알을 구해서 유리항아리에 넣어 탑에 안치시키고 예를 올렸다. 이렇게 모든 일에서 태자는 대신과 한마음이 되어 삼보를 널리 전하였다.

당시 나라 안에 유행병이 발생하여 죽는 사람이 많았다. 이 때 모노노베와 나카토미 두 사람이 왕에게 진언하기를 「우리나라는 원래부터 신만을 받들어 신앙하고 있습니다. 그런데 근래에 소가 대신이 불법이란 것을 일으켜 행하고 있습니다. 그것 때문에 나라 안에 병이 유행하여 백성들이 죽고 있는 것입니다. 불법을 금지시켜 사람들의 목숨을 구해야 할 것입니다」라고 말했다. 이 말에 왕은 「두 사람 말이 옳다. 즉시 불법을 금하도록 하라」고 명하였다. 그러자 쇼토쿠태자가 진언하기를 「저 두사람은 아직 인과보응의 이치를 모르고 있습니다. 선정을 베풀면 복이 오고 악정을 행하면 반드시 화가 오는 법입니다. 두 사람은 반드시 화를 당할 것입니다」라고 말했다. 그렇지만 왕은 절에 사람을 보내 불당과 탑을 부수고 불경을 불태우게 했다. 그리고 타다 남은 불상을 강에 버리고 세 명의 비구니를 매로 때려 절에서 내쫓았다.
(『곤자쿠모노가타리슈』 제11권 제1화)

쇼토쿠태자와 소가의 숭불 주장과 모노노베와 나카토미의 배불 주장은 당시 조정의 양대 세력가의 권력다툼이 그 배경을 이루고 있고, 종교적인 교리상의 대립은 아니었다. 그러나 「우리나라는 원래부터 신만을 받들어 신앙하고 있습니다」라는 말에 잘 나타나 있듯이 양측의 대립은 신과 불보살의 만남이 발단이 되고 있음을 주목할 필요가 있다.

이 사건은 『니혼쇼키』의 긴메이천황 13년 10월 기록을 통해서도 확인되는데, 백제의 성명왕(聖明王)이 보내온 금동불상과 불경 등을 둘러싸고 벌어진 상황이 자세히 나타나 있다.

백제의 성명왕(다른 칭호 聖王)이 달솔 노리사치계 등을 보내, 석가불의 금동상 한 구와 반개(幡蓋) 약간과 경전 몇권을 전해왔고, 따로 편지를 써서 불법을 널리 보급하고 불상을 경배하는 공덕을 찬양하여 말하기를 「이 불법은 모든 법 가운데 가장 뛰어나고, 깨치기 어렵고 불문에 들기도 어렵습니다. 주공(周公)과 공자도 또한 알지 못했습니다. 이 법은 헤아릴 수 없고 끝도 없는 복덕과보를 낳고 무상의 보리(菩提)를 이루어냅니다. 예를 들어 사람이 여의보주를 가지고 용도에 따라서 모든 것을 마음대로 할 수 있듯이 이 묘법의 보물 또한 그러하니 기원하는 바를 뜻대로 이루되 부족함이 없습니다. 또한 멀리는 인도에서 이곳 삼한에 이르기까지 법에 따르고 받들어 공경하지 않는 일이 없습니다. 그러므로 백제의 왕인 명(明), 삼가 노리사치계를 보내어 일본에 전하니 나라 안에 전파해 주십시오. 부처님께서 나의 법은 동쪽으로 흘러가리라고 하신 것을 실천하는 것입니다」라고 했다.

이 날 천황이 다 들으시고 매우 기뻐하면서 사신을 불러 말하기를 「나는 예로부터 지금까지 일찍이 이처럼 신묘한 법을 들어보지 못했다. 그러나 (불법을 받아들일 것이지) 내가 스스로 결정하기 어렵다」고 하셨다. 그리고 신하들을 불러 물으시기를 「이웃 서국에서 보내온 불상은 그 모습이 매우 장엄하고 일찍이 없던 모습인데 받들어 모셔야 할 것인가 그렇지 않은가」하고 물으셨다. 소가노이나메가 아뢰기를 「서국 여러 나라가 모두 받들고 있는데 어찌 일본 만이 홀로 배척하려 합니까」 하자, 모노노베노오코시(物部尾輿)와 나카토미노카마코(中臣鎌子)가 함께 아뢰기를 「우리나라의 천하를 다스리는 왕은 항상 천지사직의 수많은 신(百八十神)에게 춘하추동 제사 드리는 것을 중요한 일로 삼아 왔습니다. 그런데 이제 바꾸어서 외래신(蕃神)을 받든다면 필경 국신(國神)의 노여움을 살 것입니다」라고 했다. 그러자 천황이 말하기를 「원하는 이나메에게 사험삼아 모셔보도록 하라」고 하니, 이나메는 무릎 꿇고 받들며 기뻐하였다. 그리고 자기 집에 불상을 안치시키고 열심히 불도를 닦았고 무쿠하라()의 집을 깨끗이 하여 절로 삼았다.

그 후 나라 안에 역병이 발생하여 갈수록 죽는 백성들이 늘어났지만 낫지를 않았다. 그러자 모논베노오코시와 나카토미노카마코가 아뢰기를 「지난 날 저희 말을 듣지 않았기 때문에 이처럼 병이 유행하는 것입니다. 이제 다시 예전으로 돌아간다면 머지않아 틀림없이 기쁜 일이 있을 것입니다. 어서 불상을 내버리고 열심히 다음 복을 구하십시오」 하자, 천황은 그 말대로 하라고 했다. 그래서 관리가 불상을 나니와(難波)의 강가에 버리고 절에 불을 지르니 다 타버렸다. 이 때 하늘에 바람과 구름 한 점 없었는데 갑자기 궁 안에 화재가 일어났다. (『니혼쇼키』 긴메이천황 겨울 10월 조)

긴메이천황은 백제로부터 전해온 불교의 수용 여부에 대해 명확한 태도를 보이지 않았다. 그러자 숭불파는 서방 여러 나라가 불교를 받아들였는데 일본만 배척할 필요는 없다고 주장하였고, 배불파는 불상을 번신(蕃神, 외래신)이라 여기고 번신숭배는 국신의 노여움을 초래하리라고 반격하였다. 그러다가 소가씨는 왕의 허가를 얻어 불상을 안치하고 받들게 되었는데, 유행병을 번신숭배의 탓으로 주장한 배불파의 주장이 받아들여져 불상은 버려지고 불당도 불태워졌다.

불교의 전래로부터 수용에 이르는 과정에서 일어난 시련의 한 장면이 생생하게 기록되어 있는 부분인데, 이후 사건의 전개는 『곤자쿠모노가타리슈』에 의하면, 긴메이천황의 뒤를 이어 요메이(用明)천황이 즉위한 후 불법수용을 결정하자 양측의 싸움은 신과 불을 전면에 내세운 전투로 발전하였고, 결과적으로는 사천왕상(四天王像, 불법수호신의 하나)을 받들고 싸움에 나선 태자와 소가의 군대가 씨족신을 앞세운 모노노베군을 이김으로써 신에 대한 불상의 승리로 결말이 난다.

이와 같이 불교전래시의 모습을 살펴보면 신불의 만남이 뚜렷한 특징으로 떠오른다. 「우리나라는 원래부터 신만을 받들어 신앙하고 있다」(『곤자쿠모노가타리슈』)고 한다든지, 「우리나라의 왕이 천하의 왕인 것은 항상 천지 사직의 수많은 신에게 춘하추동 제사를 드리기 때문입니다. 그런데 이제 와서 외래신을 받든다면 필경 우리 신이 노여워하실 것입니다」(『니혼쇼키』)라고 한 부분에 잘 나타나 있듯이, 신과 불의 만남이 불교배척의 발단이 되고 있는 것이다.

또한 이것은 일본인들이 고유의 신을 받들고 또 그 신이 나라를 보호해 준다고 믿는, 자기 나라를 신국으로 생각하는 사상이 근저를 이루고 있음을 볼 수 있는데, 이는 이미 앞의 『고지키』 신화를 통해서 살펴보았던 신에 대한 의식이 바탕이 되고 있음은 말할 나위 없다.

이처럼 일본의 불교는 신과 불보살의 만남에 의한 반발 대립의 과정을 거쳐 점차 정착의 길을 걷게 되었고, 한편 고대 한국에 있어서의 양상은 나라(고구려 백제 신라)마다 달랐다. 『삼국유사』의 제3 홍법편 제1화 「순도조려(順道肇麗)」에서 제5화 「법왕살금(法王殺禁)」까지의 이야기에 잘 나타나 있는데, 고구려와 백제가 별다른 저항 없이 불교를 받아들인데 비해 신라는 이차돈의 순교에 의해 배불자들의 반대를 물리침으로서 국교로 인정된다. 이것은 법흥왕 14년(572)의 일이었는데, 제3 홍법편 제3화 「아도기라(阿道基羅)」에 의하면 그 이전에도 고구려의 승려 아도에 의해 신라에의 포교가 시도된 일이 있었음이 확인된다. 미추왕 2년(263)의 일로, 고구려승 아도가 신라에 포교를 시도했을 때 사람들은 아직 불법을 견문한 적이 없다는 사실을 이유로 배척하고 그를 죽이려는 자까지 나타났다. 어쩔 수 없이 모례(毛禮)의 집에 도피해 있던 아도는 이듬해 성국공주의 병을 고쳐 준 것을 계기로 포교를 허락받았다. 그러나 미추왕의 죽음과 더불어 불교도 끊기고 말았는데 후에 법흥왕의 출현에 의해 다시 불교가 일어나게 되었다. 제5화 「원종흥법(原宗興法)」에 의하면, 왕은 백성들을 위해 복을 닦고 죄를 없애기 위해서 불법을 펴고자 했으나 신하들은 왕의 깊은 뜻을 헤아리지 못하고 「오직 나라를 다스리는 대의만을 따르고 절을 세우겠다는 신략(불교를 수용하려는 신성한 생각)에 따르지 않으니」 왕이 탄식했다. 이를 본 이차돈은 절을 지으려는 왕의 뜻을 자신이 가로막은 것으로 꾸미고 신하들이 모인 가운데서 처형시켜주기를 간청하니 왕이 재삼 말리다가 그의 큰 뜻을 알고 그대로 실행했다. 그리고 그의 목을 베니 흰 젖이 한 길이나 솟아올랐고 이러한 이적을 보인 순교에 의해 신하들의 반대를 물리칠 수 있게 된 것이다.

불교전래시의 모습들을 살펴보았을 때 일본의 경우는 신불의 만남이 뚜렷한 특징으로 떠오른다. 즉 불교수용에 저항을 보이지 않았던 고구려 백제와는 달리 신라에서는 신하들이 「오직 나라를 다스리는 대의만을 따르고 절을 세우겠다는 신략(불교를 수용하려는 신성한 생각)에 따르지 않거나」 또는 「아직 불법을 견문한 적이 없다」는 사실이 불교 배척의 원인이었고, 중국에서도 진시황의 박해 때문에 전래가 늦어졌지만, 신과의 만남이 문제가 되지는 않았다. 그러나 일본의 경우는 「우리나라는 원래부터 신만을 받들어 신앙하고 있다」(『곤자쿠모노가타리슈』)고 한다든지, 「우리나라의 왕이 천하의 왕인 것은 항상 천지 사직의 수많은 신에게 춘하추동 제사를 드리기 때문입니다. 그런데 이제 와서 외래신을 받든다면 필경 우리 신이 노여워하실 것입니다」(『니혼쇼키』)라고 한 부분에 잘 나타나 있듯이, 신과 불의 만남이 불교배척의 발단이 되고 있는 것이다. 이것은 일본인들이 고유의 신을 받들고 또 그 신이 나라를 보호해 준다고 믿는, 자기 나라를 신의 나라로 생각하는 신국사상이 근저를 이루고 있음을 보여주고 있다.

제2절 불법(佛法)에 귀의하는 신

1. 신과 불보살의 대립

이렇게 각 국에 전래된 불교는 이후 곳곳에서 신과 만나게 됨으로써 서로 융화에 이를 때까지 반발과 직면하게 되는데, 먼저 일본의 경우를 보기로 하겠다.

『곤자쿠모노가타리슈』 제11권 제16화는 「여러 대의 천황들이 다이안지(大安寺) 절을 곳곳에 세운 이야기」는 구다라다이지(百濟大寺) 절의 건립에서 다이안지 절에 이르기까지의 절의 역사를 연기담 형태로 기록하고 있는데, 절 건립 시에 있었던 화재에 대해서 「이 절을 세울 때에 담당 관리가 옆 신사의 나무를 베어 이 절의 재목으로 사용하자 신이 노해서 불을 질러 절을 태워 버렸다」고 서술하고 있어, 절의 화재를 신의 노여움에 의한 불 때문으로 해석하고 있음을 알 수 있다. 그리고 『산보에』라는 설화집은 다음과 같이 더 자세히 기록하고 있다.

도지(道慈)라는 승려가 말하기를, 이 절(百濟大寺)이 처음에 불탄 것은 다케치군(高市郡)의 고베노묘진(子部明神)이란 신을 모신 신사의 나무를 베었기 때문이다. 이 신은 벼락신이어서 노한 마음에 불길을 일으킨 것이다. 그 후 9대에 걸쳐 왕들이 고쳐지었는데, 때때로 장소를 옮기니 그 비용이 많이 들었다. 신의 마음을 기쁘게 해서 절을 보호하도록 하는 방편으로는 불법의 힘을 따를 것이 없다고 하여 대반야경을 서사하고 반야 법회를 처음으로 열었다. 또 한편으로는 독경을 하고 가무를 베풀어 신을 기쁘게 하니 절의 보호신이 되었다. (『산보에』 하권 제17화)

벼락신을 모신 신사의 나무를 베어 절의 재목으로 썼기 때문에 신의 노여움이 불꽃이 되어 절을 불태웠고 신의 마음을 기쁘게 해서 절의 보호신이 되도록 하기 위해서는 불법을 따를 것이 없으므로 대반야경을 서사하고 독경과 가무로 즐겁게 하니 신도 기뻐하면서 절의 보호신이 되었다는 것으로, 신과 불보살의 만남은 반발로부터 점차 융화 쪽으로 바뀌어 가고 있는 양상을 읽을 수 있다.

이와 유사한 신불의 만남이 법화경 영험담 형식으로 된 것도 있다. 『곤자쿠모노가타리슈』 제12권 제1화 「에치고지방(越後國)의 진유(神融)성인이 벼락신을 붙잡아서 탑을 세운 이야기」는 불탑 건립을 방해하는 지주신(地主神)과 벼락신이 진유법사의 법화경 독경의 영험에 의해 제압당하고 불교의 융성에 노력하게 된다는 이야기로, 출전인 『홋케겐키』 하권 제81화를 통해 내용을 살펴보면 다음과 같다.

진유법사는 에치고지방 고시군(古志郡) 사람인데 법화경을 독송하며 깊은 수행을 쌓았다. 그래서 귀신이 명을 받들고 국왕이 멀리서 귀의하였으며 민중들도 공경하였다. 그 지방 구가미산(國上山)에 한 시주가 살았는데 발원하여 복을 짓고자 탑을 세웠다. 그리고 공양하려는데 천둥번개가 치면서 벼락이 탑을 부수고 산산조각을 낸 후 사라졌다. 시주는 슬퍼하면서 다시 탑을 짓고 공양하려 할 때 전처럼 벼락이 또 탑을 부수고 사라졌다. 이렇게 벼락이 탑을 부수기를 세 번이나 했다. 시주는 자기 원을 이루지 못함을 한탄하면서 다시 탑을 만들고 부서지지 않기를 기원했다.

이 때 진유법사가 시주에게 말하기를 「너무 탄식하지 마시오. 내가 불법의 힘으로 탑을 지키고 부서지지 않도록 하여 당신의 원을 이루어 주겠소」라고 하였다. 그리고 탑 아래에 자리 잡고 법화경을 독송하기 시작했다. 그러자 구름이 덮이고 가랑비가 내리면서 벼락이치니 시주는 탑이 무너질 것이라고 걱정하며 슬퍼했다. 진유법사가 서원을 세우고 높은 소리로 경을 외웠더니, 그 때 한 동자가 하늘에서 떨어졌다. 그 형체를 보니 머리카락은 쑥대머리처럼 흐트러지고 무서운 얼굴을 하고 있었으며 나이는 15, 6세 정도였다. 동자는 몸의 다섯 곳이 묶인 채 몸을 제대로 가누지 못하고 눈물을 흘리면서 큰 소리로 말하기를 「경을 읽는 성인이시여 자비로운 마음으로 저를 용서해 주시오. 앞으로 다시는 탑을 부수지 않겠습니다」라고 했다.

진유법사가 탑을 부순 이유를 물었더니 벼락신이 답하기를 「이 산의 지주신은 나와 깊이 사귀고 있었는데 그가 말하기를 탑이 자기 산의 꼭대기에 세워지면 살 곳이 없어지니 자기를 위해서 탑을 무너뜨려 달라고 했습니다. 그래서 지주신의 부탁대로 탑을 세울 때마다 무너뜨린 것인데, 불법의 힘이 불가사의하여 저를 굴복시킨 것입니다. 이로 인해 지주신은 다른 곳으로 옮겨갔고 저도 이 곳에서 떠나겠습니다. 시주와 성인의 서원이 이루어진 것입니다」라고 말했다.

진유법사가 벼락신에게 이르기를 「너는 불법에 따르고 거역하는 짓을 말아라. 선한 마음을 일으켜 탑을 부수지 않는다면 바로 너의 이익이 될 것이다. 단지 이 절을 보니 물이 없어서 멀리 계곡 아래로 내려가서 물을 퍼 올라와야 한다. 벼락신이여, 이 곳에 샘물이 나오게 하여 승려들의 편리를 도모하라. 네가 만일 물을 나오게 하지 않으면 내가 너의 몸을 묶고 세월이 흘러도 그대로 두겠다. 또한 이 절의 사방 40리 안에서 다시는 벼락 치는 소리를 내서는 안 된다」고 하니, 벼락신은 무릎을 꿇고 공경하며 성인의 뜻을 받들었다. 그리고 즉시 손바닥 위에 물병의 물을 한방울 받고 손가락으로 바위를 뚫더니 벼락 치는 소리를 내면서 허공으로 사라졌다. 그러자 바위구멍에서 맑은 샘물이 솟아났다. 그 후로 탑도 무너지는 일이 없었다. (『홋케겐키』 하권 제81화)

이 설화에는 당시의 재래신과 불교의 만남에 있어서 신의 모습이 잘 나타나 있다. 즉 신과 불이 서로 영역싸움을 하고 있는, 대립적이고 이질적인 존재로 인식되고 있었고, 불교의 진출에 대한 재래신의 반발과 패배로부터 조력자로서 손을 잡아가기까지의 모습이 묘사되어 있다. 이것은 당시 사람들의 의식 변화를 반영하는 것으로, 설화에는 살아있는 역사가 숨 쉬고 있음을 새삼 느끼게 해준다.

이 외에도 신을 받들던 인간의 행동을 통해서 신불의 대립을 읽을 수 있는 예화도 있는데, 예를 들면 『곤자쿠모노가타리슈』 제17권 제11화의 「미쓰토키(光時)는 신사에 봉직하는 신관이기 때문에 승려를 만나도 말에서 내리지 않았다」라는 내용이랄지, 또는 제19권 제3화의 「하라에도노(祓殿)신사의 신들은 승려를 싫어하기 때문에 하라이(祓, 厄과 不淨을 없애기 위해서 신에게 기원하는 의식)를 하는 동안 종이로 만든 관을 쓰고 있다」라는 서술은, 신과 불보살의 만남 자체를 기술한 것은 아니지만 불보살에 대한 신의 반발이 신봉자를 매개로 하여 반영된 예로서 지적할 수 있다.

한편 『삼국유사』에도 절을 세우면서 신사의 나무를 베어 사용했다는 이야기가 수록되어 있는데, 일본과는 다른 전개를 보이고 있다. 제7 감통편 제2화 「욱면비염불서승(郁面碑念佛西昇)」에는 회경(懷鏡)대사가 절을 지을 때의 이야기 가운데 「옛 신사에 가서 불교의 이치로서 깨우치게 하여 신을 모신 사당 옆의 재목을 베어 올 수 있었으므로 절 짓는 일을 무사히 마칠 수 있었다」는 내용이 기록되어 있고, 신과 불교 사이의 갈등은 전혀 보이지 않는다.

다른 이야기에서도 양자의 반발이 명확히 나타나 있는 예화는 보이지 않는데, 신불의 예는 아니지만 하나 지적하자면 제3 홍법편 제6화 「보장봉로금당십성(寶藏奉老金堂十聖)」에 나타난 불교와 도교의 반목을 들 수 있겠다. 고구려의 보장왕과 재상 연개소문이 도교를 숭상하고 장려하는데 반감을 일으킨 승려 보덕(普德)이 신통력으로 암자를 당시 백제의 영토였던 완산주의 고대산으로 옮겨서 살았다는 이야기로, 불교수용에 따른 다른 신앙과의 갈등을 엿볼 수 있다.

이처럼 『삼국유사』에 수록된 이야기로부터는 『곤자쿠모노가타리슈』와 같은 신불간의 갈등이 표출된 예를 찾아보기 어려운데, 이러한 양상은 양 작품에 등장하는 신불의 세계에 있어서의 대조적인 일면으로서 주목된다.

2. 불교의 정착을 돕는 신

신불습합의 가장 근간을 이루고 있는 것이 신과 불의 융합과 조화인 만큼, 설화에도 불교융성을 위한 조력자로서의 신이 많이 등장하고 있을 뿐만 아니라 다양한 모습으로 전개되고 있다. 앞에서 예로 든 『곤자쿠모노가타리슈』 제12권 제1화 「에치고지방의 진유성인이 벼락신을 붙잡아서 탑을 세운 이야기」를 통하여 신과 불이 영역다툼에서 융화에 이르는 모습을 살펴본 적이 있는데, 궁극적으로 신이 불보살과의 대립을 극복하고 불법융성의 조력자가 됨으로써 불보살과 습합(習合)해 가는 과정을 구체적인 예를 통해 살펴보기로 하겠다.

『곤자쿠모노가타리슈』 제11권 제25화 「고보(弘法)대사가 처음으로 고야산(高野山)에 불법을 시작한 이야기」는 일본의 고보대사가 고야산에 공고부지(金剛峰寺)라는 절을 세우고 진언종을 개종(開宗)한 이야기로, 신불의 만남과 관련된 부분만을 발췌하여 요약하면 다음과 같다.

고보대사가 당나라 유학 시 삼고(三鈷)를 던져 그것이 떨어진 곳에 절을 세우기로 마음을 정했다. 그 후 일본에 돌아와서 삼고가 떨어진 곳을 찾아다니다가 사냥꾼을 만나 그가 가르쳐 준 대로 기이(紀伊)지방의 강가에 이르렀다. 거기에서 다시 산왕(山王)을 만났는데, 산왕은 자기의 영지를 대사에게 바치면서 절터로 삼도록 하였다. 대사가 그의 정체를 묻자, 자기는 니우묘진(丹生明神)이란 신이고 길을 가르쳐준 사냥꾼은 고야묘진(高野明神)이란 신임을 알려 주었다.

위 설화에서처럼 신이 절을 세울 장소를 교시 또는 제공하는 모티브는 유형적인 것으로, 일본설화에는 불교의 종파를 열고 절을 세우는 이야기에서 신불의 만남이 매우 다양하게 전개되고 있다. 앞에서 본 『곤자쿠모노가타리슈』 제11권 제25화의 말미에는 「니우 고야의 두 신은 신사의 도리이(鳥居 신사의 입구에 세운 기둥문)를 나란히 하고 있으면서 서원한 바와 같이 고야산의 절을 지킨다」라고 기록되어 있고, 제35화에도 「기부네묘진(貴船明神) 신은 서원한 대로 지금도 구라마데라(鞍馬寺) 절이 있는 산을 지킨다」고 되어 있어, 절터를 교시 또는 제공하는데 그치지 않고 절을 지키는 일까지 서약하고 있는 것이다. 이러한 현상은 『삼국유사』에 등장하는 신들에게서는 볼 수 없는 『곤자쿠모노가타리슈』의 신들의 특징이라고 할 수 있고, 『삼국유사』에 비하여 불법융성에 조력하는 신으로서의 이미지가 강하게 느껴진다.

이와 같이 절터를 교시 제공한다든지 절의 수호를 약속한다든지 하는 신의 모습에서 유래한 것이 절의 수호신 또는 진수신(鎭守神)인데, 『곤자쿠모노가타리슈』의 다음과 같은 예화에도 잘 나타나 있다.

- 미오묘진(三尾明神) 신은 미이데라(三井寺) 절의 불법수호를 서약한 신으로, 절을 지키고 있던 중에 지쇼(智證)대사를 만나 그에게 절을 맡기게 되었다. (제11권 제28화)
- 기부네묘진 신은 후지와라노이세히토(藤原伊勢人)에게 구라마데라 절의 건립지를 가르쳐주고 그 후에도 절의 진수신이 되어 절을 지켰다. (제11권 제35화)
- 이와시미즈하치만(石清水八幡) 신은 야쿠시지(藥師寺) 절의 진수신으로 신앙되어 왔는데, 절에 불이 났을 때 하치만신의 사자인 비둘기들이 모여 날아다니면서 불길이 불당 가까이 오지 못하게 하는 것을 보고 하치만신이 이 절의 불법을 지키고 있음을 알았다. (제12권 제20화)
- 하세데라(長谷寺) 절이 있는 곳에는 다키노쿠라(瀧藏)라는 신이 진좌(鎭座)하고 있었다. 어느 해인지 새해 첫 참배에 건물이 계곡 쪽으로 무너져 많은 사람들이 죽었는데 그 중에서 여자 한명과 남자 세명과 어린애 두명만 조그만 상처도 없이 살아났다. 이것은 전세의 숙업 때문이기도 하지만 신의 도움과 관음보살의 가호가 있었기 때문이다. (제19권 제42화)
- 도다이지(東大寺) 절의 승려 닌쿄(仁鏡)는 그의 부모가 도다이지 절의 수호신에게 기원하여 얻은 자식이다. (제13권 제15화)
- 교토의 가난한 여자가 수년 동안 기요미즈데라(清水寺) 절에 참배

하였는데 어느 날 진수신 앞에서 금 세 냥을 얻었다. (제16권 제31화)

한편 이와 유사한 예를 『삼국유사』에서도 찾아볼 수 있다. 제5 의해편 제13화 「심지계조(心地繼祖)」는 승려 심지가 진표(眞表)조사의 뒤를 계승했다는 이야기인데, 심지가 속리산의 심공(深公)으로부터 진표조사의 불골간자(佛骨簡子)를 받아서 이를 봉안할 절을 지으려는 장면에 다음과 같은 이야기가 나온다.

심공이 이르기를 「부처의 뜻이 그대에게 있으니 그 뜻을 받들어 행하시오」라고 말하고, 그 간자를 주었다. 심지가 그것을 머리에 이고 산으로 돌아오니, 산악신이 두 명의 선자(仙子)를 데리고 산꼭대기로 마중 나왔다. 그리고 심지를 안내하여 바위 위에 앉게 하고 자기들은 바위 밑에 엎드려 공손하게 정계(正戒)를 받았다. 심지가 이르기를 「지금부터 땅을 택하여 신성한 간자를 봉안하고자 한다. 우리가 장소를 정할 수는 없으니 너희들과 함께 높은 곳에 올라가 간자를 던져 점을 쳐보기로 하자」라고 말하고, 산악신들과 함께 봉우리에 올라 서쪽을 향하여 던지자 간자는 바람에 날아가 버렸다. 이 때 신들이 노래를 지어 불렀다. 「막혔던 바위 멀리 물러가니 숫돌처럼 평탄하고, 낙엽이 날아 흩어지니 밝음이 생겨나네. 불골간자를 찾아 얻어서 깨끗한 곳을 찾아 정성들이려 하네」 노래 부르기를 마치자 숲 속의 샘 안에서 간자를 얻었다. 그래서 그 곳에 불당을 짓고 안치했다. 지금의 동화사(桐華寺) 첨당(籤堂) 북쪽에 있는 작은 우물이 바로 그 곳이다.

산악신과 두 선자에게 계를 베푼 심지는 삼군(三君, 산악신과 두 선자)과 함께 간자를 날려 떨어진 곳에 불당을 짓고 간자를 안치했는데, 지금의 동화사 첨당 북쪽에 있는 작은 우물이 간자를 찾은 곳이라고 했다. 이 설화에서는 신과 승려가 협력하여 절터를 구했다고 하는 데에 약간의 차이가 느껴지지만 전체의 모티브로서는 『곤자쿠모노가타리슈』와 유사함을 알 수 있다. 그리고 절을 창건한 경우는 아니지만 비슷한 예화로서 제7 감통편 제1화 「선도성모수희불사(仙桃聖母隨喜佛事)」에는 절을 수리한 이야기가 있다. 신라 진평왕 대에 지혜(智惠)라는 비구니가 안흥사(安興寺)의 불전을 수리하려고 하였지만 힘이 부족하였는데 이 때 꿈에 선도산신모(仙桃山神母)가 나타나서 금을 주고 가니 불전 수리를 무사히 마쳤다는 내용이다.

이러한 이야기들의 공통점으로서 개산(開山) 창사(創寺)와 신불의 만남과의 연관을 지적할 수 있겠는데, 이와 같은 『삼국유사』나 『곤자쿠모노가타리슈』의 이야기를 통해서 당시 사람들의 정신세계의 변화를 읽을 수 있을 것이다. 다시 말해 민중의 마음이 신에서 불보살 쪽으로 옮겨감을 느낄 수 있고, 이러한 변화는 각지에서 신앙되고 있던 신기(神祇)를 불법융성을 위한 조력자로 타협시킴으로써 신과 불보살 간의 갈등이라는 난문(難問)을 타개하려 했던 것이 배경이라고 생각할 수 있는 것이다.

한편 신이 절을 창건하기 위해 절터를 알려주거나 제공하는 단계를 넘어 절을 지키고 보호하는 역할을 하는 예화를 『삼국유사』에서도 찾아볼 수 있다. 그렇다면 앞에서 『곤자쿠모노가타리슈』의 진수신의 예화를 설명하면서 「『삼국유사』 속의 이야기로부터는 볼 수 없는 특징」이라고 한 말과 모순되는 것 같지만 반드시 그렇지는 않다. 왜냐하면 『삼국유사』에 등장하는 절을 지키는 신은 『곤자쿠모노가타리슈』의 진수신과는 그 성격이 다르기 때문인데, 다음의 예화를 통해서 구체적으로 보기로 하자.

- 전해 내려오는 이야기에 의하면, 옛날 한 단월(檀越, 일정한 절에 속하여 시주를 하면서 절의 재정을 돕는 사람으로 壇那 또는 檀家라고도 함)에게 두 딸이 있어 천녀(天女) 용녀(龍女)라 하였는데, 부모가 두 딸을 위해 절을 지은데서 천룡사(天龍寺)라는 절의 이름이 유래한다. 이 절터는 심상치 않은 곳이어서 수도하기에 도움이 되는 곳이었지만 신라 말기에 파손된 채로 오래 되었다. 중생사(衆生寺의) 대성(大聖, 여기서는 관음보살을 말함)이 젖을 먹여 키운 최은함(崔殷諴)의 아들 승로(承魯)가 숙(肅)을 낳고 숙(肅)이 시중인 제안(齊顔)을 낳았는데, 제안(齊顔)이 이 절을 다시 수리하여 폐사를 일으켜 석가만일도장으로 삼았고, 조정의 명을 받음과 더불어 신서(信書)와 원문(願文)을 절에 남겨 놓았다. 그는 죽은 후에 이 절을 보호하는 신이 되었는데, 수많은 영험을 나타내었다. (제4 탑상편 제25화 「천룡사」)
- 이 절의 호법경승(護法敬僧)인 엄흔(嚴欣)과 백흔(伯欣)의 두 명신(明神) 및 근린 산악신 등 삼위(三位)에게는 보(寶, 일종의 계)를 설립하여 공양해야 한다. 속세의 전하는 바에 의하면 엄흔 백흔의 두 사람이 집을 희사해서 절을 지었기 때문에 절 이름을 백엄사(伯嚴寺)라 하고, 절의 호법신으로 삼았다고 한다. (제4 탑상편 제27화 「백엄사석탑사리(伯嚴寺石塔舍利)」)

천룡사를 수리하여 절을 다시 일으킨 제안이 사후 절의 수호신이 되어 절을 지키고 많은 영험을 나타냈다는 이야기와, 엄흔 백흔 두 사람이 집을 희사해서 절을 삼은 것이 백엄사이고 두 사람은 사후 절의 수호신으로 모셔졌다는 이야기이다. 이처럼 『삼국유사』에 묘사된 절의 수호신은, 말하자면 절에 관계했던 사람이 죽은 후에도 절을 떠나지 않고 지키고 있는 것으로, 『곤자쿠모노가타리슈』에 나타난 절의 수호신처럼 절 또는 절이 소재하는 산의 지주신도 아니고 사람들이 신앙의 대상으로 하는 재래신도 아닌, 그 성격을 달리하는 존재인 것이다.

지금까지 창사(創寺) 개산(開山)을 둘러싸고 전개된 신의 조력을 보아왔는데, 이 외에도 신이 승려의 수행을 돕는다는 이야기도 있다. 『곤자쿠모노가타리슈』 제14권 제18화 「승려 묘렌(明蓮)이 법화경을 지니고 수행하여 전생을 알게 된 이야기」는, 호류지(法隆寺) 절의 승려 묘렌이 법화경의 제8권을 암송하지 못하는 것을 늘 한탄해 오면서 여러 신불에게 기원해 보았지만 아무런 효과가 없었고, 마지막으로 호키(伯耆) 지방 다이센(大山) 산의 다이치메이보살(大智明菩薩)이 꿈의 계시를 통해 자신의 전생의 인연을 알게 된 후 수행 정진에 힘쓰게 되었다는 내용이다. 그리고 제17권 제15화 「지장보살의 계시에 의해 아다고(愛宕護)에서 호키의 다이센으로 옮겨 산 승려 이야기」에도 호키지방 다이센의 다이치메이보살이 빈궁함으로 고생하는 지장보살 수행자를 도와주었다는 이야기가 보이는데, 이들 예화에 등장하는 다이치메이보살은 다이치메이신에게 보살이라는 칭호를 붙여 부른 것으로, 앞에서도 지적했듯이 수행자를 매개로 한 신과 불의 만남, 즉 불법융성을 위한 조력자로서의 신의 모습을 엿볼 수 있다는 점을 덧붙여둔다.

3. 불경 듣기를 원하는 신

신은 이제 불교의 전파를 돕는데서 한걸음 더 나아가 불교에 귀의하는 존재로 나타나게 되는데, 이는 신도 부처 앞에서는 사바세계에 살고 있는 중생과 다를 바 없는 존재로 여겨지고 있었음을 말해준다. 『곤자쿠모노가타리슈』나 『삼국유사』 안에도 신이 불보살에게 구원을 청한다든지 또는 불법에 의해 구제 받는다든지 하는 이야기가 다수 보이고 있다. 그러나 신이 불법에 귀의하는 존재로서 위치하기까지에는 많은 우여곡절이 있었으리라고 짐작되는데, 이러한 우여곡절의 한 단면으로 여겨지는 예화를 인용해보고 그 의미를 생각해보기로 하자.

『곤자쿠모노가타리슈』 제12권 제6화 「야마시나데라(山階寺) 절에서 열반회를 행하게 된 이야기」는 야마시나데라 절에서 개최하는 열반회 법회의 내력과 그 존엄함을 내용으로 하고 있는데, 오와리(尾張)지방의 아쓰타묘진(熱田明神) 신이 동자를 매개로 탁선(託宣)하여 열반회를 열고 있는 쥬코(壽廣)화상에게 자신의 고민을 고백하고 있는 대목을 보기로 하겠다.

다음 날 쥬코법사의 꿈에 오와리지방의 아쓰타묘진 신이 동자에 의탁하여 나타나 말하기를 「너는 원래 우리나라 사람이다. 그런데 네가 존엄한 열반회를 열고 있다는 말을 듣고 어제 그 법회를 듣기 위해서 멀리서 왔는데 이 지역 안은 모두 부처의 영역으로 되어 있고 나라자카(奈良坂) 입구에는 범왕(梵王) 제석천(帝釋天) 사대천왕(四大天王) 등의 불법 수호신들이 지키고 있어서 접근하기에는 나의 힘이 미치지 못하므로 들을 수 없었다. 그래서 분하기 그지없다. 하지만 어떻게든 이 법회를 듣고 싶다」고 하였다. 쥬코법사는 이 말을 듣고 신을 가엽게 여겨 말하기를 「어제 법을 듣기 위해서 오신 것을 저는 전혀 몰랐습니다. 그렇다면 특별히 아쓰타묘진을 위해서 한 번 더 법회를 열겠습니다」라고 한 후, 법화경 백부를 독송하여 어제와 똑같이 법회를 열었다. 이렇게 해서 아쓰타묘진 신은 이 법회를 들을 수 있게 되었으므로 극락정토에 왕생하였을 것임은 의심할 여지가 없다. 이듬 해 법화경 백부를 서사하고 법회를 계속 행함으로서 오랜 세월 이틀간의 법회를 행하게 되었다. 이후 양 법회(열반과 법화를 말함)는 이 절의 행사로서 지금까지 끊이지 않고 있다. 이러한 사실을 생각해 보면 실로 신심이 있는 사람은 반드시 이 열반회를 청문해야 할 것이다. 생각건대 이 세상 사람들 모두 석가모니의 사부(四部) 제자들이고 따라서 오롯한 마음으로 석가 열반의 날을 떠올리면서 이 법회에 참예한다면 모든 죄업이 사라지고 서방정토에 왕생할 것임은 의심할 여지가 없을 것이다.

열반회에 참석하여 법문을 듣고 싶어 하는 신의 간절한 마음이 나타나 있는데, 이러한 신의 생각과 행동은 불교에의 귀의를 선언한 것과 같다. 그러나 그 과정에 묘사되어 있는 아쓰타묘진 신의 고충을 간과해서는 안될 것이다. 신은 열반회의 청문을 위해서 오와리지방에서 달려왔지만 야마토지방의 경계 안은 모두 부처의 영역이 되어 있었다. 따라서 나라자카 입구에서부터 불법수호신들이 지키고 있어서 야마시나데라 절의 법회에 접근할 수 없음을 탄식했던 것인데, 이와 같은 아쓰타묘진 신의 고충은 어디에서 기인한 것일까.

생각건대 예로부터 고유의 신을 신앙해 오던 사람들이 새로운 신앙인 불교를 접하게 되면서 그들에게 있어서 신도 불보살도 신앙의 대상으로서 절대적인 존재였을 것이다. 동시에 양자 사이에는 뚜렷한 이질성이 존재하고 있다는 점에도 생각이 미쳤음에 틀림없다. 때문에 사람들은 이질적인 신과 불보살이 만나는 상황에 있어서 어느 한 쪽 신을 다른 쪽 신에게로 다가가게 하는데 주저와 당혹을 느꼈을 것이고, 이 이야기에서 볼 수 있는 아쓰타묘진 신의 고충도 당시 사람들이 느꼈던 주저와 당혹이 투영되어 나타난 것으로 해석할 수 있을 것이다.

이처럼 우여곡절을 거쳐 신은 불법을 반기고 불법에 의해 구제되는 존재가 되어 가고 있음을 볼 수 있었는데, 하치만(八幡) 신의 이야기도 시사하는 바가 많다. 제12권 제10화 「이와시미즈(石清水) 절에서 방생회(放生會)를 행하게 된 이야기」는 이와시미즈 방생법회 유래담인데,

배후에는 방생회를 둘러싼 신과 불의 불가분의 관계가 숨겨져 있다.

하치만 신이 전생에 이 나라의 천황이셨을 때 반란군을 진압하기 위해서 스스로 전쟁에 나가 많은 사람을 죽였다. 이 신은 처음에 오스미(大隅)지방에 나타나셨다가 다음에 우사신궁(宇佐神宮)으로 옮기셨고 마침내 이와시미즈하치만궁(石淸水八幡宮)에 모습을 나타내 진좌하시면서 많은 승려와 속세사람들에게 무수한 생물을 놓아주도록 하셨다. 그리고 조정에서도 이 신의 계시에 의해 여러 지방에 방생을 할당하고 신의 소원대로 방생을 행하도록 했다. 그 결과 일년간 행해지는 방생의 수는 이루 헤아릴 수 없을 정도였다. 한편 조정에서는 매년 8월 15일로 정하여 하치만 신이 신전 앞에 내려오실 때 방생한 생물의 수를 보고했는데, 그 때 성대하게 법회를 열고 최승왕경(最勝王經)을 설법했다. 왜냐하면 이 경전 안에서 부처가 유수장자(流水長者)의 행한 방생의 공덕을 말씀하셨기 때문이다. 그래서 이 법회를 방생회라 하였다. (『곤자쿠모노가타리슈』 제12권 제10화)

즉 하치만 신이 전생에 일본의 제왕이었을 때 군사를 이끌고 많은 사람들을 죽인 일이 있고 처음에 오스미지방에 출현하여 우사신궁 이와시미즈하치만궁의 순서로 옮겨 간 사실과 산 생물을 방생하도록 계시한 일 등을 기록하고 있다.

그런데 이 이야기 속에서 우리는 떨쳐버리기 어려운 의문을 하나 지적하지 않을 수 없다. 즉 왜 일본 고유의 신이 불교의 공덕인 방생을 부탁했는가 하는, 일견 석연치 않은 신의 행동에 대해서 인데, 이 의문을 해결하기 위해서 『세이지요랴쿠(政事要略)』와 『산보에』의 기술을 종합해 보면 방생회의 창시를 둘러싼 하치만 신과 불보살과의 관계를 암시하는 새로운 사실을 알게 된다.

하치만 신이 신탁(神託)하여 이르기를, 「나는 (전생에) 반란군을 많이 죽였다. 그 죄를 벗기 위해서 방생회를 매년 행해야 한다」고 했다. 이 계시에 의해 여러 지방에서 방생회가 행해졌다. (『세이지요랴쿠』 23권 「年中行事八月下 石淸水宮放生會事」, 『산보에』 하권 「八幡放生會」)

즉 요로(養老)4년(720)에 오스미와 휴가(日向) 두 지방에서 일어난 반란을 진압할 때 관군의 수호신으로서 활약한 하치만 신은 꿈을 통하여 계시를 내렸는데, 전쟁 중에 많은 병사를 죽여 살생의 죄를 범하게 되었고 이제 그 죄업의 두려움으로 떨고 있으므로 자신의 죄를 소멸시키기 위하여 매년 방생법회를 열어주기를 바란다는 내용이었다.

이러한 기록을 통하여 하치만 신이 방생회를 열도록 계시한 이유가 살생에 대한 죄를 멸하기 위해서였음을 알게 된다. 결국 신이 불법을 신봉하고 불법에 의한 구원의 손길을 기원한 셈인데, 부처의 앞에서는 고뇌자의 존재에 지나지 않았던 신의 모습이 잘 나타나 있음을 읽을 수 있다.

이처럼 신은 불법을 환희하고 불법에 의한 구제를 희구하는 존재로 묘사되고 있음을 확인할 수 있는데, 이러한 모습을 잘 나타내 주는 또 하나의 예가 바로 신전독경(神前讀經)이다. 일본에서 과거에는 상당히 성행했음을 『곤자쿠모노가타리슈』의 다음과 같은 예화를 통해서 알 수 있다.

- 덴교(傳敎)대사가 우사하치만 신 앞에서 법화경을 독송하였다. (제11권 제10화)
- 아쓰타묘진 신을 위해서 쥬코화상이 법화경을 독송하고 그 청문의 공덕으로 신은 왕생을 이루게 되었다. (제12권 제6화)
- 야쿠시지(藥師寺) 절의 남대문 수리에 사용할 재목을 지방관에게

빼앗긴 승려들이 남대문 앞의 하치만 신전 앞에서 백일간의 인왕경 법회를 열자 신의 영험한 힘에 의해 무사히 되찾을 수 있었다. (제12권 제20화)

- 미타케(金峰山)의 자오(藏王) 구마노곤겐(熊野權現) 스미요시다이묘진(住吉大明神) 마쓰오다이묘진(松尾大明神) 등의 신들이 매일 밤 찾아와서 도묘아자리(道命阿闍梨)가 독송하는 법화경을 청문하였다. (제12권 제36화)
- 고니치(光日)성인이 예전부터의 숙원이었던 이와시미즈하치만궁 참배를 마치고 그날 밤 신전 앞에서 법화경을 독송하였다. (제13권 제16화)
- 히에잔(比叡山)의 승려 조엔(長圓)이 자오곤겐(藏王權現)의 신전 앞에서 법화경을 독송하였다. (제13권 제21화)
- 젊었을 때부터 법화경의 수행에 힘써온 승려 렌초(蓮長)는 미타케 구마노 하세데라 절 등 모든 영험이 깃든 곳을 참배하고, 그 때마다 신전 앞에서 반드시 법화경 천부를 독송하였는데, 임종 시에 하얀 묘법연화(妙法蓮花)를 들고 왕생을 이루었다. (제13권 제28화)
- 덴노지(天王寺) 절의 승려 도코(道公)가 도소진(道祖神) 신의 고난을 구원하기 위하여 법화경을 독경했는데, 그 청문의 공덕으로 신은 보타락산(補陀落山)에 태어나서 관음보살의 권속(眷屬)이 되고 마침내 보살의 지위에까지 오르게 되었다. (제13권 제34화)
- 니시노토인오모테(西洞院面)에 사는 중이 일상적으로 법화경 인왕경 등을 독송하여 히가시산조인(東三條院)의 서북방 귀퉁이에 살고 있는 신에게 법락(法樂)을 바쳤더니, 신이 남자로 변하여 그 중을 신목(神木) 위의 궁전으로 안내했다. (제19권 제33화)
- 미노(美濃)지방에 역병이 유행하여 죽는 자가 많이 발생하자 사람들이 모두 마음을 합하여 난구(南宮)라는 신사 앞에서 백좌(百座)

의 인왕경 법회를 행하였다. (제20권 제35화)

이상 신전독경의 예화를 들어보았는데, 이것은 앞에서 살펴본 열반회의 청문을 갈망하는 아쓰타묘진 신이랄지 살생의 죄업을 멸하기 위하여 방생회를 탁선하는 하치만 신의 모습과 맥락을 같이 하는 것으로, 신의 불법귀의를 배경으로 하여 생겨난 것이라고 할 수 있다.

이 외에도 『곤자쿠모노가타리슈』 제19권 제32화 「미치노쿠(陸奥)지방의 신이 지방관 다이라노코레노부(平維敍)의 은혜에 보답한 이야기」의 말미에 보이는 편자의 평어(評語)가 주목할 만 하다. 내용은 다이라노코레노부가 폐허가 된 사당을 부흥시켜준 것에 대해 감사한 신의 보은담으로, 신과 불의 만남은 나타나있지 않지만 이야기의 마지막에 「은혜를 갚는 일은 부처도 기뻐하시는 일이므로 신도 이에 의해 고난을 벗어나셨을 것이다, 라고 깨우침 있는 사람들은 칭송하였다고 한다」라는 평을 하고 있다. 즉 부처가 기뻐하시는 일을 한 신은 필시 고경(苦境)을 벗어났을 것이라고 해석하고 있는 편자의 평어로부터, 신이 불법에 귀의하고 불법에 의해 구제되는 존재로 인식되고 있었음을 읽을 수 있는 것이다.

불법에 의해 신이 구제받는 이야기는 『삼국유사』에서도 볼 수 있다. 제4 탑상편 제21화 「대산오만진신(臺山五萬眞身)」에는 신라 정신대왕(淨神大王)의 태자 보천(寶川)이 동생 효명(孝明)태자에게 왕위를 물려주고 입산하여 수행에 정진한 이야기가 나오는데, 관련부분을 인용하여 보면 다음과 같다.

보천은 항상 그 동굴의 물을 퍼다 먹었다. 그러서 만년에는 육신이 허공을 날아 유사강(流沙江) 밖 울진국 장천굴에 이르러 멈추었다. 그

곳에서 수구다라니경을 독경하는 것을 일과로 하였다. 그러자 장천굴의 동굴신이 몸을 나타내어 말하기를 「나는 이 굴의 신이 된지 이미 2천년이나 되지만 오늘 처음으로 수구다라니경의 진리를 들었습니다」라고 말하고, 보살계를 받기를 청하였다. 이미 계를 받고나자 다음 날 굴은 형체도 없이 사라졌다.

2천년 동안 동굴에 살고 있던 동굴신은 보천이 암송하는 수구다라니경을 듣고 왕생을 이루었다는 이야기인데, 마지막의 굴이 형체도 없이 사라졌다는 묘사는 왕생을 의미하는 증거로 볼 수 있겠다. 이처럼 불법 수행자에게 불경의 독송을 부탁하여 청문한 공덕에 의해 구제받는 신의 모습은 일본 설화와도 유사함을 알 수 있다.

그런데 『삼국유사』에는 재래의 신기(神祇) 뿐만 아니라 나찰녀(羅刹女)와 독룡(毒龍)도 불법에 귀의했다는 이야기가 있어 흥미를 끄는데 제4 탑상편 제20화 「어산불영(魚山佛影)」의 기록을 보자.

옛날에 하늘에서 알이 바닷가에 내려와 사람이 되어 나라를 다스렸으니 즉 수로왕이다. 이 때 국경 안에는 옥지(玉池)가 있었고 그 연못에는 독룡이 살고 있었다. 그리고 만어산(萬魚山)에는 다섯 나찰녀가 있어 (독룡과) 왕래하면서 사귀어 통하였다. 그 때문에 때때로 번개와 비를 내려 4년 동안 오곡이 되지 않았다. 왕이 주문을 외어 금하였으나 이루지 못하고, 머리를 숙이고 부처를 청하여 법을 설하였다. 그렇게 한 후 나찰녀는 오계를 받음으로써 이후로 해가 없었다.

다섯 나찰녀가 독룡과 왕래하고 있었기 때문에 흉년이 계속되었지만 부처의 설법 이후 나찰녀는 오계를 받게 되고 이후로는 재해도 없어졌다고 하는 내용이다. 원래 나찰녀는 신통력으로 인간을 미혹한다든지 불법수행자의 수행을 방해한다든지 하는 악귀의 일종이었지만 나중에는 불법의 수호신이 되는 존재로, 법화경의 「다라니품(陀羅尼品)」에는 십나찰녀가 불법 수호신으로 등장하고 있다. 즉 불교의 전래와 더불어 나찰의 이야기도 전해지게 되고, 각 나라를 무대로 하여 활약하게 되는데, 예를 들어 『곤자쿠모노가타리슈』 제12권 제28화 「비고(肥後)지방의 서생이 나찰의 난을 면한 이야기」에는 불법과 대치하는 악귀로서, 제13권 제4화 「시모쓰케(下野)지방의 승려가 오래된 선동(仙洞)에서 산 이야기」에는 불법수호신의 모습으로 등장하고 있어, 나찰의 상반된 두 이미지가 묘사되어 있다.

그런데 『삼국유사』에서는 관련되는 이야기로서 『관불삼매경(觀佛三昧經)』의 수록화를 들고 있는데, 양자의 유사한 내용이 주목을 끈다. 『관불삼매경』은 『불설관불삼매해경(佛說觀佛三昧海經)』의 통칭으로, 『삼국유사』의 위 설화와 대조해 보면 『삼국유사』는 『불설관불삼매해경』의 내용을 줄여서 전재(轉載)하고 있음을 확인할 수 있다. (『불설관불삼매해경』 제7권 「관사위의품(觀四威儀品)」, 「대정신수대장경(大正新修大藏經)」 제15권 경집부(經集部) 2에 수록 679쪽). 요약하자면, 천축의 야건가라국(耶乾訶羅國)에서 다섯 나찰녀가 독룡과 왕래하면서 난행(亂行)을 저질렀고 그로 인해 4년간 기근과 질병이 계속되었는데, 왕의 기도에 응한 세존의 설법에 의해 나찰과 독룡은 구제를 받고 불법에 귀의했다고 하는 내용으로, 앞의 『삼국유사』와 거의 같은 내용이다. 이렇게 보았을 때 『삼국유사』의 설화는 『불설관불삼매해경』과 같은 경전류의 이야기를 바탕으로 하면서 이야기의 무대를 천축에서 고대 한국의 가야국으로 바꾸어 환골탈태시킨 것으로 추측된다. 이와 같은 경전을 통해서 확인되듯이, 팔부중(八部衆 부처의 가르침을 수호하는 8종의 신)으로 대표되는 영적 존재가 불법에 의해 구제를 받고 불법의 수호신이 되는 이야기는 여러 경전에서 산견(散見)되고 있고, 설화집 속에 나타난 불법 귀의자로서의 신의 모습과도 중첩되고 있다.

4. 불보살과 동격으로서의 신

신과 불보살이 만나는 자리에서 생겨난 양상의 하나로서 신과 불보살을 동일시하는 것을 들 수 있다. 신과 불보살을 동격으로 보는 발상은 소위 본지수적설에 바탕을 두는데, 본지인 불보살이 중생을 제도하기 위해서 그 모습을 도처에 나투어 천지자연의 신이 되어 나타났다는 것으로, 신의 본원이 불보살이라는 생각에 의한 것이다. 『곤자쿠모노가타리슈』나 『삼국유사』를 통해서 보면, 『곤자쿠모노가타리슈』에는 하치만 신을 하치만대보살이라고 한다든지(제11권제10화, 제12권제10화, 제31권제1화) 다이치메이 신을 다이치메이보살(大智明菩薩)로 부르는 예가 있고(제14권제18화, 제17권제15화), 또는 보살의 지위에 오른 도소진(道祖神) 신의 예화(제13권 제34화)도 등장하는데 비하여, 『삼국유사』에는 신과 불보살을 동일시한 예는 보이지 않아 대조적이다.

먼저 『곤자쿠모노가타리슈』 제11권 제10화 「덴교대사가 당나라에 건너가 천태종(天台宗)을 전해온 이야기」는 덴교대사 사이쵸(最澄)에 의한 천태종 전래담이다. 사이쵸는 중국에 건너가기 전과 귀국 후의 두 번에 걸쳐 우사하치만궁에 참배하고 있는데, 다음은 그가 귀국 후 신 앞에 참배하면서 하는 말이다.

저는 뜻한 바대로 당에 건너가 천태종의 법문을 배워 전수받고 돌아왔습니다. 이제는 히에잔 산에 사원을 건립하여 많은 승도들을 살게 하고 유일무이한 일승종(一乘宗)을 세워 유정(有情)한 것과 비정(非情)한 것이 모두 성불할 수 있다는 가르침을 깨닫게 하고 나라 안에 널리 펴도록 하겠습니다. 본존불로는 약사불을 만들어 봉안하고, 일체 중생의 병을 고쳐주고 싶습니다. 하지만 이러한 소망도 하치만대보살의 가호에 의해 성취할 수 있는 것입니다.

대사는 우사하치만 신 앞에서 대보살이라 부르고 있고, 이것은 신과 불보살의 만남이 발전하여 양자를 동격으로 여기고 있음을 보여준다고 할 수 있을 것이다. 그러나 설화가 설화집에 문자화될 경우 당시의 시대적 주변적 상황에 의해 내용이 개변되는 예는 얼마든지 있음을 감안하면, 엔랴쿠(延曆)24년(805)에 사이쵸가 당나라 유학으로부터 돌아온 역사적 사실을 근거로 9세기 초 무렵에는 하치만대보살의 칭호가 사용되고 있었다고 단정하기는 이르다. 다른 여러 기록을 참고하면 하치만 신이 처음부터 대보살로 불리지는 않은 것 같다. 즉 하치만대보살이란 칭호가 정착되기까지 여러 가지 명칭이 사용되고 있었음을 확인할 수 있는 것이다. 따라서 대보살의 칭호가 언제부터 사용되었는가, 그리고 그 이전에는 어떠한 이름들로 불렸는가 등의 문제가 제기되는데, 일본의 정사(正史)인 육국사 중에서 하치만 관련 기사들을 발췌해 보면 문제해결의 단서를 얻을 수 있다.

먼저 육국사의 시초인 『니혼쇼키』에는 하치만의 용례가 보이지 않고, 사서에 있어서의 하치만의 신명(神名)은 『쇼쿠니혼기(續日本紀)』의 덴표(天平)12년(740) 10월 9일자 기록에서 처음 보인다. (진자명(神社名)으로서는 그 이전인 『쇼쿠니혼기』의 덴표9년(737) 4월 삭(朔)의 기사가 처음임. 이후 하치만 신 하치만 대신(大神)의 이름으로 불리다가, 『니혼코키(日本後紀)』의 다이도(大同)4년(809) 윤 2월 21일자에 보이듯이 9세기 초 무렵이 되어서부터 하치만대보살의 칭호가 보이게 되고 9세기 중엽부터는 통칭처럼 사용되고 있음을 확인할 수 있다. 그리고 육국사 이외의 기록을 보면 『미즈카가미(水鏡)』의 엔랴쿠(延曆)원년(782) 5월 4일자에 하치만 신 스스로 대자재왕보살(大自在王菩薩)의 명호를 신탁했다고 기록되어 있고, 『후소랴키(扶桑略記』에도 이듬해인 엔랴쿠2년 (783) 5월 4일자에 같은 취지의 기록이 보이므로, 하치만대보살로 통칭되기 전에 대자재왕보살의 칭호가 사용되고 있었음을 알 수 있다. 즉 이와 같은 사실은 하치만 신 또는 하치만 대신으로 불리고 있던 신에게 본지수적사상이 퍼짐에 따라 보살이란 명호가 덧붙여지고 점차 하치만대보살로 정착해 간 과정을 말해주고 있다.

이상에서 하치만대보살이라는 칭호가 정착하기까지의 과정을 검토해 보았는데, 이 결과를 앞의 『곤자쿠모노가타리슈』의 예화에 대응시켜 보면, 사이쵸가 귀국한 9세기 초 무렵에 하치만 신은 대보살로 불리고 있었음을 확인할 수 있고, 이후 『곤자쿠모노가타리슈』가 성립하는 12세기 중엽까지 하치만 신앙과 신즉불보살관(神卽佛菩薩觀)의 확산에 수반하여 하치만과 대보살과의 연칭(連稱)이 극히 일반화되었다고 추론할 수 있겠다.

그런데 신과 불보살을 동격으로 생각하는 사고는 어디에서 기인하는 것일까, 그 근원을 천착해 보았을 때 하나의 가능성을 제시해 주는 것은 바로 불교 경전이다. 『법화경』의 「여래수량품(如來壽量品)」에 의하면 부처는 수천만억 겁 이전에 깨우침을 얻었고 그 오랜 시간 이전부터 사바세계 및 다른 세계에서 중생을 교화해 오는 동안 연등불(燃燈佛) 등 여러 과거불(過去佛)의 모습으로 나타나기도 하고 열반에 들기도 하였다고 설하고 있다. (『법화경』 제6권 「여래수량품」 제16) 즉 「여래수량품」에 있어서의 석가불은 절대적인 존재로서의 부처의 모습과 중생 교화의 방편으로 여러 가지 모습으로 나타나는 부처의 두 가지 측면으로 묘사되어 있다. 이와 같이 경전이 설하고 있는 부처의 방편으로서의 두 모습을, 해결하기 어려웠던 신과 부처 사이의 관계를 설정하는데 원용(援用)한 해석이 바로 본지수적사상이라고 하겠다. 말하자면 불보살이 중생을 교화하기 위한 방편으로서 신의 모습을 빌려 나타났다는 것으로, 불보살이 본지이고 신을 불보살의 수적으로 여겼던 것이다. 따라서 사이쵸가 우사하치만 신을 대보살이라고 칭한 것도 그 근원을 거슬러 올라가 보면 『법화경』의 「여래수량품」과 같은 경전류에 근거하고 있음을 알 수 있다.

한편 『곤자쿠모노가타리슈』에는 보살의 칭호가 붙는 신으로서 하치만대보살 외에도 다이치메이보살이 등장한다. 앞에서 보았듯이 제14권 제18화에는, 호류지 절의 승려 묘렌이 아무리 노력하여도 법화경 제8권을 암송하지 못하는 이유를 알기 위하여 여러 곳의 신불에게 기청(祈請)을 드리니 호키지방 다이센의 다이치메이보살이 꿈에 나타나 전세의 인과를 알게 됨으로써 수행 정진에 힘쓰게 되었다는 이야기가 나온다. 다이센의 다이치메이 신사에 모셔진 주제신(主祭神)이 보살로 호칭되고 있고, 제17권 제15화 「지장보살의 계시에 의해 아다고에서 호키의 다이센으로 옮겨가 산 승려 이야기」에도 또한 다이치메이보살이 나오고 있다. 이 이야기는 지장보살을 모시는 조산(藏算)이란 승려가 자신의 빈곤과 병을 탄식하자 꿈에 소승(小僧)이 나타나 「너의 전세 인연이 나쁘기 때문에 가난하고 몸도 늙은 것이다. 그러니 이제 다이센이란 곳에 참배하고 현세와 내세의 바라는 바를 기원하라. 그 곳의 신은 지장보살의 수적으로 다이치메이보살이라고 하신다. 이 보살은 스스로 대자대비한 원력(願力)을 가지고 널리 일체 중생을 제도하신다」라고 계시하는 것을 듣고 꿈에서 깨어났다. 그 후 다이센의 신전에 참배하고 6년간 정진하여 불덕(佛德)을 나타내게 되고 풍족한 생활을 하게 되었다는 내용이다. 흔히 지장보살 영험담에서는 지장이 소승으로 모습을 바꾸어 나타나는 것이 유형화되어 있고, 따라서 이 이야기에서의 소승도 평소에 조산 승려가 신봉하고 있던 지장보살의 화신이라고 여겨지는데, 소승이 꿈의 계시를 통해 다이센의 다이치메이신은 지장보살의 수적이란 것을 분명히 밝히고 있는 것이다. 이것은 본지수적사상이 보다 구체적으로 정비되어 어느 곳의 신은 어느 보살의 화신이라는 식으로, 주된 신기(神祇)에 대해서는 각각 본지불(本地佛)이 정해져 가고 있음을 보여주고 있다.

『삼국유사』의 경우는 신과 불보살을 동일시한 예화는 아니지만 굳이 비슷한 예를 지적하자면 제7 감통편 제1화 「선도성모수희불사(仙桃聖母隨喜佛事)」를 들 수 있을 것이다. 이 이야기는 불법수호신으로서 그리고 나라의 수호신으로서의 선도산신모(仙桃山神母)의 이야기를 기술하고 있다. 관련부분의 대강을 보면, 매사냥을 좋아했던 경명왕(景明王)은 잃어버린 매가 돌아오도록 신모(神母)에게 기원을 드리고 그 청을 이루어 주자 신모에게 대왕의 칭호를 하사하였다는 것이다. 결국 『삼국유사』에는 신모처럼 대왕의 칭호가 주어지는 일은 있어도 신이 보살의 지위에 오르거나 보살로 호칭되는 경우는 보이지 않는다.

설화에 나타난 신과 불보살과의 만남에 대해 『곤자쿠모노가타리슈』와 『삼국유사』를 통해 비교해 보았는데, 특히 신과 불보살 간의 갈등과 신을 불보살과 동격시한 양상에서 양 작품의 대조적인 특징이 잘 나타나 있다. 이것은 각 작품의 편자에 의한 인위적인 창작의 결과가 아니라 수록된 설화가 생성된 당시의 여러 시대적 상황이 투영되어 나타난 것으로 보아야 할 것이다.

특히 설화 속에 나타난 신과 불보살과의 만남을 생각할 때 당시의 여러 시대적 상황이나 요소 중에서도 민중의 의식의 변화를 항상 염두에 두어야 한다. 흔히 신과 불보살의 만남이라 하면 신대불(神對佛) 또는 불교대재래신앙(佛教對在來信仰)과 같은 형식으로 신과 불의 직접 대면처럼 파악하기 쉬운데 이것은 겉으로 보이는 현상에 지나지 않는 것이고, 실제로는 신과 불이 만나는 곳에는 항상 민중의 마음이 개입되어 있음을 간과해서는 안 된다. 그러므로 양자가 부딪치는 장면에서 볼 수 있었던 반발과 융화와 습합과 수적 등도 신과 불보살의 직접 대면에 의한 것으로 생각하기보다는 민중들의 정서가 개입되어 나타난 현상으로 파악해야 할 것이다.

따라서 설화 속에 묘사된 신과 불보살의 만남을 보는 시선은 항상 민중의 존재를 의식하지 않으면 안 되고, 이러한 시선을 유지하면서 위에서 보아온 신들, 특히 하치만대보살이나 다이치메이보살 등의 이야기를 재음미해보면, 신과 불보살 간의 세력 다툼에 의한 역학관계가 느껴지기보다는, 오히려 신과 불보살에 대한 친근감 내지는 신과 불보살의 인간다움이 선명하게 드러남을 느낄 수 있을 것이다.

제3절 신국 사상의 부활과 천황의 신격화

이후 중세에 들어서면 신은 불보살과 동격의 지위에서 점차 우위를 차지하게 되고 설화 안에서도 신국 사상이 자주 등장하게 되는데, 대표적인 예화로서 다음 두 설화집의 기록을 보기로 하자.

천지가 아직 나뉘지 않고 혼돈상태로 계란 같았다. 그 가운데 맑은 윗부분이 하늘이 되고 탁한 부분이 가라앉아 굳어서 땅이 되었다. 이때 천지 가운데 억새풀의 싹 모양의 것이 생겨났다. 이것이 변하여 신이 되었는데 바로 구니노토코타치노미코토(國常立尊)라는 신이다. 그 이후 천신칠대(天神七代) 지신오대(地神五代)가 나타났고, 히코나기시타케우가야후키아헤즈노미코토(彦波瀲武鸕鷀草葺不合尊)라는 신의 아들인 진무천황으로 부터 인대(人代)가 되었다. 이 시기에 처음으로 모든 신에 대해 제사지냈다.

제10대 스진(崇神)천황 6년에는 아마테라스오미카미를 가사누히노무라(笠縫邑)에 제사지냈고, 7년에는 아마쓰야시로(天社) 구니쓰야시로(國社) 및 여러 지방 여러 신들의 간베(神戶 신사에 속하여 조세나 잡역을 바친 집)를 정하였고 그후 세상이 안정되고 백성들이 풍요해졌다.제11대 스닌(垂仁)천황 25년 3월에 아마테라스오미카미의 계시에 따라 이세(伊勢)지방 이스즈(五十鈴)강 상류에 신궁을 지어 제2황녀인 야마토히메노미코토(倭姬命)로 하여금 모시게 했다.

대저 우리나라는 신국으로서, 수많은 신들과 그 일족의 감응이 널리 통하는 나라이다. 소위 진구코고(神功皇后)가 삼한을 정벌하실 때도 천신지기(天神地祇)가 모두 나타나 도와주신 것이다. 이로 인해 황공하게도 조정에서 모시는 22신사(神社)의 존신(尊神)을 정하고 백왕백대(百王百代)의 보호하심에 공물을 바치고 모셨다. 그러니 천자부터 서민에 이르기까지 신의 은덕을 입지 않은 일이 없었다.

간무(桓武)천황 시대인 엔랴쿠원년(782) 5월 4일에 우사신궁의 신이 계시하기를 「헤아릴 수 없이 긴 시간 속에서 삼계(三界 욕계 색계 무색계를 말함)에 환생하여 여러 방편으로 중생을 인도하였고, 칭호를 대자재왕보살이라 한다」라고 하였으니 정말 존귀하시다. (『고콘초몬쥬(古今著聞集)』 제1권 제1화 1254년 성립)

대일본은 신국이다. 구니노토코타치노카미(國常立神)가 처음으로 기초를 세우고 아마테라스오미카미가 오랜 동안 다스림을 이어왔다. 우리나라만이 이러한 일(신에 의한 다스림)이 있고 다른 나라에는 이러한 예가 없다. 그러므로 신국이라 하는 것이다.

신대(神代)에는 도요아시하라노치호노아키노미즈호국(豊葦原千五百秋瑞穗國)이라 했고, 천지개벽 처음부터 이 이름이 있었다. 구니노토코타치노카미가 양신음신(陽神陰神)에게 내린 칙서에 보인다. 아마테라스오미카미가 니니기노미코토에게 물려주신 것도 이 이름이었으므로 근본 이름임을 알겠다.

또는 오야시마노쿠니(大八洲國)라고 한다. 이것은 양신음신이 이 나라를 낳으셨는데 여덟 개의 섬이었으므로 생긴 이름이다. 또는 야마토(耶麻土)라고 한다. 이것은 오야시마노나카쓰쿠니(大八洲中國)의 명칭이다. (『진노쇼토키(神皇正統記)』 상권 1343년 성립)

특히 근세 국학이 발달하면서 복고신토(復古神道)가 일어나고 막부말기에서 메이지(明治)시대에 걸쳐 신토학(神道學)의 주류를 이루게 되는데, 그 바탕에는 고전연구를 통하여 일본의 고유한 정신을 되찾으려는 의도가 있었다. 『고지키』, 『만요슈(萬葉集)』, 『겐지모노가타리(源氏物語)』 등의 고전연구를 통하여 고대인의 정신생활로 회귀하려는 이상과 아마테라스오미카미를 중심으로 한 고유신의 존중은 타 이데올로기에 대한 배타적인 면으로 이어졌고, 메이지시대에 들어서서는 신불분리(神佛分離)와 배불훼석(排佛毁釋)운동의 계기를 이룸으로써 마침내 국가신토(國家神道)에 이르게 된다.

메이지원년(1868) 도쿄전도(東京奠都)때 메이지천황이 히카와(氷川)신사에 참배하고 내린 칙어를 통해서 신기(神祇)를 존중하고 제사를 중시한다는 정교일치(政敎一致)를 선언하였고, 국가신토는 메이지유신부터 제2차세계대전의 패전에 이르기까지 일본의 이데올로기적 기반으로서 일본의 국교라 해도 좋을 정도였는데, 복고신토의 천황숭배정신이 바탕이 되고 있어 일본의 내쇼널리즘을 강조한 것이었다.

국가신토는 명확한 교의를 지니는데, 즉 천황은 신화적 조상인 아마테라스오미카미로부터 만세일계(萬世一系)의 혈통을 잇는 신의 자손이요 아라히토가미(現人神)라는 것이다. 또한 『고지키』, 『니혼쇼키』 신화의 국토형성과 신의 세계에서 볼 수 있듯이 일본은 특별히 신의 보호를 받는 신국이라는 것, 그러므로 일본은 세계를 구할 사명이 있고 따라서 타국으로의 진출은 성전(聖戰)으로서 의미가 부여되었으니, 우리나라를 비롯한 주변국에 대한 일본의 침략행위의 근본을 거슬러 올라가 보면 바로 이러한 신화의 정신이 바탕이 되고 있음을 발견한다.

결국 빗나간 신과 천황의 일치사상은 패전과 더불어 포츠담선언을 하고 「종교 및 사상의 자유 존중」에 의거하여 국가신토의 금지와 천황 스스로의 신격부정(神格否定)에 의해 인간으로의 복귀를 선언하게 된다.

이처럼 일본에 있어서의 신의 세계는 복잡 다양하고 다른 나라에 비해서도 특징적이다. 특히 신화와 설화는 다른 역사적 기록들이 건조한 사실의 나열에 지나지 않음에 비해 시공(時空)을 초월하여 생생한 삶의 모습을 전해준다는 점에서 유익하다. 남신과 여신에 의한 국토창조, 천상계에서 내려온 신의 지상세계 통치, 신에서 천황으로 이어지는 계보의 흐름, 벼락신과 불보살의 영역싸움, 법문 듣기를 원하는 아쓰타묘진의 간절한 모습, 살생의 죄를 불교의 공덕인 방생에 의해 구원받고자 하는 하치만신의 모습 등, 신화와 설화를 통해 살펴본 신의 세계는 너무 다양하고 현실적임에 놀라게 된다.

신화와 설화는 문화의 일부이고 게다가 언어에 의해 전해지는 것이기 때문에 그 안에는 해당 지역 선인들의 삶의 모습이 어떤 형태로든 반영되어 있다. 따라서 그 지역의 문화나 사회를 분석하는 데 있어 신화나 설화는 효과적인 자료를 제공하고 있다.

어떤 사람은 이러한 방법론에 대해 신화나 설화 차원에서 적출한 것이 현실세계와 같을 수는 없는 것이 아닌가 하고 이의를 제기할 지도 모르겠다. 그러나 현실과는 거리가 있을 지라도 그 안에는 인간이란 무엇이고 당시 선인들은 어떠한 삶을 살았는가를 이해하는 커다란 단서가 내재되어 있음을 부정할 수는 없을 것이다. 시대를 초월하여 현실에 없는 것도 상상을 통해 표현하고, 또한 그것에 의해 지배되고 행동하게 되는 것이 인간이기 때문이다.

미래는 과거를 돌아볼 줄 아는 자에게 스스로를 열어 놓는다. 과거의 우리 조상들과 이웃 민족들이 어떠한 생각으로 어떠한 삶을 살았는가를 돌아보는 것은 다가오는 세상을 살아갈 우리에게 더 없는 길잡이가 되어주고 있다. 이러한 점을 감안할 때 문학은 물론이고 역사와 지역연구에 있어서 신화와 설화의 필요와 효용은 더욱 커질 것으로 기대된다.

제六장

여성에 대한 인식

제6장 여성에 대한 인식

일본 설화를 보면 옛날 일본이 남성 중심의 사고방식이 지배하던 사회, 다시 말하면 여성을 경시하는 풍조가 보편화되어 있던 사회였음을 보여주는 사례가 상당수 나타나는데, 이것은 유교와 불교에서 말하는 여성 차별이 큰 영향을 끼쳤을 것으로 생각된다. 예를 들어 『곤자쿠모노가타리슈』 제13권 제12화에 「조라쿠지(長樂寺) 절의 승려가 산에서 입정하고 있는 여승을 본 이야기」라는 제목의 이야기가 수록되어 있는데, 당시의 여성에 대한 인식을 읽을 수 있는 내용이 담겨 있어 소개하기로 한다.

교토의 조라쿠지 라는 절에서 수행을 하던 승려가 산속에서 하룻밤을 지내다가 법화경을 독경하는 소리를 듣게 되었다. 독경 소리의 주인공을 찾아 헤매고 있는데, 갑자기 이끼 낀 바위가 움직이는 듯 하더니 사람으로 변하여 일어서서 달려가는 것이었다. 보니 나이가 육십 정도 되어 보이는 여승이었다. 도대체 어떻게 된 일이냐고 승려가 묻자, 여승이 울면서 「나는 오랫동안 여기에 머무르면서 지금까지 한 번도 애욕심을 일으킨 적이 없었는데 방금 당신을 보고 『저 사람이 남자인가?』하는 생각을 잠깐 했을 뿐인데 그 순간 선인이 될 기회를 잃고 인간의 모습으로 되돌아온 것이오」라고 대답하더니 산속으로 사라졌다.

이 이야기 끝에 설화집의 편자는 「불도 수행을 하던 여승도 이러할진대 하물며 세상의 보통 여자들은 죄가 얼마나 깊은 것인지 짐작할 수 있을 것이다」라고 평을 하고 있다. 즉 이러한 평어가 말해주듯이 여자란 원래 죄가 많은 존재로 인식되고 있었던 것이다. 이러한 여성에 대한 인식이 불교와 관련지어서는 어떻게 나타나고 있는가, 그리고 그 근원에는 어떠한 불교적 교리가 작용하고 있는가, 하는 점에 대해 해당 설화를 중심으로 한 고전을 통해서 살펴보고자 한다.

제1절 오장삼종(五障三從)

일본의 대표적인 고전 소설 『겐지모노가타리』의 「니오미야(匂宮)」권에 보면, 주인공 가오루(薫)가 어머니인 온나산노미야(女三宮)의 출가에 대해서, 「어머니는 밤낮으로 수행을 닦고 계시는 것 같습니다만 목적도 없이 얌전히 계시는 것에 불과하고 기껏해야 여자 몸으로 깨달음을 얻은 정도로는 더러움에 물들지 않은 연잎의 이슬처럼 깨끗한 마음으로 극락에 왕생하시는 것도 어려울 것이다. 여자의 성불을 방해하는 다섯 가지의 장애도 역시 근심이 되나니, 나도 출가하여 어머니의 뜻을 이루도록 도와드리고 어머니의 후생만이라도 행복해지셨으면 좋겠네」라고 생각하는 대목이 나온다.

여기에는 불교와 관련된 여성의 두 가지 어려움이 나타나 있다. 먼저 여자 몸으로는 깨달음을 얻어 성불할 수 없다는 것과, 여자의 성불을 방해하는 다섯 가지 장애이다. 이 가운데 후자인 여자의 성불을 방해하는 다섯 가지 장애는 오장(五障)이란 말로 표현되고 있는데, 흔히 삼종(三從)과 함께 하여 오장삼종으로 쓰이고 있다.

일본의 대표적인 군담소설 『헤이케모노가타리(平家物語)』의 「간조의 권(灌頂卷)」을 보면, 헤이케(平家) 일족의 멸망과 함께 죽음을 택했던 다카쿠라(高倉)천황의 왕비 겐레이몬인(建禮門院) 도쿠시(德子)는 결국 겐지(源氏)의 병사들에 의해 구출되어 목숨을 부지하게 되는데, 이후 출가하여 오하라산(大原山)의 작코인(寂光院)이란 암자에 기거하면서 죽은 아들 안토쿠(安德)천황과 헤이케 일족의 후세 명복을 빌면서 지내게 된다. 그 대목에서 겐레이몬인은, 「이렇게 서글픈 신세가 된 것은 일시적으로는 탄식하게 되겠지만 후생의 성불을 위해서는 기쁜 일이라고 생각합니다. 갑자기 이렇게 부처님을 모시는 석가모니의 사후 제자가 되어 황송하게도 아미타불의 서원에 힘입어 오장삼종의 고통을 벗어나 밤낮으로 수행하여 육근(六根 안이비설신의)을 정화하고 오로지 구품(九品 극락정토를 말하는데 극락은 상품<상생 중생 하생> 중품<상생 중생 하생> 하품<상생 중생 하생>으로 나뉘어 있기 때문에 구품이라 함)의 정토에 왕생하기를 기원하고 있습니다」라고 하면서 수행에 전념하다 세상을 떠나게 된다.

여기에서 삼종은 『예기(禮記)』에 나오는 말로 여성이 따라야 할 세 가지 길을 말하는데, 어려서는 부모에게 따르고 결혼한 후에는 남편에게 따르며 늙어서는 자식에게 따르는 것을 의미한다. 이것은 유교에 한정된 개념은 아니었고, 인도의 『마누의 법전』과 『대지도론(大智度論)』, 『승만경의소(勝鬘經義疏)』, 『초일월삼매경(超日月三昧經)』과 같은 불전에서도 이야기되고 있다.

이러한 여성의 삼종 의식은, 예를 들어 『만요슈』 제5권 794번 노래의 서문에 「아름다운 미모도 삼종의 부도(婦道)와 함께 영원히 사라지고」라고 표현되어 있는 것을 보더라도, 유교와 불교의 전래와 더불어 일본에서도 일찍부터 뿌리를 내린 것으로 보인다.

그리고 오장은 『법화경』의 「제바달다품(提婆達多品)」 제12권에 나오는 말로, 장로 샤리프트라가 용왕의 딸인 사가라에게 「양가의 규수여, 그대가 성불을 이루려고 마음먹고 기가 꺾임 없이 노력하여 헤아릴 수 없을 만큼 지혜를 지니고 있다 하여도 완전한 성불을 이루기 어렵다. 양가의 규수여, 부녀자가 부단한 노력으로 몇 백겁 몇 천겁 동안 복덕을 쌓는 수행을 하고 육바라밀을 완성한다 하여도 오늘에 이르기까지 다섯 가지 지위를 얻는 일이 없었기 때문이다. 다섯 가지란 무엇인가. 하나는 브라만(범천)의 지위요, 둘은 인드라(제석천)의 지위요, 셋은 사대왕의 지위요, 넷은 전륜성왕의 지위요, 다섯은 불퇴전의 구법승의 지위다」라고 말하고 있다.

이 때 용왕의 딸 사가라는 그 값이 삼천대천세계의 가치에 해당하는 보주를 가지고 있었는데 그것을 세존에게 바쳤더니 세존은 그녀의 마음을 어여삐 여기고 기쁘게 받았다. 그러자 용왕의 딸 사가라는 세상 사람들과 장로 샤리프트라가 보는 앞에서 그녀의 여성 성기가 사라지고 남성의 성기가 생겨나 자신이 구법자가 되었음을 나타내었다. 그리고 그녀는 남방에 있는 비마라의 세계에 머무르면서 칠보로 만든 보리수 아래에 앉아 깨달음을 얻고 성불했다고 되어 있다.

즉 여성은 오장이 있기 때문에 여성의 몸으로는 성불할 수 없다는 것과, 변성남자(變成男子)하여 성불할 수 있음을 이야기하고 있어, 불교의 여성 차별 의식을 여실히 엿볼 수 있다. 이와 같은 변성남자의 의식은 여성도 성불할 수 있는 길을 열어두었음에 의미는 있으나, 결국은 남자로 성별이 바뀜을 통하여 성불을 이룰 수 있다는 것이기 때문에 여성에 대한 차별의식이 여전히 내재되어 있는 것이다. 이러한 불교의 여성 차별 의식은 위에서 살펴본 문학작품에서도 잘 나타나 있듯이 많은 영향을 끼치고 있는데, 다음은 구체적인 예를 통해 그 양상을 살펴보기로 하겠다.

제2절 여인금제(女人禁制)

여인금제란 여성이 특정의 종교적 행사에 참가하거나 특정의 성역에 들어가는 것을 금하는 것을 말한다. 고대에는 여성이 제사 등의 행사에서 탁선자(託宣者)로서의 높은 지위를 차지하고 있었다. 그러나 불교가 들어오면서, 특히 『법화경』이 유포되면서 「제바달다품」에서 말하는 여성 차별의식, 즉 여성은 오장이 있기 때문에 일단 남성으로 변하여 비구로서 수행을 함으로써 비로소 성불할 수 있다는 사상에 근거한 의식이 널리 반영되게 되었다. 따라서 여성은 수행승에게 있어서는 수행의 장애가 되는 경우가 많으므로 수행의 도량에 들어가는 일을 금하게 된 것인데, 예를 들어 승니령(僧尼令)에 의하면 절의 승방에 부녀자를 묵게 하거나 비구니방에 남자를 머물게 하거나 승려와 비구니가 교류하는 것에 대한 벌칙이 명기되어 있다.

그후 사이초가 「임종유언십개조(臨終遺言十箇條)」에서 히에잔(比叡山)에 여성이 들어오는 것을 금한 이래, 고야산(高野山)과 야마토의 오미네산(大峯山) 등 영산의 여인금제가 일반화하게 되었다. 그 일단을 엿볼 수 있는 예화로서 『곤자쿠모노가타리슈』 제11권 제26화의 엔랴쿠지(延暦寺) 연기담을 소개하자면, 「덴교(傳教)대사가 처음으로 히에잔의 불법을 창시한 이야기」라는 제목으로 내용은 다음과 같다.

옛날 덴교대사는 히에잔의 영지를 건립하고 곤본주도(根本中堂)에 직접 만든 약사상(藥師像)을 안치하였다. 그리고 염원한 대로 천태종을 세우고 지자(智者)대사의 가르침을 널리 전하였다. 그 후 812년 7월에 법화삼매당을 세우고 밤낮으로 법화일승경을 독송하였고 주야 24시간 끊임없이 법라(法螺)를 불게 하여 수행에 전념하도록 하였으며 불전에 등불을 밝혔는데, 지금까지 한 번도 꺼진 일이 없다.

또한 822년에 천황에게 청하여 처음으로 대승계단(大乘戒壇)을 세웠다. 전에 일본에 청문계(聽聞戒)가 전해졌을 때 도다이지 절에 계단원(戒壇院)이 세워진 적이 있다. 그러나 덴교대사는 당나라에 건너가 보살계를 배운 후 돌아와서 일본에 전하고자 하였다. 그 때 조정에 「우리 승려들이 이 계를 받아야 합니다. 남악대사(南岳大師 혜사선사[慧思禪師]를 말함)와 천태대사(天台大師 지자대사[智者大師]를 말함) 두 분은 이 보살계를 받으셨습니다. 그러므로 이 히에잔에 별도의 계단원을 세우고자 합니다」라고 청하였으나 받아들여지지 않았다. 이 때 대사는 일대 문장 『겐카이론(顯戒論)』 3권을 써서 천황에게 올렸는데, 인증할 수 있는 문장이 많고 그 뜻이 명백하였으므로 마침내 칙허를 얻어 계단을 세우게 된 것이다.

그 후 매년 봄가을에 수계(受戒)를 행했다. 범망경(梵網經)에 「보살계를 받지 않은 자는 축생과 다름없다. 이들을 외도(外道)라고 부른다」고 되어 있고, 또한 「승려가 만일 한 사람을 가르쳐서 보살계를 받게 하면 그 공덕은 팔만 사천의 탑을 세운 공덕보다 뛰어나다」고 하였다. 그렇다면 대사는 한두 사람이 아닌 수많은 사람을, 일이 년에 그치지 않는 오랜 세월에 걸쳐 계를 받게 했으니 그 공덕은 얼마나 클까. 뜻이 있는 자는 어떤 일이 있어도 이 계를 받아야 한다.

또한 대사는 매년 11월 21일에 강당에서 많은 승려들을 불러 법화경을 강의하였고 닷새에 걸친 법회를 열었는데, 이 날은 당나라 천태대사가 돌아가신 날이다. 히에잔 전체의 행사로서 지금도 끊이지 않고 행해지고 있다. 대사가 히에잔을 건립하고 천태종을 연 것은 오로지 천태대사의 뒤를 따른 것이고, 그래서 그 은혜에 보답하고자 이 법회를 시작한 것이다.

한편, 822년 6월 4일 대사는 56 세로 입적하였는데, 이 분을 덴교대사라 하고 실명은 사이초라고 한다. 많은 제자에게 미리 입적하는 때를 알려두었는데, 당일 신기한 구름이 봉우리를 오랫동안 감싸고 있었다. 멀리 있던 사람이 이것을 보고 이상하게 여기면서 「오늘 히에잔에 무슨 일이 있음에 틀림없다」고 생각했다고 한다.

그 후로도 불당과 탑을 짓고 사방의 계곡에 승방을 지어 많은 승려들이 살게 하면서 천태종의 법문을 공부하게 하여, 히에잔의 불법은 더욱 융성해졌고 그 영험도 특별히 뛰어났다. 그러나 여자는 이 산에 오를 수 없었다. 이 절을 엔랴쿠지(延曆寺)라고 부르게 되었고, 이 때 이래로 일본에 천태종이 도입되었다.

대사가 당나라에서 귀국하여 우사하치만 신사에 참배하고 신에게서 받은 옷이 약사상을 조각할 때 깎은 덤불이 붙은 채로 지금도 곤본추도 경장각에 보관되어 있다. 또한 대사가 직접 쓴 법화경은 상자에 담아 젠토인(禪唐院)에 보관하고 있는데, 대대로 스님들은 몸을 청정하게 하고 이것을 경배하였다. 만일 여자와 조금이라도 접촉한사람은 영원히 이 법화경을 경배할 수 없다고 한다.

덴교대사 사이초가 히에잔의 엔랴쿠지를 창시하고 계단을 설립하였으며 여러 불서를 펴낸 이야기를 통하여 그의 사적을 이야기하고 있는데, 여기에서 주목되는 내용은, 여자는 히에잔에 오를 수 없다는 것과, 여자와 조금이라도 접한 사람은 대사가 쓴 법화경을 영원히 경배할 수 없다고 한 점이다. 이것은 앞에서 지적한 여인금제가 지켜지고 있었음을 반영하고 있는 것이라 할 것이다.

여인금제와 같이 불교에 있어서 여성 차별의식을 읽을 수 있는 유사한 용어로 여인결계(女人結界)가 있다. 이것 또한 수행을 행하는 장소에 마장이 들어오지 못하도록 여성의 출입을 제한하는 것이었는데, 다테야마(立山)산이나 오미네산(大峯山)의 도란니(都藍尼)처럼 여인결계를 어기려고 한 여성이 돌로 변하였다는 비구니석(比丘尼石) 이야기와 우바이시(姥石) 이야기도 다수 전해진다. 예를 들어 다테야마 산중에는 다음과 같은 이야기가 전해지고 있다.

어떤 비구니가 여인결계를 범하여 동행하던 언니는 삼나무가 되어 미녀삼(美女杉)이라 하였고, 어린 시녀가 무서워서 따르지 않는 것을 야단쳤더니 비구니의 이마에 뿔이 생기고 돌로 변하였는데, 이것을 우바이시라고 한다는 것이다.

이러한 전승의 대부분은 여인금제의 산에 도전한 여성이 패배하여 돌이 되었다는 것인데, 닛코(日光)지방의 남체산(男體山)에도 여인금제를 범했기 때문에 돌로 변한 우바이시의 전설이 있다. 이 외에도 다이초(泰澄)의 어머니 이노(伊野)가 아들의 만류에도 듣지 않고 하쿠산(白山)에 올랐는데 여자의 몸이었기 때문에 돌이 둘로 갈라져 그 속에 빠져 죽었다는 이야기, 고야산에 오르려고 한 구카이(空海)의 어머니가 도중에 하늘에서 내린 불의 비를 피하려고 바위 뒤에 숨었다는 이야기 등, 여인금제에서 유래한 돌(바위)의 전설이 다수 전해지고 있다.

여인금제가 실시된 영산에는 참배를 위해 오르는 산 입구에 여성의 출입을 금하는 여인결계의 장소가 정해져 있었는데, 그곳에는 여인당(女人堂)이 설치되기도 했다. 대표적인 여인당으로 고야산 입구에 설치된 여성 참배소를 들 수 있는데, 고야산에 오르다보면 고야나나쿠치(高野七口)라고 하는 일곱 입구가 있고 각 입구마다 여인당이 설치되어 있었다. 메이지시대에 들어와 1872년 3월 27일의 다이조칸(太政官)포고에 의해 여인금제가 해제되기까지 여성은 한 걸음도 산 안으로 들여놓을 수 없었고, 당(堂) 앞의 철문에는 승병이 지키고 있었다고 한다.

원래 고야산의 지주신으로 받들어 모신 것은 니우쓰히메(丹生津姫)라는 여신이었는데, 고보(弘法)대사 구카이는 그의 유계에 의해 여성의 입산을 엄하게 금하였다. 『고야히덴쇼(高野秘傳鈔)』에 의하면 832년에 대사의 어머니가 83세의 노구를 이끌고 자식을 만나기 위해 고야산 기슭에 이르렀을 때 갑자기 땅이 갈라지고 불의 비가 내렸다고 한다. 또는 깔아놓은 가사 위를 밟고 오르려고 하자 신기하게도 42세 이후로 그친 월경혈(月經血)이 갑자기 흘러나와 가사에 떨어지자 불꽃이 되어 타올랐다고도 한다. 이러한 이야기는 그 유명하고 훌륭한 대사의 어머니라 할지라도 여인금제를 범하는 것은 허락되지 않았다고 하는 계율의 엄격함과, 여인결계의 관념이 여성의 부정(不淨)을 금기시하는 습속에 기인하는 것임을 나타내고 있다.

앞에서 이야기한 것처럼 예전에 고야산에는 여인당이 일곱 곳 있었는데 속칭 여인도(女人道)라고 하여 일곱 곳과 인접한 15킬로의 길이 산 주위의 능선을 둘러싸고 있어서 이것이 여인결계선(女人結界線)으로 여겨졌었다. 그래서 여성 참배객은 여인당에 기거하면서 험한 여인도를 도는 「여인도순례」라는 수행을 했고 나무 사이로 보이는 큰 탑과 산 안의 불당들을 멀리서나마 참배했는데, 오쿠노인(奧之院)의 고보대사 사당만큼은 배후에서 가까이 다가갈 수 있도록 허락되었다고 한다.

시대가 흐름에 따라 여성의 참롱(參籠 일정 기간 동안 머물며 참배하는 것)이 불필요해지자 여인당도 자연히 필요 없게 되어 폐지되었지만, 지금도 후도구치(不動口) 한 곳만은 남아있어 여인금제 시대의 자취를 엿볼 수 있다. 이곳에는 대일여래상(大日如來像)을 안치하고 있는데, 관련된 전설이 전해지고 있다. 엔쿄(延享)년간(1744-48) 에도(江戶)에 사는 요코

야마(横山)타케라는 여자가 부모의 왕생을 기원하기 위하여 멀리 고야산까지 왔는데 후도구치에서 안으로 들어가는 것이 허락되지 않을 뿐만 아니라 머물며 참배할 곳도 없었다. 그래서 여자는 여인당을 건립하고자 하는 큰 원을 세우고 시녀 노릇까지 하면서 돈을 모아 마침내 그 원을 이루었다고 하는데, 이 전설과 연관하여 당 앞에는 오타케지장(お竹地蔵)이 모셔져 있다. 여인당 또한 1872년의 사원불각에서의 여인금제가 폐지되면서 점차 그 기능을 잃게 되었다.

제3절 여인왕생(女人往生)

석존은 남녀 모두 평등하고 열반에 이를 수 있다고 하였지만 고대 불교사상 속에는 남녀의 차별이 역력히 존재하고 있었다. 앞에서 살펴보았듯이 여성은 그 업장(業障)으로 인하여 성불할 수 없다고 하는 불경의 내용 때문이었다. 이러한 사상은 일본 불교에도 그대로 영향을 미쳤고, 니치렌(日蓮)의 『뇨닌조부쓰쇼(女人成佛鈔)』에도 『법화경』의 여인 오장 사상이 그대로 기술되어 있다. 『법화경』의 내용과 중복되지만 인용하여 보면, 「그대(용녀)는 머지않아 무상도를 얻을 것이라고 하지만 그 말은 믿기 어렵다. 왜냐하면 여자의 몸은 더럽고 법기(法器)가 아니기 때문인데, 어찌 무상보리를 얻을 손가. 불도는 심오하고 무량겁을 거치는 동안 고행을 쌓으며 여러 법도를 지킨 후에야 비로소 이룰 수 있는 것이다. 또한 여인의 몸에는 다섯 가지 장애가 있다. 하나는 범천왕 둘은 제석 셋은 마왕 넷은 전륜왕 다섯은 부처의 몸을 이룰 수 없는데 어찌 바로 성불할 수 있겠는가」라고 하고 있다.

여성은 오장에 의해 성불하는 것이 어렵고, 또한 출가할 경우의 계율에 있어서도 사미(沙彌)가 비구(比丘)로 승격할 때 250계를 받는데 비하여, 사미니(沙彌尼)가 비구니(比丘尼)로 승격할 때는 348계를 받게 되는 것처럼, 여성은 종교적 차별 속에 있었다. 그렇기 때문에 여성이 성불하기 위해서는 불성(佛性)을 지닌 남성으로 변신하여 보살행을 닦음으로써 성불하는 방법을 취해야만 했다.

이처럼 어려웠던 여인성불(女人成佛)이 점차 가능한 것으로 바뀌어가고 있었음을 잘 나타내주는 것이 여인왕생담인데, 『곤자쿠모노가타리슈』에는 제14권과 제15권에 걸쳐 다수 수록되어 있다. 예를 들어 제15권 제49화는 「우다이벤(右大弁) 후지와라노스케요(藤原佐世)의 아내가 왕생한 이야기」라는 제목의 설화인데, 다음과 같은 내용으로 되어 있다.

옛날에 후지와라노스케요라는 사람이 있었다. 그의 아내는 야마시로(山城)지방의 수령인 오노노타카키(小野喬木)라는 사람의 딸이다. 그녀는 어려서부터 인과의 도리를 깨달았고 불법을 믿어 도심이 깊었다. 이윽고 스케요에게 시집가서 몇 년이 흘렀지만 도심은 시들지 않았고 염불과 독경도 게을리 하지 않았다.

그런데 그녀의 오빠 가운데 엔쿄(延敎)라고 하는 깨달음이 깊은 승려가 있었다. 그녀는 이 오빠에게 「저는 불법을 배우고 싶으니 부디 가르쳐 주십시오」하고 청했다. 이 말을 들은 엔쿄는 기특하게 생각하여 무량수경을 비롯하여 여러 경전 속에 있는 극락왕생에 관한 중요한 문구를 뽑아서 가르쳐 주었다. 그녀는 이것을 잘 익혀서 밤낮으로 자나 깨나 마음에 두고 잊는 일이 없었다. 그리고 대월 15일 저녁에는 반드시 온몸을 땅에 던져 서쪽을 향하여 예배한 후 「나무서방일상안양정토미타불(南無西方日想安養淨土彌陀佛)」하고 염불을 외웠다. 늘 이렇게 하며 지냈는데, 부모가 이것을 알고 못하게 하며 「젊었을 때 그렇게 열심히 수행에 전념해서는 안 된다. 그런 일은 몸을 쇠하게 하는 근원이 된다」고 하며 억지로 말렸지만 그녀는 염불 수행을 그만두지 않았다.

그러던 가운데 그녀가 25세 되던 해 처음으로 여자 아이를 낳았다. 하지만 산후 조리를 잘못하여 한 달 여 만에 죽고 말았다. 이 때 허공에서 아름다운 음악소리가 들려왔다. 이것을 들은 이웃마을 사람들은 모두 그녀가 극락왕생했다는 서상(瑞相)이라고 하며 감격해서 칭송했다. 출가도 하지 않고 여자라고는 하나 이처럼 왕생을 한 것이다.

이 설화의 마지막에 「여자라고는 하나」라는 문구에서 여성이 남성보다 왕생하기가 어려웠다는 인식을 읽을 수 있으나, 앞에서 살펴본 바와 같은 변성남자를 거치지 않고서 여성의 모습인 채로 왕생을 이루었다는 점이 주목을 끈다.

이와 같은 여인왕생의 사례는 『곤자쿠모노가타리슈』 이전에도 볼 수 있다. 『곤자쿠모노가타리슈』의 성립을 1120-50년경으로 볼 때, 이보다 약 100년 내지 150년 정도 일찍 성립한 『니혼오조고쿠라쿠키(日本往生極樂記)』나 『홋케겐키』 등의 설화집을 보면 다수의 여인왕생담이 실려 있다. 우선 『니혼오조고쿠라쿠키』의 경우를 보면 모두 42화의 왕생담이 수록되어 있는데, 보살(제1-2화) 비구(제3-27화) 사미(제28-29화) 비구니(제30-32화) 우바새(제33-36화) 우바이(제37-42화)로 구성되어 있다. 이 가운데 여인왕생의 사례는 비구니 3화와 우바이 7화와 함께 제21화에서 볼 수 있는데, 이 가운데 제21화는 다음과 같은 내용으로 되어 있다.

다이니치지(大日寺)라는 절의 승려 고도(廣道)는 속세의 성이 다치바나(橘)씨인데, 수십 년 동안 오로지 극락왕생을 염원하면서 세상사를 벗어나 살았다. 그 절 근처에 가난한 여자가 살았는데 아들이 둘 있었다. 형은 젠조(禪靜)라 하고 동생은 엔에이(延睿)라 하는데 모두 천태종의 승려가 되었다. 어머니가 돌아가시자 두 승려는 한마음이 되어 낮에는 법화경을 읽고 밤에는 아미타불을 외우며 오로지 어머니가 극락왕생하시기를 빌었다. 그 때 고도가 꿈을 꾸었는데, 고쿠라쿠지(極樂寺)와 조칸지(貞觀寺) 두 절 사이에서 무량의 음악이 들려왔다. 놀라서 그 쪽을 바라보니 보석으로 장식한 세 대의 수레가 있었고 수천 명의 승려가 향로를 들고 에워싸더니 곧장 죽은 어머니의 집에 이르렀다. 그리고 어머니에게 천상의 옷을 입혀 함께 태우고 가려고 했다. (꿈에서 깬) 고도는 즉시 두 승려에게 「그대들이 어머니를 위해서 간절히 왕생을 비는 마음이 있었으므로 천상에서 모셔간 것이다」라고 했다.

승려가 된 두 아들의 염원으로 왕생을 이룬 어머니의 이야기로, 본인이 불도 수행을 하지 않았어도 왕생을 이루었다는 점이 특징적이다. 그리고 위의 예화에도 나타나 있듯이, 왕생을 할 때 그 증거로서 다른 사람의 꿈에 나타나 계시를 한다든지, 또는 천상의 음악이나 꽃비나 향기나 보랏빛구름 서광 등의 서상(瑞相)이 나타나는 것이 일반적이었다는 것이 다른 다수의 왕생담을 통해서 확인된다.

한편 위 설화에서 여성의 남편 이야기는 보이지 않으나 전체적인 내용과 다른 여인왕생담의 경우를 통해 보았을 때 남편과 사별하고 홀로 산 여성으로 생각된다. 왜냐하면 여성 왕생자의 경우를 살펴보면 출가자는 말할 나위 없지만 결혼한 자의 경우는 남편과 사별한 과부이거나 남편과 동거하더라도 정숙한 몸을 유지하는 경우가 대부분이기 때문이다. 예를 들어 『니혼오조고쿠라쿠키』의 제37화를 보면, 히코자네(彦眞)의 처 도모노씨(伴氏)는 어려서부터 아미타불을 외우며 지냈는데, 나이 삼십여 세가 되었을 때 결혼 했지만 남편과 잠자리를 같이 하지 않았다고 되어 있다. 이처럼 왕생한 여성의 삶을 살펴보면 독신 여부와 관계없이 정숙함을 강조하고 있는데, 이것은 성(性)을 금기시하는 불교의 가르침에 따라 여성의 부정(不貞)을 왕생의 부정적 요인으로 보는 것에 기인한 것으로 보인다. 또한 여성의 정절을 중요시한 유교의 가르침과도 무관하지 않다고 보이는데, 말하자면 유불(儒佛) 습합 양상의 일면으로도 생각할 수 있을 것이다.

또 하나의 자료인 『홋케겐키』는 법화경의 영험담 129화를 수록하고 있는데, 등장인물의 구성을 보면 보살(제1-2화) 비구(제3-93화) 재가사미(제94-97화) 비구니(제98-100화) 우바새(제101-116화) 우바이(제117-124화) 이류(제125-129화)로 되어 있고, 이 가운데 여인왕생담은 8화에서 엿볼 수 있는데, 예로서 제117화를 소개하면 다음과 같다.

여성 불제자 후지와라씨(藤原氏)는 두 번씩 다이니(大貳)의 관직에 올랐던 다카이에(隆家)의 아내의 언니이다. 그녀는 마음이 자비롭고 불법을 깊이 신봉하였다. 밤낮으로 법화경을 독송하면서 지내 세속의 일에 어두웠고 일생 과부로 살면서 부부의 예를 몰랐다. 몸으로 계를 범하는 일이 없었고 마음으로 죄를 짓는 일도 없었으며 수십 년 동안 일심으로 경을 독송했다.

어느 날 꿈을 꾸었는데, 흰 코끼리를 탄 금색의 보현보살이 입을 열고 소리 내어 말하기를 「불법을 신봉하는 여자여 잘 들어라, 그대가 법화경을 지니고 수행하니 항상 내가 와서 보호하리라. 또 한 그 보답으로 정토에 태어날 것이다」라고 하였다. 이와 같은 꿈을 몇 차례나 꾸었다. 그러다가 임종 시에 병고가 있었지만 법화경을 읽으면서 일심으로 염불을 하다 세상을 떠났다. 죽은 후에 여동생이 꿈을 꾸었는데, 언니의 모습이 정결하여 천녀와 같았다. 그래서 평소와 같이 음식을 마련하여 권하였더니, 곧바로 대답하여 말하기를 「나는 이제 이승의 음식을 먹을 수 없다. 그 이유는 이승의 음식은 번뇌 악업이 배어있는 음식이기 때문이다. 나의 밥은 보위덕상왕불국토(寶威德上王佛國土)에 있다. 소위 법희선열식(法喜禪悅食)이라고 한다」라고 하였다. 이와 같은 말을 마치자 동쪽을 향하여 날아가는 것을 보고 꿈에서 깨어났다.

흔히 극락정토가 있는 곳으로 여겨지던 서쪽으로 향하지 않고 동쪽을 향해 날아간 것은 『관불삼매해경』에 보위덕상왕불국토가 동쪽에 있는 것으로 기술되어 있기 때문이다. 이 예화의 경우도 앞에서와 마찬가지로 과부로 살면서 부부관계를 갖지 않았던 여성임을 알 수 있고, 동생의 꿈을 통해 왕생을 이루었다는 것이 증명되고 있다. 또한 사후의 세계에서 먹는 음식과 이승의 음식이 다르고 죽은 자는 이승의 음식을 먹지 않는 이유를 밝히고 있는데, 일본 신화에서 이자나기가 죽은 아내 이자나미를 저승으로 찾아가서 함께 돌아가기를 청하였을 때, 이자나미가 이미 저승의 음식을 먹었기 때문에 함께 갈 수 없다고 거절하는 장면을 연상하게 한다.

이와 같이 세 설화집에 나타난 사례를 소개하면서 여성의 왕생에 대해 살펴보았는데, 『법화경』에서 이야기한 것과 같이 변성남자를 통하지 않고서도 여인왕생이 이루어졌음을 알 수 있지만, 그래도 여성의 경우는 남성과는 차별화된 왕생이었다는 것을 확인할 수 있다.

제4절 불상과 여성

위에서 살펴본 바와 같이 불교 설화에 나타난 여성에 대한 인식은 부정적인 면이 많았고, 심지어는 왕생에 있어서도 여인왕생은 남성과는 차별화된 것이었다. 하지만 여성에 대해 부정적인 면 일변도는 아니었음도 간과해서는 안 될 것이다. 그 일례를 불상을 통해서 살펴보고자 한다. 불교 설화에는 아미타 미륵 관음 지장 문수 보현 세시 길상천

변재천 허공장 사천왕 부동명왕 등, 수많은 불보살과 불법수호신 들이 등장하는데, 대부분 불상으로 조성되어 민중들의 신앙의 대상이 되어 왔다. 이 가운데 여성의 이미지를 지닌 불상으로서는 관음보살상(觀音菩薩像)과 길상천녀상(吉祥天女像) 변재천녀상(弁財天女像) 허공장보살상(虛空藏菩薩像) 등을 들 수 있는데, 민중들의 마음속에 이들이 어떠한 모습으로 자리 잡고 있었는가를 살펴보는 것은 흥미로운 일이다.

불교 설화에서 성을 금기시하고 이를 어긴 자가 벌을 받는 장면은 자주 목격되지만, 오히려 성을 통하여 불법 수행을 장려하는 파격적인 내용의 설화도 있어 주목을 끄는데, 『곤자쿠모노가타리슈』의 제17권 제33화에 실린 젊은 승려의 수행담을 하나 보기로 하자. 이 젊은 승려는 출가하여 수행에 정진하고자 하였지만 노는 데 마음을 빼앗겨 제대로 공부를 하지 않았다. 그래도 항상 호린지(法輪寺) 절의 허공장보살에게 참배를 하고 공부를 잘 할 수 있도록 기원을 드렸다. 그러던 어느 날 귀가가 늦어져 어떤 집에서 하루를 묵게 되었는데, 아름다운 그 집 여주인의 미모에 반하게 되었다. 그래서 그녀의 침소에 들어가 그녀와 정을 통하고자 하였지만 여자가 허락하지 않자 불타는 듯한 몸과 마음을 주체할 수 없었다. 이 때 여자가 당신이 만일 법화경을 암송할 수 있게 된다면 당신의 뜻을 이루게 해 주겠다고 제안하였다. 승려는 그녀와 만나고 싶은 마음에 열심히 암기하여 이십 일 만에 다 외우고 그녀의 집을 찾아갔더니, 이번에는 히에잔에서 삼 년 동안 나오지 말고 공부에 전념하여 훌륭한 학승이 되면 당신의 아내가 되겠다고 약속했다. 젊은 승려는 그녀의 말대로 열심히 학문과 수행에 정진해서 유명한 학승이 되었다. 그 후 그녀의 집을 찾았더니 법화경을 비롯하여 어려운 경문의 해석으로 그를 시험하였다. 막힘없이 대답하는 그의 총명함에 그녀도 감탄하면서, 그날 밤은 피곤해서 그녀와 손만 잡고 잠이 들고 말았는데 새벽에 잠에서 깨어보니 외딴 들판 한 가운데서 홀로 자고 있는 것이었다. 깜짝 놀라서 주변을 보니 옷가지가 흩어져 있었다. 무슨 일이 일어난 것인지 알 수 가 없어서 추위에 떨면서 가까운 호린지 절에 가서 날을 새기로 하고 법당으로 들어갔다. 불상 앞에 엎드려 잠깐 잠이 들었는데, 꿈에 소승이 나타나 말하기를, 그대는 원래 총명한 사람인데 놀기를 좋아하여 공부는 하지 않으면서 나에게 찾아와 공부를 잘 하게 해달라고 기원하는 것을 듣고 궁리 끝에 너를 잠시 속인 것이라고 하더니 꿈에서 깨어났다. 그래서 허공장보살께서 젊은 승려가 좋아하는 아름다운 여인으로 화하여 학문과 수행을 권한 것임을 깨닫게 되었다는 내용이다. 구체적으로 성적 관계는 묘사하고 있지 않지만, 불보살이 여인으로 화하여 수행자의 수행을 장려하는 영험을 나타낸 점이 주목할 만하다.

길상천녀 또한 변재천녀와 더불어 여성으로서의 이미지를 지닌 불상의 대표적 존재이다. 길상천은 원래 인도의 신화에 나오는 신이었지만 후에 불교에 유입되면서 용모가 아름답고 중생에게 복덕을 베푸는 천녀의 모습으로 전해지게 되었고, 아버지 덕차가(德叉迦)와 어머니 귀자모신(鬼子母神) 사이에서 태어나 비사문천의 아내가 되었다고 일컬어진다. 일본 설화에서 길상천녀가 등장하는 최초의 작품은 『니혼료이키』인데, 중권 제13화에 「애욕의 마음을 일으켜 길상천녀상을 사랑하자 이에 감응하여 기이함을 나타낸 이야기」라는 제목으로 다음과 같은 설화가 실려 있다.

이즈미(和泉)지방의 지누노야마데라(血渟山寺)라는 절에 길상천녀의 소상(塑像)이 모셔져 있었다. 쇼무(聖武)천황 시절에 시나노(信濃)지방의 우바새가 이 산사에 와서 살고 있었는데, 이 우바새는 천녀상을 보고 한 눈에 애욕의 마음이 일어 일심으로 연모하면서 하루 여섯 번의 불공 때마다 천녀처럼 아름다운 미인을 얻게 해달라고 빌었다. 그러던 어느날 밤 천녀상과 관계를 맺는 꿈을 꾸고 다음 날 자세히 보니 천녀상의 치마 허리춤에 부정한 짓을 저지른 표시인 음액이 묻어 더럽혀져 있었다. 우바새는 그것을 보고 부끄러워하면서 「저는 당신 같은 여자를 갖고 싶다고 원했는데 어찌 황공하게도 천녀님 스스로가 저와 관계를 해주신 겁니까」라고 말씀드렸다. 하지만 실제로는 부끄러워서 이 일을 아무에게도 말하지 않았는데, 한 제자가 몰래 이 사실을 엿듣게 되었다.

그 후 이 제자가 우바새에게 무례하게 굴었으므로 혼을 내고 쫓아 버렸다. 제자는 절에서 쫓겨나 동네로 나가서 스승의 욕을 하고 길상천녀와의 정사를 폭로해 버렸다. 마을 사람들은 그의 말을 듣고, 절에 와서 그 사실의 진위를 물으면서 천녀상을 보니 음액이 묻어 더럽혀져 있었다. 우바새는 더 이상 감출 수 없어서 자세한 사정을 털어놓았다.

그러므로 이런 일에서 알 수 있듯이, 신앙이 깊으면 신불(神佛)과도 통할 수 있는 법이란 것을 확연히 알 수 있다. 이 일은 정말 신기한 일이다. 열반경에 「음심이 강한 자는 그림으로 그린 여자에게도 욕정을 일으킨다」라고 한 것 바로 이러한 경우를 말함이다.

천녀 스스로가 수행자의 육체적 욕망을 처리하는 상대가 되어주었다는 점과, 그 결과의 증거로서 치마 허리춤에 음액이 묻어 있었다는 이야기의 전개는, 불교의 금기인 색욕을 경계하기는커녕 그 욕구를 들어주었다는 점에서 불교설화로서는 기상천외한 발상이다. 하지만 생각해 보면 우바새는 천녀 자신을 원한 것이 아니라 천녀와 닮은 아름다운 여자를 원한 것이었고, 이는 아직 수행이 부족하여 속인의 욕망을 떨쳐버리지 못한 내면의 모습을 숨김없이 드러낸 것일 뿐으로, 그 욕망 자체까지 있을 수 없는 것으로 치부할 수는 없을 것이다. 천녀처럼 아름다운 여인을 원한 우바새에게 천녀 스스로가 육체적 상대가 되어준 것은 어찌 보면 최고의 감응이기도 하다.

이 설화의 바탕에는 길상천녀의 미인으로서의 이미지가 자리하고 있는데, 이러한 이미지의 형성에는 길상천녀를 형상화한 불상 또는 불화의 역할이 컸을 것이다. 일본에서는 나라(奈良) 도다이지(東大寺) 홋케도(法華堂)의 소상(塑像)이 가장 오래 된 것이고, 야쿠시지(藥師寺)나 교토(京都) 조루리지(淨瑠璃寺)의 천녀상은 천의(天衣)와 보관(寶冠)을 쓰고 왼손에 여의보주를 들고 있다. 특히 조루리지의 길상천녀입상은 하얀 피부에 통통한 얼굴을 하고 있고 섬세한 장식을 한 화려한 의상이 풍만한 몸을 감싸고 있어, 예로부터 남성의 마음을 매료시킨 여신으로서의 일면을 지니고 있었음을 짐작하게 한다.

이러한 천녀의 모습은 이후에 성립한 일본의 대표적 고전인 『겐지모노가타리』에도 영향을 미쳤다. 「호키기(帚木)」권의 비 오는 밤에 여성을 평하는 대목으로 잘 알려진 부분이 있는데, 그 가운데 도노추조(頭中将)가 이전의 여성편력을 회상한 뒤에 이야기를 정리하면서 「남녀관계란 가지각색이어서 비교하는 것이 어렵고 각각의 좋은 점만 갖추어서 나무랄 곳이 없는 사람이 어디 있겠는가, 설령 길상천녀에게 마음을 둔다 하더라도 부처님 같아서 인간다운 맛이 없을 터이니 어디 흥이 나겠는가」라고 하여 좌중의 웃음을 자아낸다. 여기에서 도노추조가 언급한 길상천녀의 의미를 생각해보면, 결점이 없는 여자란 없는 법이라는 그의 말에 비추어 볼 때, 결국 길상천녀는 결점이 없는 완벽한 여자의 예로서 거론된 것임을 알 수 있다. 다만 나무랄 데 없는 이상적인 여자라 할지라도 사랑의 상대로서는 완벽함 그 자체가 오히려 흥을 깨는 요소가 되는 것이니 완벽 또한 결점이 되는 아이러니를 느끼게 한다는 것이다.

이러한 설화를 통해서, 불교에서 금기시하는 성적 욕망과 행위를 통하여 불도 수행자의 수행과 깨달음을 돕는 불보살의 모습은 성(聖)과

속(俗)의 경계를 초월하고 있음을 느낄 수 있다. 즉 천녀상은 색욕을 금기시하는 성역인 불당이라는 공간과 미묘한 대조를 이루면서 연모와 신앙의 대상으로서 독특한 이미지를 형성하고 있었던 것이다.

이상 일본의 설화문학을 중심으로 고전에 나타난 불교와 여성과의 관계를 살펴보았다. 우선 불경에 바탕을 둔 오장삼종 여성금제와 같은 여성 차별적인 인식이 깊었음을 확인할 수 있는 한편, 변성남자를 거치지 않고서도 여성이 왕생을 이룬 경우도 다수 존재한다. 하지만 왕생을 이룬 여성이라 할지라도 그 바탕에는 정숙함을 강조한 경우를 자주 볼 수 있는데, 이것을 뒤집어보면 성을 금기시하는 불교의 가르침과 여성을 부정한 존재로 여기고 있던 인식이 잠재하고 있었음을 의미하는 것이고, 또한 여성의 정절을 중요시한 유교의 가르침과도 무관하지 않다. 즉 유불 습합 양상의 일면으로 볼 수 있겠는데, 어쨌든 여인왕생의 경우에 있어서조차 남성의 왕생과는 차별화된 인식이 잠재되어 있었다고 할 수 있을 것이다. 그러나 불교 설화에서 여성이 항상 부정적으로만 인식되었던 것은 아니었다. 길상천녀나 허공장보살의 영험담을 통해서 살펴보았듯이, 여성의 이미지를 지닌 불보살의 여성성(女性性)을 통한 영험의 발휘는 불교에서의 여성에 대한 긍정적 이미지도 나타내주고 있다고 할 수 있을 것이다.

제 七 장

가족으로서의 인연

제7장 가족으로서의 인연

『곤자쿠모노가타리슈』에는 다양한 인간 군상(群像)이 등장하는데, 그들의 일상적 삶의 모습을 규명함으로써 근본적 일본을 이해하는 단서로 삼을 수 있다. 이러한 연구 동기를 실현하기 위한 기초적 작업이 바로 설화에 나타난 다양한 모티브를 찾아내어 분류하는 것인데, 그 동안 이 방면의 연구는 다수 시도되어왔고 성과도 있었다고 생각한다. 예를 들어 구니사키후미마로(國東文麿)는 「설화 모티브집의 시도(說話モティフ集の試み)」라는 시론을 통해 『곤자쿠모노가타리슈』에 실린 모든 설화의 모티브를 추출하여 13개의 항목으로 분류하여 제시한 바 있는데(I 宗教 思想 II 人事 III 學藝 IV 人物贊美 V 勝負 VI 戰い 爭い VII 笑い VIII 醫藥 生理 IX 受難 X 奇蹟 不思議 XI 政治 社會 生活 XII 異鄉 XIII 異類로 분류함. 國東文麿「說話モティフ集の試み」日本古典文學全集 第37回配本 1974.7 小學館 p.7), 그 가운데 II 인사(人事) 항목 아래에 부모자식(親子)을 포함한 20항목으로 하위분류를 시도하고 있다.

이러한 선행연구의 성과를 바탕으로 하여 여기에서는 『곤자쿠모노가타리슈』의 다양한 모티브 가운데 부모와 자식의 관계를 통해서 가족의 일면을 파악해보고자 한다. 동시에 편자는 다양한 부모 자식의 인연담을 어떻게 해석하고 표현하고 있는지를 살펴봄으로써 작품의 문학성과도 연결하여 생각해볼 수 있을 것이다.

제1절 부모와 자식의 숙연(宿緣)

불가에서는 옷깃만 스쳐도 인연이라고 하는데 부모 자식으로 만나는 인연이란 지중하기 그지없는 것이다. 『곤자쿠모노가타리슈』 제26권은 「숙보(宿報)」라는 부제목 하에 모두 24화의 인연담을 수록하고 있는데, 편자가 권의 첫머리인 제1화와 제2화를 부모 자식 간의 숙명적 기연(奇緣)을 주제로 한 설화로 구성한 것도 숙보(宿報)의 대표적인 사례라고 인식했기 때문일 것이다. 먼저 제26권 제1화는 「다지마 지방에서 독수리가 어린애를 채 간 이야기」라는 제목의 설화인데 내용을 간략히 소개하면 다음과 같다.

다지마(但馬)지방의 어느 집에 아기가 있었는데 마당에서 기어다니며 놀고 있었다. 이때 하늘을 날던 독수리가 아기를 발견하고 갑자기 날아오더니 아기를 낚아채서 멀리 동쪽으로 날아갔다. 이를 본 부모는 울면서 좇아가 보았지만 아무 소용없었다. 그로부터 십여 년이 지난 후 아기의 아버지가 일이 있어 단고(丹後)지방에 가서 어느 집에 묵게 되었는데, 그 집의 열두세 살쯤 되는 여자아이가 우물가에서 물을 푸고 있을 때 동네 아이들이 두레박을 뺏으며 「독수리가 먹다 남긴 애」라고 놀리는 것을 보았다. 그래서 집주인에게 딸이 왜 그런 놀림을

받는지 이유를 물었더니, 어느 해 어느 날 독수리가 비둘기 둥지에 뭔가 떨어뜨렸는데 아기 울음소리가 나서 둥지에 다가가 보았더니 아기가 울고 있었고, 그 아기를 데려다 기른 것이 바로 그 딸이라는 것이었다. 다지마지방에서 온 아버지가 기억을 떠올려보니 집주인이 얘기한 날이 바로 독수리가 자기 아기를 채 간 날과 같았다. 그래서 실은 이전에 아기를 독수리에게 빼앗긴 일을 얘기하면서 자기 자식임이 틀림없다고 하니, 집주인은 몹시 놀라면서 두 사람을 비교해보았더니 정말 꼭 닮았다. 그래서 집주인도 그 말을 믿고 「기연이 깊어 서로 만나게 된 것(機緣深クシテ行キ合ヘル事)」이라며 감동하면서 아쉬움 없이 딸을 돌려주고자 했다. 하지만 자기도 오랫동안 이 아이를 키워서 친부모나 다름없다고 생각하니 두 사람이 모두 아이의 부모가 되어 키워가자고 하여 아이는 두 부모를 갖게 되었다.

이러한 설화의 유형은 「독수리가 기른 아이」라는 세계적으로 분포된 민담의 모티브와도 관련이 있다. 미나카타쿠마쿠스(南方熊楠)에 의하면 독수리 둥지 안에는 돌이 있는 경우가 있는데 그 돌이 안산(安産) 육아의 주력(呪力)이 있다고 믿은 것이 이러한 민화(民話) 발생의 유력한 기원이라고 한다. 특히 일본에서는 로벤스기(良弁杉)전설로서 여러 문헌을 통해 전해지고 있는데, 로벤스기 전설이란, 나라시대 화엄종의 승려로 도다이지(東大寺) 절의 개기(開基)였던 로벤(良弁) 승려에 대한 이야기이다.

그의 어머니가 관음에게 빌어 낳은 아들을 두 살 때 독수리에게 빼앗긴 후 삼십 여년을 찾아다녔다. 한편 독수리가 물어와 큰 삼나무 위에 놓아둔 로벤은 기엔(義淵)에 의해 구출되어 자라서 명승이 되었다. 어머니는 아들을 찾지 못한 채 돌아가는 배안에서 도다이지 절의 로벤법사가 일찍이 독수리에게 물려왔다는 이야기를 듣게 되었다. 어머니는 즉시 도다이지로 찾아갔지만 이미 고승이 된 로벤을 쉽게 만날 수 없었다. 우여곡절 끝에 로벤을 만난 어머니는 어렸을 때 그의 목에 걸어준 관음상 부적 주머니가 증거가 되어 아들임을 확인하게 되었고 삼십여 년 만에 모자가 상봉하게 된 것이다. 이후 로벤은 어머니를 절로 모셔와 효양을 다 하였다고 하는 이야기로, 『겐코샤쿠쇼(元亨釋書)』, 『혼초코소덴(本朝高僧傳)』, 『도고쿠코소덴(東國高僧傳)』 등에 실려있고, 이후 닌교조루리(人形淨琉璃) 가부키(歌舞伎) 등으로도 상연되어 오늘날까지 즐겨 전해지고 있다.

한편 『곤자쿠모노가타리슈』의 본 설화는 『니혼료이키』 상권 제9화를 출전으로 하고 있다. 양 설화집을 비교해보면 줄거리가 거의 비슷한데, 다만 설화의 말미에서 두 사람이 정말로 부녀임을 확신하게 되는 단서로서 『니혼료이키』는 아이를 잃은 날과 얻은 날이 같아서 라고 하고 있지만, 『곤자쿠모노가타리슈』는 여기에 덧붙여서 부녀가 꼭 닮은 모습임을 부연하고 하고 있다. 그리고 두 설화집의 편자는 이처럼 기이한 일에 대한 평어(評語)로 설화를 마무리하고 있는데, 대조해보면 다음과 같이 약간의 차이를 보인다.

『곤자쿠모노가타리슈』 제26권 제1화	『니혼료이키』 상권 제9화
실로 이것은 진기하고 기이한 일이다. 독수리가 당장에 잡아먹어버렸을 텐데 산 채로 둥지에 떨어뜨려놓았다는 것은 참으로 희귀한 일이다. 이것도 모두 전생의 숙보에 의한 것일 게다. 부자의 숙세의 인연이란 이런 것이다. (實ニ此レ難有リ奇異キ事也。鷲ノ卽チ噉ヒ失フベキニ、生乍ラ欅ニ落シケム、希有ノ事也。此レモ前生ノ宿報ニコソハ有ケメ。父子ノ宿世ハ此クナム有ケル)	참으로 알게 된다, 하늘이 불쌍히 여겨 도와주신 것임과 부자의 인연이란 깊은 것임을. 이것은 정말 기이한 일이다. (誠知、天哀所資、父子深緣也。是奇異之事矣。)

여기에서 부자(父子)는 아버지와 아들이 아니라 부모와 자식을 의미하는 말로 쓰였는데, 부자란 말은 원래 아버지와 아들을 의미하는 말

이지만, 경우에 따라서는 본 예화와 같이 부모와 자식이라는 넓은 의미로 쓰이는 경우도 있으므로, 여기에서도 편의상 아버지와 아들 또는 부모와 자식의 두 가지 의미로 모두 사용하고자 한다.

하늘의 도움과 부자간의 깊은 인연을 이야기한 『니혼료이키』에 비해 『곤자쿠모노가타리슈』는 전생의 숙보와 숙세의 인연을 강조하고 있음이 눈에 띤다. 즉 독수리에게 물려갔을 때에는 잡아먹히는 것이 당연함에도 살아있었다는 희귀한 일이 일어난 것은 모두 전생의 숙보에 의한 것이고, 이후 우여곡절 끝에 아버지가 딸을 만나 확인하게 되고 두 부모를 갖게 된 것은 부모와 자식의 인연이 단순한 깊은 인연을 넘어서 전생으로부터 이어진 숙세의 필연적 인연이기 때문이라고 본 것이다.

부모라 하면 낳은 부모만을 생각하기 쉽지만 이처럼 길러준 부모도 부모가 될 수 있고, 『곤자쿠모노가타리슈』 제20권 제18화도 두 부모를 갖게 된다는 점에서 유사한 예화이다. 「사누키(讃岐)지방의 여자가 저승에 갔지만 그 혼이 돌아와 다른 몸에 붙은 이야기」라는 제목에서 알 수 있듯이 명계소생담(冥界蘇生談)이다. 야마다군(山田郡)의 한 여자가 갑자기 병으로 죽게 되자 역병신(疫病神)에게 바치려고 대문 양쪽에 음식을 장만하여 놓았다. 그러자 염라대왕의 저승사자가 죽은 여자를 데리러 왔다가 맛있는 음식을 보고 전부 먹어버렸다. 그리고 여자를 데리고 가면서 음식을 잘 먹었으니 보답을 하고자 하는데 너와 같은 이름을 가진 자가 있느냐고 물었더니 우타리군(鵜足郡)에 같은 이름의 여자가 살고 있다고 알려줬다. 사자는 우타리군의 여자 집에 가서 그녀의 이마에 정을 때려 박아 저승으로 데려갔다. 야마다군의 여자는 풀려났기 때문에 집으로 돌아간 순간 다시 살아났다. 한편 저승에서는 염라대왕이 저승사자가 여자를 잘못 데려왔다며 야마다군의 여자를 데려오도록 했으므로 사자는 어쩔 수 없이 그녀를 다시 데려왔다.

그러는 동안 사흘이 지났고 염라대왕은 우타리군의 여자를 돌려보냈지만 이미 그녀의 시체는 화장(火葬)을 해서 몸이 없어졌으므로 혼이 들어갈 곳이 없었다. 이런 사정을 들은 염라대왕은 야마다군 여자의 시체가 아직 그대로 있으니 그 몸으로 혼이 들어가도록 했다. 그래서 우타리군 여자의 혼이 야마다군 여자의 몸으로 들어가자 숨이 되돌아왔다. 부모는 딸이 살아 돌아온 것을 기뻐하였지만 딸은 자기 집은 우타리군이라며 집을 나와 우타리군으로 갔다. 이렇게 되자 우타리군의 부모는 모르는 여자가 와서 자기 집이라고 하니 영문을 알 수가 없었다. 그래서 딸은 저승에서 있었던 일을 이야기 하자 부모도 기뻐하였다. 야마다군의 부모도 자초지종을 알게 되자 양가의 부모는 딸을 함께 기르기로 했다. 그리하여 딸은 현세에서 네 명의 부모를 갖게 되었고 양가의 재산도 모두 물려받게 되었다고 한다.

기이한 내용의 전개가 주목을 끄는데, 인간의 영(靈)과 육(肉)을 분리하고 이승과 저승을 분리하여 인식한 당시 사람들의 의식세계가 잘 나타나있다. 부모로서는 죽었다고 생각한 딸이 영육(靈肉)이 모두 온전한 모습으로 살아온 것은 아니지만, 한쪽만이라도 자기 자식이 이승에 존재함으로써 부모 자식의 인연을 이어갈 수 있게 된 것은 큰 기쁨이었을 것이다. 딸의 입장에서도 양가의 재산을 모두 물려받은 것은 차치하더라도 본인의 의지와는 무관하게 네 명의 부모를 두게 된 것을 볼 때 부모 자식의 인연이란 하늘이 맺어주는 천륜(天倫)임을 새삼 깨닫게 되는 것이다.

『곤자쿠모노가타리슈』 제26권 제2화도 기이한 부녀의 인연 설화이다. 「관동지방으로 가던 사람이 순무와 교접하여 자식을 낳은 이야기」라는 제목으로 출전은 미상이다. 관동지방으로 가던 한 남자가 어느 마을을 지나는데 갑자기 왕성한 성욕이 일어나 도저히 참을 수가 없었다. 그런데 마침 길가의 밭에 푸른 채소가 무성하게 자라 있는 것을 보고 울타리 안으로 들어가 커다란 순무 하나를 뽑았다. 그리고 거기에 구멍을 파서 성욕을 처리한 후 울타리 안으로 던져 넣고 가버렸다. 그 후 밭주인이 하녀와 어린 딸을 데리고 밭에서 채소를 수확하고 있었는데, 딸이 울타리 근처에서 예전에 남자가 던져 넣은 순무를 발견하고 가지고 놀다가 깎아서 먹어버렸다. 그리고 임신을 했다. 부모가 추궁했지만 남자 근처에도 가지 않은지라 이상하게 생각하며 지내는 동안 달이 차서 남자아이를 낳게 되었다.

한편 몇 해가 지나 관동으로 갔던 남자가 고향으로 돌아오면서 다시 예전의 마을을 지나게 되었다. 마침 밭에서는 채소를 수확하고 있었는데 남자는 옛날 생각이 나서 동료들에게 순무로 욕정을 해소하고 던져버린 얘기를 하며 지나갔다. 그런데 딸의 부모가 그 얘기를 듣고 남자를 불러 물었더니 자초지종을 얘기했다. 부모는 눈물을 흘리며 남자와 함께 집으로 가서 아이를 데려와 비교해보니 조금도 다르지 않고 꼭 닮았다. 그래서 그 남자도 「이런 숙세의 인연도 있구나(此ル宿世モ有リケリ)」하고 기이하게 여기며 아이 엄마를 아내로 삼고 아이와 함께 그 집에서 살게 되었다.

이 설화는 기상천외한 채혼담(菜婚談)의 성격을 지니고 있는데, 이야기의 말미에서 『곤자쿠모노가타리슈』의 편자는 「남녀가 성교를 하지 않더라도 몸 안에 음액이 들어가면 이렇게 자식을 낳는 것이다(然レバ男女不娶ト云ヘドモ、身ノ内ニ婬入ヌレバ、此ナム子ヲ生ケル)」라고 하고 있어, 지금의 상식으로는 이해하기 어려운 해석을 하고 있다. 그만큼 의학적 상식이 미개했던 시대라고 생각되는데, 어쨌든 남자가 자기 아들을 낳고 만나게 된 기이한 과정을 「숙세(宿世)」라는 말과, 「이것은 참으로 진기한 일이다(此レ希有ノ事也)」라는 표현으로 맺고 있어, 부자간의 인연 그리고 헤어짐과 만남을 모두 숙세의 인연으로 풀고 있음을 알 수 있다.

제2절 부모와 처자(妻子)의 경중(輕重)

사실 혈연으로 맺어진 가족에게 있어 어느 쪽이 경하고 어느 쪽이 중한가를 논하는 것 자체가 모순일 수 있겠지만, 그러나 설화의 세계에서는 극단적인 상황이 전개되면 부모와 처자 사이의 경중(輕重)이 나타나는 경우도 있다. 예를 들어 대답하기 어려운 질문이지만 부모와 아내 또는 자식이 물에 빠졌을 때 누구를 우선 구할 것인가 하는 것도 이에 해당된다. 이 때 동양 사회에서 큰 비중으로 개입되는 것이 효에 대한 의식이다.

『곤자쿠모노가타리슈』 제9권 제1화를 보면, 중국의 곽거(郭巨)가 노모에게 효를 다하여 황금 솥을 얻은 이야기가 있다. 곽거는 홀로 남은 노모를 모시고 있었는데 아내가 아들을 낳게 되자 지금까지 세 식구가 나누어먹던 음식을 넷으로 나누게 되어 어머니의 음식이 점점 적어지게 되었다. 그러자 곽거는 노모를 잘 모시기 위해서 아들을 희생시키기로 결심하고 아내와 함께 깊은 산속으로 들어가 구덩이를 파고 아들을 묻으려고 했다. 그 때 땅속에서 황금 솥이 나왔는데 「하늘이 효자 곽거에게 내리는 것」이라고 쓰여 있었다. 이후 곽거는 솥을 팔아 노모를 잘 모실 수 있었다고 한다.

이 이야기에는 상식적으로 보면 과장으로 여겨지는 요소가 있으나 당시 전해오던 효자담의 경우를 분석해보면 효를 강조하고 장려하기 위하여 지나치게 비현실적인 내용도 적지 않음을 발견하게 된다. 여기에서도 노모와 아들은 모두 가족 관계에 있지만 극단적인 상황에서 경중을 논해야 할 때는 노모를 우선하고 있고, 그 방법에 있어서는 지나친 면이 있으나 바탕에는 자식에 대한 사랑보다 부모에 대한 효가 우선하고 있는 것이다.

이처럼 동양 사회에서는 효에 바탕하여 자식이 부모를 사랑하고 공경하는 것을 당연시 하였는데, 다음의 『곤자쿠모노가타리슈』 제30권 제9화는 소위 오바스테야마(姨捨山)의 지명 기원설화로도 잘 알려진 기로(棄老)설화로, 아내와의 사이에서 갈등하는 경우이다. 기로란 나이 든 노인을 버린다는 뜻으로, 우리나라에서도 고려장(高麗葬)이란 말로 잘 알려져 있다. 그런데 본 설화에서 오바(姨)란 원래 이모(姨母) 즉 어머니의 자매를 뜻하지만, 부모와 거의 동등한 위상을 보이고 있으므로 본 고찰의 범주에 넣어 논하고자 한다.

시나노(信濃) 지방에 늙은 이모를 친부모처럼 모시고 봉양하면서 함께 살고 있는 사람이 있었다. 그런데 그의 아내는 늙은 이모를 몹시 미워하였기 때문에 남편은 난처해하면서도 점차 이모에게 소홀히 대하게 되었다. 아내는 더욱더 이모를 미워하면서 남편에게 이모를 깊은 산속에 버리고 오도록 재촉했다. 남편은 내키지 않았지만 어쩔 수 없이 버려야겠다고 마음먹고 이모에게 산속의 절에서 법회를 여는데 데려간다고 하니 기뻐하며 따라나섰다. 남편은 이모를 업고 높은 봉우리까지 올라가 이모가 혼자서는 내려올 수 없는 곳에 내려놓고 도망치듯 혼자 돌아왔다. 돌아와서 생각하니, 아내의 성화에 못 이겨 산에 버려두고 왔지만 오랜 세월 부모처럼 모시고 함께 지내왔는데 버리고 온 것이 너무 슬펐다. 산위로 둥근 달이 떠오르자 잠을 못 이루며 그리워하다 다시 산에 올라가 이모를 데려왔다고 한다. 이야기 끝에 편자는 아내가 시키는 대로 못된 마음을 일으켜서는 안 된다는 처세훈을 제시하면서, 이후로 그 산을 오바스테야마라고 부르게 되었다고 하여, 지명의 기원과 결부시키고 있다.

그런데 위에서 살펴본 바와 같이, 남편은 부모나 다름없는 이모와 아내 사이에서 갈등하다가 결국 아내의 뜻에 따르기는 하였지만 어디까지나 내키지 않는 행동이었고, 결국은 자신의 행동을 뉘우치고 이모를 다시 데려와 예전처럼 부모같이 모시게 된 것을 보았을 때, 곽거와 마찬가지로 아내보다 부모를 더욱 존중하는 생각이 있었음을 알게 된다.

기로설화라는 점에서 유사성을 지닌 『곤자쿠모노가타리슈』 제9권 제45화의 후곡(厚谷) 설화도 주목할 만하다. 단 이 설화의 원전인 『효자전(孝子傳)』이나 『주코센쇼(注好選抄)』에 의하면 주인공 이름은 원곡(原谷)이 맞으나 『곤자쿠모노가타리슈』에는 후곡이라고 되어 있으므로 따르기로 한다. 중국 초(楚)나라에 후곡이란 사람이 있었는데 그의 아버지는 불효자였다고 한다. 어느 날 그의 아버지가 가마를 하나 준비해서 늙은 아버지를 태우고 후곡과 함께 메고 깊은 산속으로 데려가더니 아버지를 버려두고 집으로 돌아왔다. 이때 후곡은 할아버지를 태웠던 가마를 가지고 돌아왔더니 아버지가 왜 그것을 도로 가지고 왔느냐고 물었다. 그러자 자식은 아버지가 늙으면 가마에 태워 산에 버려야하는 것을 알았으니 저도 아버지가 늙으면 이 가마에 태워 버리려고 그런 것이라고 대답했다. 아버지는 자기도 버려질 것을 두려워하여 즉시 산으로 돌아가 늙은 아버지를 다시 모셔와 효도를 다하였다. 이 모든 것이 후곡의 의도에 의한 것이어서, 세상 사람들이 그를 칭송했다고 한다.

이 설화를 보면, 후곡의 아버지가 불효자였을 때는 늙은 아버지를 경시(輕視)하여 버리려고 했지만 아들 후곡의 효심이 아버지를 바꾸어 놓았다. 그래서 아무리 늙은 노인일지라도 부모는 자식에게 있어 매우 소중한 존재가 되는 것이고, 후곡의 집안은 삼대를 이어 효를 다하는 칭송받는 집안이 된 것이다.

이상 예화를 통해 보았듯이, 가족은 모두 소중한 존재이지만 경중을 선택해야 하는 극단적인 상황에서는 모두 동등하게 여길 수는 없는 일이어서, 부모를 자식이나 아내보다 더 중히 여기는 선택이 이루어졌음을 확인할 수 있는데, 그 바탕에는 유교적 실천덕목으로서 강조된 효가 큰 영향을 미치고 있었다고 할 수 있을 것이다.

제3절 왜곡된 부자 관계

부모 자식의 관계는 천륜(天倫)이라 한다. 즉 하늘이 정해준 매우 소중한 인연이라는 말이다. 그렇기 때문에 특히 부모는 자식을 위해 모든 것을 희생하는 것이 일반적이다. 예를 들어 『곤자쿠모노가타리슈』 제20권 제33화는 사키모리(防人)로 징집된 기시히마로(吉志火丸)란 자가 상중(喪中) 휴가를 얻어서 고향의 아내를 만나려고 어머니를 죽이려고 했지만 천벌을 받아 죽게 된다는 이야기이다. 사키모리란 고대 당나라와 신라의 침입을 막기 위해 쓰쿠시(筑紫)지방에 배치되었던 병사를 말하는데, 여러 지방의 병사 가운데 일정한 수를 3년 교대로 차출했다고 한다. 설화의 내용을 보면, 어머니는 자기를 죽이려는 순간 갑자기 땅이 갈라지면서 떨어지는 아들의 머리채를 움켜잡고, 아들이 귀신에 홀려 그런 것이지 본심에서 그런 것이 아니니 용서해 달라고 하늘을 향해 빌었다. 그러나 끝내 떨어져 죽게 되고 어머니의 움켜쥔 손에는 아들의 뽑힌 머리카락만 남아있었다. 집에 돌아온 어머니는 머리카락을 상자에 담아 불전(佛前)에 바치고 법회를 열어 아들의 명복을 빌어주었다. 이러한 어머니에 대해 『곤자쿠모노가타리슈』의 편자가, 「어머니의 마음은 자비심이 깊기 때문에 자기를 죽이려고 한 아들을 불쌍히 여기고 자식을 위해 공덕을 쌓아주려고 한 것이다(母ノ心哀ビ深キ故ニ、我レヲ殺サムト爲スル子ヲ哀ビテ、其ノ子ノ爲ニ、善根ヲ修シケリ)」 라고 평하였듯이, 부모는 아무리 극악무도한 불효자일지라도 버리지 않고 사랑으로 감싸주는 것이다.

하지만 설화 속의 부자간 인연을 보면 이러한 일반적 상식을 벗어나서 부모가 자신의 안위를 위해 자식을 희생하거나 내치는 경우도 있어 천륜임을 의심케 되는 경우도 있다. 『곤자쿠모노가타리슈』 제29권 제11화는 「어린아이가 오이를 훔치고 아버지에게 의절 당한 이야기」라는 제목의 설화인데 다음과 같은 내용이다.

아버지가 좋은 오이를 구해서 간직해 두고 외출하면서 결코 먹어서는 안 된다고 하였는데 어린 아들이 몰래 하나를 먹어버렸다. 집에 돌아온 아버지가 식구들을 다그쳤지만 모두 먹지 않았다고 발뺌하였다. 이 때 하녀가 다가와 어린 아들이 훔쳐 먹은 사실을 몰래 알려 주자 아버지는 아무 말도 하지 않고 몇몇 주요한 마을 사람을 불러 모았다. 그리고 아버지는 오이를 훔친 아들과 영원히 의절하고 사람들에게 증인으로서 서명하도록 했다. 이를 본 가족들이 오이 하나 때문에 자식과 의절하는 것은 미친 짓이라며 말렸지만 듣지 않았다. 그 후 아들이 커서 도둑질을 하다가 게비이시(檢非違使)에게 체포되었을 때 아버지는 예전에 작성해둔 의절 증서에 의해 연좌의 죄를 면하게 되었다. 그러자 사람들은 「부모가 자식을 사랑하는 것은 비할 바 없이 크지만 현명한 사람은 일찌감치 자식의 마음씨를 알아서 이렇게 의절을 하여 후일에 벌을 받지 않게 되었다(祖ハ子ヲ愛スル事譬ヒ無キ事ナレドモ、賢キ者ハ兼テ子ノ心ヲ知テ、此ク不孝シテ、後ノ過ヲ不蒙ヌ也ケリ)」고 하면서 현명한 사람이라고 칭찬했다고 한다.

아들의 도벽을 일찌감치 알아채고 의절한 아버지의 처사는 위에서 살펴본 기시히마로(吉志火丸)의 어머니와 매우 대조적이다. 부모라면 자식의 잘못과 허물을 용서하고 훈육해서 올바른 사람으로 키우는 것이 도리이지 천륜을 거부하고 자식을 내치는 것은 비정한 부모라고 해도 과언이 아닐 것이다. 그럼에도 불구하고 『곤자쿠모노가타리슈』의 편자가 「부모가 자식을 사랑하는 것은 비할 바 없이 크지만」이라는 단서를 달긴 했어도 아버지의 의절 행위를 칭찬한 것은 너무 처세

훈(處世訓)에 치우쳐 일반적인 인식과는 동떨어진 평을 한 것으로 여겨진다.

한편 아버지가 딸을 버린 경우도 있는데, 『곤자쿠모노가타리슈』 제30권 제3화의 설화이다. 오미(近江)지방의 수령에게 딸이 있었는데 미모가 매우 뛰어났다. 그래서 귀족들의 청혼도 물리치고 천황에게 바치려고 소중히 키웠는데 악령에 시달려 자리에 눕게 되었다. 부모는 치료를 위해 사방으로 알아보다가 조조(淨藏)라는 승려가 매우 영험하다는 것을 알고 그를 모셔서 기도를 하게 했다. 그런데 그의 기도로 병은 나았지만 두 사람이 사랑에 빠지게 되어 결국 관계를 맺고 말았다. 이 사실이 세상에 알려지자 부끄러워진 조조는 수행에 전념하고자 깊은 산속으로 들어갔지만 그래도 딸을 잊지 못하고 편지를 주고받다가 다시 만나게 되었다. 결국 두 사람의 관계가 소문이 나고 딸을 천황에게 바치고자 한 아버지의 생각이 수포로 돌아가자 아버지는 더 이상 딸을 돌보지 않게 되었다.

이처럼 기대했던 딸에게 실망한 아버지가 딸을 버린다든지 도벽이 있는 아들과 의절한다든지 하는 것을 보면, 부자 관계가 매우 소중한 천륜이라고는 하나 경우에 따라서는 인위적으로 끊고 버릴 수 있는 관계라는 것도 간과할 수 없음을 느끼게 된다.

그런데 부모의 비정함이 더욱 심하여 부모라기보다 인간임을 의심케 하는 경우도 있어 주목을 끈다. 『곤자쿠모노가타리슈』 제29권은 「본조부악행(本朝付惡行)」이란 부제목이 붙어있듯이 일본의 악행담을 모아놓은 권인데, 그 가운데 제25화는 「단바(丹波)지방 수령인 다이라노사다모리(平貞盛)가 태아의 간을 취한 이야기」라는 제목의 설화이다.

단바지방의 수령 다이라노사다모리가 몸에 악성 종기가 나자 의사로부터 태아의 간을 구해 치료하라는 처방을 받았다. 사다모리는 즉시 아들을 불러 자초지종을 설명하고 임신한 아내의 태아를 달라고 했다. 망연자실한 아들이 일단 승낙은 했지만 그 말에 따를 수 없어 의사를 찾아가 울면서 상의를 했다. 아들을 불쌍히 여긴 의사는 꾀를 내어 같은 핏줄의 아기는 약이 안 된다고 사다모리에게 말했다. 별수 없이 다른 아기의 간을 찾다가 임신 육 개월 된 하녀의 뱃속에 든 아기를 가져오게 했는데, 배를 갈라보니 여자 아이였으므로 그대로 버렸다. 그리고 다른 곳에서 약을 구해 목숨을 구할 수 있었다. 이후 이 사실이 알려질까 두려워 한 사다모리는 아들을 시켜 의사를 죽이게 했지만 아들은 전에 의사에게 입은 은혜를 생각하고 그를 살려 보냈다고 한다.

자신의 병을 치료하기 위하여 아들의 태아, 즉 아직 태어나지도 않은 손자를 죽여 약으로 쓰려 한 사다모리의 행위는 아버지이기는커녕 짐승만도 못한 인면수심(人面獸心)의 행동이었으니, 참으로 남보다 못한 부자 관계라고 할 수 있을 것이다. 그렇기 때문에 편자도 설화의 말미에서 「사다모리가 며느리의 임신한 배를 갈라 태아의 간을 얻으려고 한 것은 참으로 잔혹한 마음이다」라고 평하면서 그의 악행을 비난하였던 것이다.

이처럼 부모가 자신의 안위를 위하여 자식과 의절한다든지 기대를 저버린 자식을 내친다든지 심지어는 병을 고치기 위하여 자식을 희생시킨다든지 하는 예화를 보면, 천륜이어야 할 부자 관계일지라도 얼마든지 왜곡될 수 있다는 것을 보여준다. 그리고 부자 관계에 대한 일반적 기대가 상실되었을 때 그 실망감과 배신감은 더욱 크게 다가오는 것이다.

제4절 석존의 부자관계

불교에서는 부모와 자식의 인연을 은(恩)의 관계로 설명하는데, 은이란 부모가 자식에게 베푸는 최상의 자비심을 말한다. 반면에 핏줄일지라도 인연에 끌리는 것은 성불을 방해하는 요소로 지적되기도 한다. 따라서 부모 자식의 관계가 단순하지만은 않은데, 그렇다면 실제로 불교설화 속에 나타난 부자의 모습은 어떠한 것이었는지 살펴보고자 한다. 이러한 시도는 불교의 교리적인 측면에서의 접근이 아니라 당시 사람들의 의식 세계를 파악하고자 하는 의도에서이다. 불교 세계에 있어서의 부자 관계를 보고자 할 때 불교를 창시한 석가모니의 경우가 가장 근원적인 사례가 되지 않을까 생각되는데, 『곤자쿠모노가타리슈』의 천축(인도)부에는 제1권 제17화 제2권 제1화 제3권 제4화 제19화 제30화 제4권 제2화 제5권 제14화의 모두 7화에 걸쳐 석존과 그의 아들 라후라(羅睺羅)에 대한 이야기가 언급되어 있다. 이 가운데 제1권 제17화는 라후라의 출가담이라 할 수 있는데, 그의 출가를 둘러싼 부모로서의 심정이 잘 나타나 있다.

우선 석존은 아들 라후라를 출가시키기 위해 제자 목련(目連)을 보내면서 부인(즉 라후라의 어머니)인 야수타라(耶輸陁羅)가 반대할 것을 예상하고 말하기를, 「여자란 어리석음 때문에 자식을 사랑하지만 그것은 한순간에 지나지 않는다. 죽어서 지옥에 떨어지면 어머니와 자식은 서로 알지도 못한 채 영원히 헤어져 끊임없이 고통을 받게 되고 나중에 후회해도 소용없다. 그러나 라후라가 깨달음을 얻으면 오히려 어머니를 제도하여 영원히 생노병사 고통의 근원을 끊고 나한(羅漢)이 될 수 있어 나처럼 될 것이다. 이미 라후라는 아홉 살이 되었다. 그러니 이제 출가시켜 성인의 길을 닦도록 해야 한다」라고 하였다.

어머니는 자식을 사랑하는 마음에 출가를 반대하겠지만 그것은 어리석은 일이고 오히려 아들의 출가가 어머니를 제도하고 나한이 될 수 있도록 하는 일이라는 것이다. 나한이란 아라한(阿羅漢)의 줄임말로 소승의 깨달음을 얻은 자를 말한다. 석존의 말 속에 자식 사랑이 잘 느껴지는데, 예상대로 야수타라는 「석존이 부처가 되신 것은 자비의 마음으로 중생을 편안하게 하기 위해서인데 지금 어머니와 아들을 떼어놓으려는 것은 자비심이 없는 것 아니냐」며 문을 굳게 걸어 잠그고 목련을 들어오지 못하게 했다. 그러자 석존은 부인과 부부가 된 전생의 인연을 설명하면서 아들의 출가를 거듭 설득하자, 부인도 눈물을 흘리며 라후라를 보내주었다. 보는 이의 심금을 울릴 만큼 어머니의 절실한 아들 사랑이 전해지는데, 이와 대조적이긴 하나 석존의 아들 사랑도 부자간 은애(恩愛)의 정에 속박되지 않고 자식의 장래를 생각하는 이성적인 사랑으로서, 어머니의 사랑에 못지않은 큰 사랑임을 느낄 수 있다.

제2권 제1화는 석존의 아버지인 가비라위국(迦毘羅衛國)의 정반왕(淨飯王)이 임종을 맞이한 이야기이다. 죽음을 앞둔 정반왕이 아들인 석존과 난타(難陀) 손자인 라후라 조카 아난(阿難) 등을 보지 못하고 죽게 되는 것을 슬퍼하고 있었는데, 멀리 떨어진 사위국(舍衛國)에 머물고 있던 석존 일행이 저절로 이 사실을 알고 허공을 날아 궁으로 들어왔다. 이를 본 정반왕은 눈물을 흘리며 기뻐하였다. 석존이 아버지 옆에 앉아 본생경(本生經)을 들려드리자 왕은 아라함과(阿羅含果)를 얻었고 석존의 손을 잡아 가슴에 대자 아라한과(阿羅漢果)를 얻은 후 숨을 거두었다. 모두 슬퍼하면서 관을 만들고 장송(葬送)을 할 때, 석존은 말세의 중생이 부모의 양육은(養育恩)을 갚지 않는 것을 가르치기 위해서 관을 직접 짊어지려고 했다. 이때 사천왕(四天王)이 나서서 관을 짊어지기를 청하자 허락하였다. 석존의 설법을 들으면서 왕의 시신을 화장하고 사리를 주워 황금 상자에 담아 탑에 안치하였다고 한다.

앞에서는 석존이 아버지로서 아들 라후라에 대한 사랑을 보여주었고, 이번에는 석존이 아들로서 아버지 정반왕에 대한 사랑을 보여주고 있다. 아버지의 임종을 지키면서 불과(佛果)를 얻게 하신 후 장례까지 손수 치르는 일련의 과정 속에 아들로서의 부친에 대한 사랑이 절절히 표현되어 있어, 부처로서의 석존의 모습이 아니라 일반 중생과 다름없는 아들의 모습을 통해 석존의 인간적 면모를 여실히 느낄 수 있게 된다.

한편 부처로서의 생애를 살다 열반을 앞두고 아들 라후라에 대한 깊은 사랑을 표현한 예화가 제3권 제30화인데, 아버지로서의 인간 석존의 일면을 엿볼 수 있다. 관련 부분만 발췌해 보면, 임종을 맞이한 석존이 아들 라후라에게 「나는 이제 곧 죽게 되어 영원히 이 세상을 떠나려 한다. 네가 나의 얼굴을 보는 것도 지금 이 때뿐이다. 더 가까이 오너라」라고 말하고, 눈물을 흘리며 다가온 라후라의 손을 잡더니 「이 라후라는 바로 나의 자식이오. 시방세계의 부처님이시여 이 아이를 불쌍히 여기소서」라고 말한 후 세상을 떠났다. 이것이 마지막 말이었다.

석존의 마지막 말은 아들 라후라를 위해 시방세계의 부처님께서 가호를 내려주시라는 당부였다. 아버지를 잃고 세상에 홀로 남겨지게 된 아들을 걱정하는 아버지의 마음이 절실하게 나타나 있어, 부처로서가 아니라 인간으로서의 석존의 모습이 더욱 가슴에 와 닿는다. 그렇기 때문에 『곤자쿠모노가타리슈』의 편자도 설화의 말미에서 「이 일로 생각해보면, 청정한 몸이신 부처님조차 부자간의 정은 다른 제자들에 대한 것과는 다른 것이었다. 하물며 오탁악세(五濁惡世)의 중생이 자식을 생각하는 마음에 헤매는 것도 당연한 일일 것이다. 부처님도 그것을 보여주신 것이다」라고 이야기를 맺으면서, 임종 직전의 석존이 다른 제자보다 라후라를 더 사랑한 것을 보면 부처나 인간이나 부모가 자식 사랑하는 마음은 모두 다르지 않다는 것을 적시하고 있다.

불교에서는 아무리 가족에 대한 사랑일지라도 거기에 마음이 끌려 자유롭지 못한 애착심이 된다면 그것은 번뇌의 씨앗이 되어 해탈을 방해하게 된다고 하였다. 그럼에도 성불을 이룬 석존조차 아들 사랑에서 벗어나지 못하는 모습을 보면서 설화의 독자들은, 하물며 중생에 지나지 않는 자기들의 자식 사랑이야 당연한 것 아닌가 하는 안도와 위로를 느끼게 될 것이다.

제八장

효와 불효

제8장 효와 불효

효는 유교의 가장 중요한 실천 덕목이라 할 수 있는데, 유교가 중국에서 발생한 이후 한국과 일본에도 전해지면서 생활 전반에 걸쳐 커다란 영향을 끼치게 되었다. 효의 사상은 『논어』, 『효경』과 같은 유교 경전을 통하여 구체화되었고, 효자전과 같은 효행설화를 통하여 장려되었는데, 『곤자쿠모노가타리슈』에도 다수의 효행설화가 수록되어 있다. 특히 과거에 효에 있어서 중국이 차지한 위상을 반영하듯이 진단(震旦 중국)부는 제9권을 「효양」이란 부제목을 붙여 독립된 권으로 구성하였고, 한국의 대표적 문헌설화집인 『삼국유사』에서도 「효선(孝善)」이란 독립된 구성을 볼 수 있다. 그런데 『곤자쿠모노가타리슈』의 본조(本朝 일본)부에는 효행설화를 독립시킨 권이 없고, 그런 만큼 중국 한국의 경우와 대조적이다.

설화문학에는 편자의 창조에 의한 문학적 행위와는 별도로 설화 생성 당시의 시대상황이 반영되어 있음을 이미 지적한 바 있는데, 비유하자면 설화는 시대상황에 뿌리를 내린 한 그루 나무와 같고 설화집은 숲과 같은 것이다. 따라서 설화문학을 비교 고찰함에 있어서 개개의 설화나 설화집이 뿌리를 내리고 있는 토양의 성격을 비교 검토해보는 것은 필요하고도 효과적인 방법이라고 생각된다. 이러한 시각에서 보았을 때 위에서 지적한 효와 관련한 설화집의 조직 구성의 차이는, 양 설화집이 집필된 당시의 역사적 사회적 상황이 반영되었기 때문에 생긴 것으로 이해된다. 『곤자쿠모노가타리슈』나 『삼국유사』는 모두 중국 한문 자료의 영향을 받으면서도 각 나라의 토양에 뿌리를 내리고 자랄 수밖에 없었다는 것을 말해준다.

이처럼 설화문학을 통해 보았을 때 일본 설화집에 나타난 효에 대한 의식은 한국 중국과는 거리가 있어 보이지만, 『곤자쿠모노가타리슈』 제19권에도 제23화에서 제28화까지의 6화를 비롯하여 곳곳에 효 관련 설화들이 산재해 있고, 특히 제19권의 설화들은 작품 구성상 불법부에 속해 있지만 세속적 요소들도 함께 묘사되어 있어 일본인들의 효에 대한 의식을 살피는데 있어 중요한 의미를 지닌다. 따라서 이러한 설화들의 분석을 통하여 과거 일본인들의 효에 대한 의식세계를 살펴보고자 하는데, 『곤자쿠모노가타리슈』의 수록 설화를 중심으로 『니혼료이키』, 『홋신슈』, 『고콘초몬쥬』와 같은 『곤자쿠모노가타리슈』 전후의 설화도 함께 살펴보기로 하겠다.

제1절 세속적 효행담

효라 하면 유교의 가르침으로서, 세속의 생활 속에서 지켜야 할 덕목으로 인식되어 왔다. 중국에서 발생한 유교는 여러 경전을 통하여 효를 강조하고 실천이론을 가르쳐 왔고, 실제로 효를 실천한 사례를 모은 효자전류의 보급을 통하여 효를 장려하였다.

우선 유교 경전의 가르침 가운데 대표적인 예로서, 공자가 제자인 증자에게 효에 대하여 이야기한 것을 모은 『효경』을 들 수 있겠는데, 「개종명의장(開宗明義章)」에 보면, 「신체발부(身體髮膚)는 이를 부모로부터 받은 것이니 감히 손상하지 않음이 효의 시작이요 몸을 세우고 도를 행하여 후세에 이름을 떨침으로써 부모를 빛나게 하는 것이 효의 끝이다. 무릇 효는 부모를 섬기는데서 시작하고 君을 섬기는 것이 가운데이며 몸을 세우는 것이 그 끝이다. (身體髮膚 受之父母. 弗敢毀傷 孝之始也. 立身行道 揚名於後世 以顯父母 孝之終也. 夫孝始於事親 中於事君 終於立身.) 라고 하였고, 「기효행장(紀孝行章)」에서는 「공자가 말하기를 효자는 부모를 어떻게 섬겨야 하는가. 있을 때는 공경함을 다하고 봉양할 때는 즐겁게 함을 다하고 병환일 때는 근심함을 다하고 돌아가셨을 때는 슬퍼함을 다하고 제사를 지낼 때는 엄숙함을 다하라. 이 다섯 가지를 다한 연후에 능히 부모를 잘 섬겼다고 할 수 있을 것이다. (子曰, 孝子之事親也 居則致其敬 養則致其樂 疾則致其憂 喪則致其哀 祭則致其嚴. 五者備矣 然後能事其親.)」라고 하였다. 또한 오경(五經)의 하나인 『예기(禮記)』의 「내칙편(內則篇)」에 의하면, 「효자가 노부모를 공양하는 것은 그 마음을 즐겁게 하고 그 뜻을 거스르지 않고 그 이목을 즐겁게 하고 그 잠자리를 편안하게 하고 그 음식으로써 정성껏 봉양하는 것이고 효자는 몸이 다할 때까지 이렇게 한다. 몸을 다할 때까지란 부모의 몸이 다할 때까지가 아니라 자신의 몸이 다할 때까지다. 그러므로 부모가 사랑하는 것은 또한 자기도 사랑하고 부모가 공경하는 것은 또한 자기도 공경한다. 개와 말에 이르기까지 다 그러하거늘 하물며 사람에게 있어서랴. (孝子之養老也 樂其心 不違其志 樂其耳目 安其寢處 以其飮食忠養之. 孝子之身終. 終身也者 非終父母之身 終其身也. 是故父母之所愛 亦愛之 父母之所敬 亦敬之. 至於犬馬盡然. 而況於人乎.)」라고 하였다.

한편 『고콘초몬쥬』 제8권 「효행은애(孝行恩愛)」편의 301화 서(序)에는 「효의 의의와 그 가치(孝の意義とその価値の事)」라는 제목 하에 다음과 같은 효론을 전개하고 있다.

효는 하늘의 바른 도리요 땅의 바른 길이요 사람의 지켜 행할 바이니라. 그러므로 천지에 사람들이 살기 시작한 이래 효행의 도가 두렷하도다. 생각건대 몸을 세우고 이름을 떨치는 것은 인간이 보편적으로 행해야 하는 다섯 가지 덕목인 오상(五常)과 백행(百行)보다 우선한다. 설령 부모가 부모의 도리에서 벗어나는 일이 있더라도 자식은 자식의 길을 벗어나서는 안 된다. 효가 지극하고 깊은 것을 가장 존중해야 할 것이다. (孝は天の経なり、地の誼なり、人の行なり。故に天地人民有りてより以来、斯道著し。蓋し乃ち身を立て名を揚ぐるの本、五常百行の先なり。父、父たらずといへども、子、以て子たらざるべからず。孝の至りて深きこと、もっとも貴ぶべし。)

위와 같은 『고콘초몬쥬』의 서(序)는 앞에서 살펴본 유교 경전의 효론을 바탕으로 서술한 것임을 알 수 있는데, 이처럼 유교에서 말하는 효는 현세의 실천윤리를 강조한 것이다. 그리고 이러한 효론을 실생활에서 실행에 옮긴 사례가 즉 효자담인데, 효를 장려하기 위해서 때로는 과장되기도 하고 비현실적인 내용을 전하기도 하였다.

1. 물질적 봉양

그렇다면, 『곤자쿠모노가타리슈』의 일본 설화에는 어떠한 효행이 묘사되어 있는가를 살펴보기 위해서 먼저 부모 봉양과 관련한 효행담을 보기로 하겠다. 일반적으로 부모를 봉양함에 있어 가장 기본이 되는 것이 음식 봉양으로, 예를 들면 『곤자쿠모노가타리슈』에서 중국의 효자담을 엮어놓은 제9권의 제1화 제2화가 연속해서 부모에 대한 음식봉양의 설화로 시작하는 것을 보더라도 그 비중을 짐작할 수 있을 것이다. 내용을 보면, 제1화는 효자 곽거에게 아들이 생겨 노모에게 드릴 음식의 양이 줄어들자 아내와 상의하여 아들을 산에 데리고 가 묻기로 하였는데 하늘의 감응으로 황금 솥을 얻게 되어 노모를 잘 모실 수 있게 되었다는 내용이다. 한국의 『삼국유사』 제5권 효선편에도 「손순매아(孫順埋兒)」라는 제목으로 이와 매우 흡사한 설화가 실려 있다. 그리고 제2화는 맹종(孟宗)이라는 효자의 어머니가 죽순이 없으면 식사를 하지 않았는데, 겨울이 되어 죽순을 구할 수 없게 되자 몹시 탄식하며 슬퍼하자 하늘이 감응하여 마당에 죽순이 나도록 하였다고 한다. 이들은 모두 중국의 대표적인 효자 24인의 이야기를 모은 『이십사효(二十四孝)』에 속하는 인물들인데, 효를 장려하려고 하다 보니 과장되거나 비현실적인 내용을 담고 있는 경우가 적지 않다. 이 외에 『삼국유사』의 제5권 효선편에 실려 있는 「향득사지 할고공친 경덕왕대(向得舍知 割股供親 景德王代)」도 비슷한 예로서 들 수 있다. 향득(向得)이란 신라의 사지(舍知, 하급 관리의 하나)가 기근으로 부친을 봉양할 수 없게 되자 자신의 허벅지를 잘라 부친을 봉양했고, 이 사실을 안 경덕왕이 조오백 석을 하사했다는 이야기이다.

이처럼 한국과 중국의 효자담에 있어서 부모에 대한 음식 봉양은 큰 비중을 차지하고 있는데 비하면, 『곤자쿠모노가타리슈』 일본부의 효자담에는 미미한 정도 밖에 보이지 않고 있어 대조적이다. 제17권 제9화 「승려 조겐이 지장보살에게 기원하여 노모에게 비단을 드린 이야기」를 보면 지장보살의 영험을 통하여 효를 실천한 이야기가 나온다. 조겐이 불도 수행에 전념하고 있을 때였는데, 속세에서 기근이 발생하여 굶어주는 사람들이 많이 생겼다. 그에게는 노모와 여동생이 있었는데 가난하였기 때문에 먹을 것이 없어 굶어죽기 직전이었다. 그래서 조겐은 몰래 지장보살에게 기도를 드려 늙은 어머니를 도와달라고 청했다. 기도 칠일 째가 되자 어머니의 꿈에 단정한 모습의 소승이 나타나더니 비단 세 필을 바치면서 이것은 아주 고급 비단인데 아들이 보낸 것이라며 쌀과 바꾸어 쓰도록 하였다. 꿈에서 깨어보니 정말로 곁에 비단이 놓여 있었고 이것을 팔아서 풍족하게 지낼 수 있게 되었다고 한다. 그리고 조겐이 어머니에게 보낸 편지로 마무리하고 있다.

「저는 노모의 굶주림을 도움받기 위해서 지장보살에게 서원을 세우고 지장보살 수행법을 행했습니다. 그런데 꿈에 어머니가 비단을 받으신 날 밤은 바로 그 수행법을 행하고 칠일을 채운 날에 해당합니다. 이것은 오로지 지장보살의 영험이옵니다.」라고 말했다. 어머니는 이 말을 듣고 지장보살의 영험에 감복하고 아들 조겐의 효양심이 깊은 것을 기뻐했다. (「我レ、老母ノ飢ヲ助ケムガ為ニ、地蔵ノ誓ヲ憑テ其ノ法ヲ行ヒキ。而ルニ、夢ニ絹ヲ得給ヒケム夜、彼ノ行法一七日ニ満ズル日ニ當レリ。此レ偏ニ、地藏菩薩ノ利益ナラム」ト。老母此レヲ聞テ、且ハ地藏菩薩ノ利生ヲ貴ビ、且ハ浄源ノ孝養ノ深コトノ心ヲ喜ビケリ。)

출가자라서 어머니를 봉양하지 못하게 되자 지장보살의 영험으로 효를 실천하게 되었다는 이야기로, 말미에 어머니가 「조겐의 효양심이 깊은 것을 기뻐했다」라는 표현에 어머니의 마음이 잘 나타나 있다.

하지만 앞에서도 지적했듯이, 한국과 중국의 효자담에서 볼 수 있는 부모 봉양에 대한 구체적인 묘사는 보이지 않는다. 출가자의 입장이라 부모를 가까이에서 모시기 어려웠을 거라고 생각되지만, 『고콘초몬쥬』에는 출가자이면서도 부모에 대한 음식봉양의 효를 행한 예화가 있어 주목된다. 제8권 「효행은애」편의 312화 「시라카와인(白河院)이 살생을 금했을 때 가난한 승려가 효양을 하기 위해서 물고기를 잡은 이야기」라는 제목인데, 시라카와인이 살생을 금하자 나라에 어조류(魚鳥類)가 사라지게 되었다. 늙은 어머니를 둔 가난한 승려는 어머니가 물고기가 없으면 식사를 하시지 않으므로 점점 쇠약해져 가는 것을 보고 스스로 강에 들어가 고기를 잡았다. 이것을 본 관리가 그를 붙잡아 벌을 주려 하였으나 그의 사정 이야기를 듣고 모두 감동의 눈물을 흘렸다. 시라카와인도 감동하여 여러 가지 물건을 하사하고 용서하였다고 한다. 이처럼 부모에 대한 봉양은 속세와 출가를 떠나 자식 된 자로서 지켜야 할 도리였고, 효를 다하는 자는 칭송을 받았다.

한편 본 설화의 바로 앞인 제311화는 소위 요로(養老)의 폭포 전설로 유명한 이야기인데, 건쇼(元正)천황 때 미노(美濃)지방의 가난한 남자가 술을 좋아하는 아버지를 위해서 나무를 하러 갔다가 술이 흐르는 폭포를 발견하고 이 술로 아버지를 봉양했다고 한다. 이야기 말미에, 천황도 이 이야기를 듣고 레이키(靈龜)3년(717년) 9월에 그곳에 가서 직접 보시고, 「이것은 효성이 지극하여 천신지기(天神地祇)가 감응하여 영험을 나타내신 것이라고 감동하시고 그를 미노지방의 수령으로 임명했다」고 한다. 그 후 그의 집안은 부유하게 되었고 더욱 효양의 마음이 깊어졌는데, 그 술이 흐르는 곳을 요로의 폭포라고 이름 붙이고 그해 11월에 연호도 요로로 바꾸었다고 하여, 지명 기원설화의 성격을 띠고 있다.

앞에서 언급한 중국의 곽거 맹종 한국의 손순 향득과 마찬가지로 요로의 폭포 설화도 하늘이 효성에 감동하여 영험을 나타낸 예화이고, 조겐이 지장보살의 도움으로 부모 효양을 실천할 수 있게 된 것 또한 절대자의 영험에 의한 것이라는 점에서 일맥상통하는 요소가 있다고 할 수 있을 것이다.

2. 정신적 봉양

『효경』에 보면 부모가 계실 때 공경함을 다하라는 말이 있듯이, 넓은 의미에서 보자면 부모 봉양에는 물질적인 것으로 부모를 기쁘게 해 드리는 것 외에도 정신적인 편안함과 기쁨을 드리는 것도 포함된다. 이런 의미에서 『곤자쿠모노가타리슈』의 제19권 제25화나 제26화도 부모 봉양을 실천한 예화로서 검토해 보고자 하는데, 먼저 제19권 제25화 「다키구치(滝口) 후지와라노타다카네(藤原忠兼)가 친아버지인 나리토(得任)를 공경한 이야기」를 보면 다음과 같다.

다키구치(헤이안 가마쿠라시대에 구로도도코로(藏人所)에 속하여 궁 안의 경비를 담당했던 무사를 말함)의 무사인 후지와라노타다카네는 어려서 우토다(烏藤太)의 양자로 들어갔는데, 세상 사람들에게는 두 사람이 친부와 친아들이라고 말했다. 다른 사람들도 두 사람이 친부자 사이가 아니란 것을 알았지만 드러내놓고 말하지는 않았다. 그런데 어느 날 소나기가 갑자기 쏟아졌을 때 친아버지인 나리토가 비에 흠뻑 젖어 신발을 손에 들고 옷소매로 머리를 가린 채 뛰어가는 모습을 발견한 타다카네가 얼른 하카마(袴) 옷자락을 걷어 올린 채 갓을 들고 뛰어가 머리에 씌워드리며 아버지의 민망한 모습을 가리려고 했다. 이 모습을 본 주변 사람들이 웃기는커녕 감동하여 눈물을 흘리는 사람까지 있었다.

이 이야기의 중심이 타다카네의 효심에 있는 것은 분명하지만, 이어지는 내용을 보면, 나리토는 자신의 부끄러운 모습이 아들의 체면을 손상시킬까봐 몰래 지나치려 했었음을 알 수 있고, 이 부분에서 아들의 아버지에 대한 효심 못지않게 아버지의 아들에 대한 부정(父情)을 느낄 수 있어 가슴이 뜨거워진다. 나중에 이 이야기는 천황에게까지 알려지고 타다카네는 더욱 신망을 얻게 되었는데, 말미에 어느 고승이 타다카네에게 한 다음과 같은 말이 주목을 끈다.

너의 효양심은 매우 고귀한 것이다. 탑과 절을 세우고 불경을 서사(書寫)하는 것보다 더 나은 공덕이다. 이 일이야말로 모든 불보살도 칭송하시고 모든 천신(天神)도 보호해주실 것이다. 비록 사람이 수많은 선근(善根)을 지었다 해도 불효하는 자는 그 효험을 얻을 수 없을 것이다. (汝ガ孝養ノ心極テ貴シ。塔寺ヲ建テ佛經ヲ寫サムニモ勝タリ。此レ諸ノ佛菩薩モ讃メ給ヒ、諸天モ守リ給フ事也。譬ヒ人有テ無量ノ善根ヲ造ト云ヘドモ、不孝ノ者ハ其ノ益ヲ不得ズ)

왜 갑작스럽게 고승이 등장하여 이런 이야기를 했는가 하는 문제에 대해서는, 본 설화를 일본부의 불교설화로 구성하기 위해 『곤자쿠모노가타리슈』의 편자가 불교적 내용의 해설을 덧붙인 것으로 해석되는데, 어쨌든 불교에서도 세속의 효를 중요시하고 강조하고 있다는 것을 알 수 있다는 점에서 주목할 필요가 있다.

제19권의 제26화 「시모쓰케노키미스케(下野公助)가 아버지 아쓰유키(敦行)를 위해서 매를 맞으며 도망치지 않은 이야기」도, 아버지에게 정신적 효양을 다하기 위해 노력한 효자의 예화로서 들 수 있겠다. 말을 탄 채 활쏘기에서 평소에는 전혀 실수가 없던 시모쓰케노키미스케가 무슨 일인지 그 날은 세 과녁을 모두 빗나가고 말았다. 마침 집행관이었던 아버지 아쓰유키가 이것을 보고 화가 나서 달려가 아들을 때리기 시작했다. 아버지는 팔십이 넘은 노인이었고 아들은 혈기 왕성한 젊은이였기 때문에 매를 피하여 도망친다면 도저히 따라가 때릴 수 없는 상황이었음에도 불구하고 키미스케는 무릎을 꿇은 채 등을 이십 여 대 맞고만 있었다. 보고 있던 사람들은 키미스케를 바보라고 생각했다. 나중에 키미스케에게 도망치지 않고 맞은 이유를 물었더니,

「아버지는 이미 팔십이 넘으셨는데 몹시 화가 나서 도망치는 저를 잡으러 오시다가 넘어지기라도 하시면 큰일이라고 생각해서 그냥 맞고 있었던 것입니다」라고 대답했다. 이 말을 듣고 모두 감동했다. 나중에 키미스케가 「아버지가 나를 때리신 것은 지극히 당연한 일이고 나를 미워해서 때리신 것은 아니다. 이것을 불만으로 여겨 아버지를 미워한다면 천벌을 받을 것이다」라고 하는 말을 듣고, 어느 훌륭한 고승이 간파쿠(關白)에게 가서 말하기를 「키미스케는 보통 사람이 아닙니다. 보살행이란 나의 몸을 버리고 사은(四恩)에게 효양하는 것입니다. 그런데 키미스케같은 고노에도네리(近衛舍人 고노에후[近衛府]의 도네리[舍人]를 말하는데, 고노에후는 궁중의 경비 천황 행차 시 경호 등의 역할을 담당한 부서이고, 도네리는 천황이나 황족을 모시고 호위하는 하급관리) 정도는 그렇게 하지 못하는 것이 보통이지요.」라고 하였더니 간파쿠도 감동하여 그를 대단한 사람이라고 칭찬했다고 한다.

이 이야기에도 고승의 표현을 통하여 불교적 색채를 가미하고 있는데, 앞에서 얘기한 제25화의 경우와 마찬가지 이유에서 일 것이다. 여기에서 키미스케는 두 가지 효를 행하고 있음을 알 수 있는데, 하나는 아버지가 때리는 매를 당연히 생각하는 것으로 이는 아버지의 뜻을 거역하지 않고 절대복종하는 효를 실천한 것이고, 또 하나는 늙은 아버지의 안위를 걱정하여 피하지 않은 것으로 이는 자식으로서 아버지에 대한 애정의 효를 실천한 것이다.

이 설화는 중국부 제9권 제11화에 수록된 「진단(震旦 중국)의 한백유(韓伯瑜)가 어머니의 매를 맞고 슬피 운 이야기」와 모티브 면에서 흡사하다는 점도 주목된다. 한백유는 아버지가 돌아가신 후 어머니에게 효도를 다 하고 있었는데, 어머니는 아들이 잘못을 하면 언제나 회초리로 때리셨다. 그 때마다 백유는 아픔을 참고 울지 않았었다. 그런데 어머니가 나이가 들어 노쇠해지니 매를 맞아도 아프지 않게 되어 눈물이 났다. 어머니가 이상해서 왜 우냐고 묻자, 백유는 어머니가 힘이 없어 매를 맞아도 아프지 않게 된 것이 슬퍼서 운다고 대답했다. 이 이야기를 들은 사람들이 그의 효심에 감동했다고 한다.

키미스케의 설화는 『고콘초몬쥬』 제8권 제313화에도 「즈이진(随身 귀족이 외출할 때 신변경호를 하던 고노에후의 관리) 키미스케가 도망치지 않고 아버지인 즈이진 다케노리(武則)에게 매를 맞은 이야기와 효양의 도에 관한 이야기」라는 제목으로 실려 있는데, 아버지의 이름이 다른 것 외에는 같은 내용의 설화이다. 그런데 『고콘초몬쥬』에서는 기미스케의 이야기에 이어 「쇼토쿠태자가 요메이(用明)천황의 매에 복종하신 것을 명심해야 할 것이다」라고 하였고, 중국의 예로서 「공자의 제자인 증참(曾參)이란 자가, 아버지가 화가 나서 때리자 도망치지 않고 맞았다는 것을 공자가 들으시고, 『만일 맞아죽었더라면 아버지는 (자식을 죽였다는) 악명을 떨치게 되었을 테니 커다란 불효이나라』라고 주의를 주신 것도 또한 지당한 것이다.」라고 하고 있어, 일본과 중국의 공통된 모티브의 예화를 소개하고 있다.

그런데 『고콘초몬쥬』의 이 부분만 보면 아버지의 매를 피하라는 공자의 가르침은 효의 실천과는 거리가 먼 것처럼 느껴지지만, 실은 이야기의 전후 관계를 보자면, 증참이 농사를 짓다가 잘못하여 오이의 뿌리를 잘라버리는 실수를 범하자 아버지 증철(曾哲)이 매로 몹시 때려서 거의 반죽음 상태가 되었다는 이야기를 공자가 듣고 한 말임을 감안한다면 수긍할 수 있을 것이다.

3. 부모의 원수를 갚음

효란 부모가 살아계시는 동안에만 해야 하는 것이 아니라, 돌아가신 후에도 효의 실천은 계속되어야 하는 것이었다. 앞에서 살펴보았던 유교 경전의 가르침 가운데 부모 사후의 효를 크게 두 가지로 나누어 본다면, 하나는 제사를 모실 때 엄숙함을 다하는 것이고, 또 하나는 부모 사후에도 생전 부모의 행적을 살피고 그 뜻을 헤아려 삼년은 부모의 길을 바꾸지 않는 것이라고 할 수 있겠는데, 넓게 보면 부모의 원수를 갚는 것도 여기에 포함시킬 수 있을 것이다.

『곤자쿠모노가타리슈』 제25권 제4화 「다이라노고레모치(平維茂)의 부하가 죽임을 당한 이야기」는, 다이라노카네타다(平兼忠)를 모시던 나이어린 하인이 아버지의 원수를 갚았다는 이야기로, 대강의 줄거리를 보면 다음과 같다.

다이라노카네타다가 가즈사(上總)지방의 수령으로 있을 때 무쓰(陸奥)지방에 살고 있던 아들 고레모치가 아버지를 뵈러 왔다. 아들이 도착했을 때 아버지 카네타다는 누워서 나이어린 하인에게 허리를 두드리게 하고 있었다. 아들 고레모치는 부하들을 데리고 왔는데, 그 가운데 다로노스케(太郎介)란 자가 있었다. 나이는 오십여 살로 살이 찌고 수염을 길렀으며 눈이 형형하게 빛나는 무서운 인상의 무사여서 보기에도 믿음직스러웠다. 그 무사를 본 아버지 카네타다가 허리를 두드리던 아이에게 「너는 저 사람을 모르느냐? 저 자는 너의 아버지를 죽인 사람인데, 그 때는 네가 어렸으니 모르는 것도 당연하겠지」라고 말을 하자, 아이는 「아버지가 살해당하셨다는 얘기는 들었지만 누가 죽였는지는 몰랐습니다. 이렇게 얼굴을 알게 되었으니…」라고 말을 하고 눈물을 글썽이며 그 자리를 떠났다. 그날 밤 모두 잠자리에 들었을 때, 아이는 부엌으로 가서 단도를 정성껏 갈아서 품에 넣고 몰래 다로노스케의 침소로 숨어들어갔다.

다음 날 날이 밝아 다로노스케가 죽은 것을 알게 된 고레모치는 자기 영역도 아닌 곳에서 부하가 살해당한 것은 수치라고 하면서 아버지 카네타다에게 범인인 남자아이를 잡아서 심문하겠다고 하였다. 그러자 아버지는 아들에게 너는 만일 내가 살해당하면 그 범인을 그냥 놓아두겠느냐고 화를 내면서 자리에서 일어나자 아무 소리 못하고 물러났다. 사흘 후 남자아이가 나타나자 모두 그를 칭찬했다.

여기에서 주목하고자 하는 것은 남자아이가 부모의 원수를 갚을 결심을 하면서, 「부모의 원수를 갚는 것은 하늘도 용서하실 것이다. 나는 오늘 밤 돌아가신 아버지에게 효도하기 위해서 계획을 세운 것이니 부디 뜻대로 이루어지도록 해 주십시오.(祖ノ敵ヲ討事ハ天道皆許シ給フ事也。我レ今夜孝養ノ爲ニ思企ツルヲ、心ニ不違ヘ令爲得給ヘ)」하고 하늘에 올린 기원이다. 즉 부모의 원수를 갚는 것은 효도의 실천이었고, 그렇기 때문에 후일에 사람들이 말하기를 「부모의 원수를 갚는 것은 용맹한 무사라도 하기 어려운 일이다. 그런데 이 남자는 어려움 없이 단지 혼자서 그렇게 많은 무사들이 빈틈없이 지키고 있는 자를 원하는 대로 죽일 수 있었다는 것은 실로 하늘이 허락하신 일이다.」라고 칭찬하면서, 천도(天道)가 허락한 일로 여겼던 것이다.

『곤자쿠모노가타리슈』 중국 설화인 제9권의 제3화에 수록된 정란(丁蘭)의 이야기도 본 설화와 같은 모티브인 부모의 원수를 갚는 이야기이다. 정란은 이십사효의 한 사람으로 일컬어질 만큼 유명한 효자인데, 그는 어머니가 돌아가신 후에 어머니와 꼭 닮은 목상(木像)을 만들어 집에 모셔두고 마치 살아계신 어머니를 대하듯 모셨다. 하루는 이웃 사람이 도끼를 빌리러 왔을 때 어머니 목상에게 빌려주어도 좋은지 어떤지를 물었더니 싫어하는 표정을 지으므로 빌려주지 않았다. 그랬더니 이웃사람이 정란의 외출을 틈타 칼로 어머니 목상의 한쪽 팔을 베어 버렸다. 정란이 돌아와서 피를 흘리고 있는 목상을 보고 이웃사람의 짓임을 알았다. 정란은 즉시 그를 찾아가서 목을 베어 어머니 묘 앞에 바쳤다. 이 이야기를 들은 왕은 효행을 위해 한 일이라는 이유로 그의 죄를 묻지 않았고, 오히려 큰 상을 내렸다고 한다.

앞에서 언급한 바 있지만, 『예기』의 내칙편에 보면 효자가 노부모를 공양하는 정신 자세를 이야기 한 뒤, 「효자는 몸이 다할 때까지 이렇게 한다. 몸을 다할 때까지란 부모의 몸이 다할 때까지가 아니라 자신의 몸이 다할 때까지이다」라고 했다. 즉 효자는 부모가 살아계시는 동안에만 효를 행하는 것이 아니라 부모가 돌아가신 후에도 효는 계속되어야 하고 자기 몸이 다할 때까지 효를 해야 한다는 것이다. 더구나 부모가 남의 손에 의해 세상을 떠났을 때, 부모를 죽인 자는 같은 하늘 아래에서 더불어 살 수 없는 불공대천지수(不共戴天之讐)로 여겼고 남겨진 자식으로서 부모의 원수를 갚는 일은 세상 사람들뿐만 아니라 하늘도 용서하고 감동하는 일로서 장려되었음을, 설화의 세계를 통해서 실감할 수 있을 것이다.

제2절 불교적 효행담

1. 부모의 극락왕생

효라 하면 속세의 생활 속에서 지켜야 할 덕목으로 생각하는 것이 일반적이다. 이것은 유교의 가르침이 현실생활을 위주로 하기 때문인데, 사실은 불교에서도 효의 실천을 매우 중요시 하고 있었음은 여러 불전 자료를 통해서 알 수 있다. 대표적인 예로서 『관무량수경(觀無量壽經)』에는 다음과 같은 구절이 보인다.

나는 이제 너희를 위하여 널리 많은 비유를 설하겠다. 또한 미래세에 정업(淨業)을 닦고자 하는 일체 범부중생이 서방 극락정토에 태어나도록 하겠다. 그 극락의 세계에 태어나고자 하는 자는 마땅히 삼복(三福)을 닦아야 하는데, 그 첫째는 부모에게 효양하고 스승에게 봉사하는 것이고 자비심으로 살생하지 않는 것이고 열 가지 선업을 닦는 것이다. 그 두 번째는 삼귀(三歸)를 수지(受持)하고 여러 계율에 대해 구족(具足)하고 위의(威儀)를 범하지 않는 것이다. 그 세 번째는 보리심을 일으키고 인과를 깊이 믿고 대승(大乘)을 독송하고 수행자를 권하고 장려하는 것이다. 이와 같은 세 가지를 이름하여 정업(淨業)이라 한다. (我今爲汝廣說衆譬. 亦令未來世一切凡夫欲修淨業者, 得生西方極樂國土. 欲生彼國者, 當修三福. 一者孝養父母, 奉仕師匠, 慈心不殺, 修十善業. 二者受持三歸, 具足衆戒, 不犯威儀. 三者發心菩提心, 深信因果, 讀誦大乘, 勸進行者. 如此三事名爲淨業.)」

서방 극락정토에 태어나고자 하는 자가 닦아야 할 삼복 가운데 첫 번째로 부모에 대한 효양을 이야기하고 있다. 그리고 중국 명(明)나라의 주굉(袾宏)이 쓴 『죽창삼필(竹窓三筆)』에 의하면, 「출세간(出世間) 출가(出家)의 효는 그 부모를 권하므로써, (부모가) 재계(齋戒)하고 도를 받들어 일심으로 염불하고, 왕생을 원하여 육도의 미계(迷界)에서 벗어나 아미타정토에 왕생하는 것이다. (出世間. 出家の孝は、その親に勸めて、齋戒し道を奉じて一心に念佛し、往生を願って六道の迷界を脫して、彌陀の淨土に往生することである)」라고 하였다. 이처럼 불교에서 이야기하는 효는 현세에서의 효양을 넘어서 부모 사후의 내세를 위한 효양, 즉 극락왕생을 이루도록 하는 것이었고, 이러한 불교적 효양은 장로적(長蘆臣責)선사가 『용서증광정토문(龍舒增廣淨土文)』에서 「세간의 효란 단지 현세의 일세에 그치는 효이고 따라서 효 중에서도 작은 효이다. 출세간의 효란 때에 끝남이 없고 부모를 정토에 왕생하게 하는 것으로, 복수(福壽)가 다함이 없는 것이 마치 항하(恒河)의 모래알과 같이 무한한 것이니, 이야말

로 그 이상 가는 큰 효는 없다. (蓋世間之孝一世而止. 猶爲孝之小者. 出世間之孝無時而盡以父母生淨土. 福壽不止如恒河沙劫. 此莫大孝也)」라고 한 것처럼, 효 중의 대효(大孝)로 인식하였던 것이다.

이와 같은 불교적 효행의 요소는 설화를 통해서도 생생하게 느낄 수 있다. 『곤자쿠모노가타리슈』 제15권 제39화는 겐신(源信) 승려의 어머니가 극락왕생을 이룬 이야기인데, 외아들인 겐신이 훌륭한 승려가 되어 어머니의 임종을 지키면서 염불을 외우고 극락왕생을 기원한 덕택에 극락왕생을 이루었다고 하였다. 이야기 가운데 겐신이 유명한 승려가 되어 왕실이 주최하는 법회에 강사로 초청되고 하사품을 받아 어머니께 보내드리는 장면이 나오는데, 어머니는 아들이 명승이 된 것은 기쁘지만 그것은 진심으로 원하는 바가 아니었고, 「학문을 하여 재지(才智)를 몸에 갖춤으로서 조가(增賀)성인처럼 존귀하게 되어 늙은 어머니의 내세를 구원해 주기를 바라는 마음 (學問シテ身ノオ吉ク有テ、多武ノ峰ノ聖人ノ様ニ貴クテ、嫗ノ後世ヲ救ヒ給へ)」에서였다고 하였는데, 이 어머니의 말 속에는 앞에서 지적한 불교적 효의 요소가 흐르고 있음을 알 수 있다.

유사한 예로서 『삼국유사』의 진정(眞定)법사와 그의 어머니의 경우도 들 수 있을 것이다. 제5권의 제9 효선편에 실린 「진정사효선쌍미(眞定師孝善雙美)」에 의하면, 진정법사가 노모의 봉양을 이유로 출가를 미루는 아들을 재촉하여 출가시키고, 이후 출가한 진정이 어머니의 부음을 듣고 내세를 위해 선정(禪定)에 들기도 하고 스승인 의상법사가 화엄대전을 강의함으로서 어머니가 하늘에 환생했다고 기록하고 있다. 이 때 어머니가 출가를 재촉하면서 「아! 나를 위해서 출가하지 못한다면 그것은 나를 지옥에 떨어지게 하는 것이고, 설령 오래 살면서 맛있고 풍성한 음식으로 봉양한다 해도 그것을 어찌 효라 하겠느냐. 나는 남의 집 문전에서 빌어먹어도 하늘이 내려준 수명을 다할 수 있다. 그러니 내게 효를 다하고자 하거든 그런 소리를 말라.」라고 권한 말 속에서도 역시 불교적 효가 내재되어 있음을 읽을 수 있는데, 결국 진정법사의 어머니도 죽은 후 꿈에 나타나 하늘에 환생했음을 알려주고 있다.

또 하나의 예로서 『곤자쿠모노가타리슈』 제19권 제28화도 들 수 있겠는데, 「승려 렌엔(蓮圓)이 불경행(不輕行)을 닦아 죽은 어머니의 고통을 구제한 이야기」라는 제목의 법화경 영험담이다. 불경행이란 상불경보살(常不輕菩薩)의 수행을 말하는데, 『법화경』 제7권 「상불경보살품(常不輕菩薩品)」 제이십(第二十)에서 설한 것으로, 상불경보살은 승니나 재가 사람을 보면 항상 예배찬탄하였고, 모든 사람에게 불성(佛性)이 있음을 설하였으며, 욕과 박해에 굴하지 않고 마침내 모든 사람을 신복수순(信伏隨順)시켰다고 한다.

렌엔이란 승려가 돌아가신 어머니를 구원하기 위하여 불경행을 닦고 로쿠하라미쓰지(六波羅密寺) 절에서 법화팔강(法華八講)을 행하였더니 꿈에 지옥에 떨어져 고통 받고 있는 어머니의 모습을 만날 수 있게 되었다. 어머니가 「나는 죄의 업보가 무거워 이곳 지옥에 떨어져 한없는 고통을 받고 있었다. 그런데 네가 나를 위해서 오랫동안 불경행을 닦고 법화경을 설법함으로써 이제 나는 지옥의 고통을 면하고 도리천(忉利天)에 태어나게 되었다(我罪報重クシテ、此ノ地獄ニ墮テ苦ヲ受ル事量リ無カリツ。而ルニ、汝ヂ我ガ爲ニ年來不輕ノ行修シ、法華經ヲ講ゼルニ依テ、今我レ地獄ノ苦ヲ免レテ忉利天上ニ生レヌ)」라고 하는 말을 듣자 꿈에서 깨어났다고 한다.

이처럼 렌엔이 어머니의 내세를 구원하기 위해 수행을 거듭하고, 그 결과 어머니가 지옥의 고통으로부터 구원받고 도리천(忉利天)에 왕생했다는 것에서 불교적 효의 실천을 확인할 수 있게 되는데, 마치 우란분(盂蘭盆) 행사의 기원이기도 한 목련존자담(目連尊者談)을 재구성해 놓은 듯한 느낌이 든다. 『우란분경(盂蘭盆經)』에 의하면, 목련의 어머니는 생전에 보시를 좋아하지 않아 아귀도(餓鬼道)에 떨어지게 되자, 목련이 부처님께 어머니를 고통에서 구원하는 방법을 물었더니, 시방(十方)의 대덕중승(大德衆僧)에게 음식을 공양하라고 하여, 결국 어머니를 지옥의 고통에서 구원하고 천상계에 태어나게 하였다고 한다. 이처럼 『곤자쿠모노가타리슈』나 『삼국유사』의 설화를 통해서 지적한 불교적 효의 요소는, 목련과 그의 어머니에 관한 일화를 통해 볼 수 있었던 부모의 사후에도 실천된 효양이 그 배경이 되고 있음을 지적할 수 있을 것이다.

2. 사승(師僧)에 대한 효양

앞에서 살펴본 『관무량수경』을 보면, 서방 극락정토에 태어나고자 하는 자가 닦아야 할 삼복의 첫 번째로서 부모에 대한 효양 다음으로 「봉사사장(奉仕師匠)」을 들고 있다. 『효경』에서는 「효시어사친 중어사군 종어입신(孝始於事親 中於事君 終於立身)」이라고 하여, 효의 가운데로서 군(君)을 섬기라고 하였는데, 불교에서는 사장(師匠), 즉 스승을 섬기라고 한 것이다. 이처럼 스승을 섬기는 것을 효양의 하나로서 인식했던 사실은 『곤자쿠모노가타리슈』의 설화들을 통해서 확인할 수 있다. 제19권 제23화 「한냐지(般若寺) 절의 가쿠엔(覺然)율사의 제자승이 스승의 유언을 따른 이야기」의 줄거리를 보자면, 한냐지 절의 가쿠엔율사는 유명한 고승이었는데 임종 때가 되자 절의 장래를 예견하고 수많은 유능한 제자들을 놓아두고 비뚤어진 제자 고엔(公圓)에게 절을 물려주었다. 의외의 조치에 모두가 놀라워하며 절이 곧 황폐해질 거라고 생각했다. 그런데 고엔은 율사가 죽은 후 남들이 다 떠난 후에도 홀로 남아 황폐해가는 절을 일으켜 세우고 끝까지 지킴으로써 스승의 유언을 완수했다는 이야기이다.

그런데 설화의 말미에 고엔이 아미타 염불을 외우면서 존엄한 죽음을 맞이했다고 하면서, 「율사도 제자의 마음을 잘 알아보고 그처럼 유언을 남겼던 것이다. 그리고 고엔도 스승에 대한 효양심이 깊었기 때문에 이처럼 존엄한 죽음을 맞이할 수 있었던 것이다. (律師モ弟子ノ心ヲ吉ク見テ、此クモ云ヒ置ケル也ケリ。孝養ノ心ノ深カカリケレバ、此ク終リモ貴ク死ヌル也ケリ。)」라고 평어를 서술하고 있는데, 스승에 대한 효양심을 높이 평가하고 있음을 알 수 있다.

이어지는 제19권 제24화도 역시 스승에 대한 효양을 주제로 한 설화이다. 「스승을 대신해서 태산부군제(太山府君祭)의 제문(祭文)에 자기 이름을 넣은 승려의 이야기」라는 제목인데, 내용을 보면, 어느 명승이 중병에 걸려 중태에 빠지자 당시 유명한 음양사 아베노세이메이(安部晴明)에게 부탁하여 태산부군제를 올려 목숨을 구해보려고 했다. 세이메이가 와서 말하기를 명승의 병이 중하여 태산부군에게 기청(祈請)을 드려도 낫기 어려우니, 대신에 다른 승려의 이름을 제문에 넣어 명승을 대신 할 수 있도록 해보겠다고 하였다. 하지만 제자들 가운데 스승을 대신하겠다고 나서는 자가 한 사람도 없었다. 이 때 평소에 평범하여 눈에 띄지 않았던 제자승 한 사람이 나서서 어차피 죽는다면 스승을 대신해서 죽겠다고 하여, 세이메이는 제문에 그의 이름을 써넣고 정성껏 제를 올렸다. 그러자 스승의 병이 갑자기 호전되었고, 태산부군도 이 제자승을 불쌍히 여겨 스승과 제자 모두 목숨을 건지게 되었다는 것이다.

이 설화는 소위 「우는 부동존 연기담(泣不動尊緣起談)」으로서도 유명한데, 예를 들어 『홋신슈』 제6권의 제1화 「쇼구(證空)가 스승의 목숨을 대신한 이야기」에는 제자승의 이름이 쇼구로 명시되어 있고, 제자가 스승을 대신하여 목숨을 바치려고 결심하고 자기 방에 들어가 평

소 모시던 부동존(不動尊) 화상(畵像 그림불상)에게 울면서 마지막을 고하자, 부동존 화상의 눈에서 피눈물이 흐르며「너는 스승을 대신하고 나는 너를 대신하겠노라(汝は師にかはる。我は汝にかはらん。)」하는 소리가 들렸다. 이 부동존 화상은 나중에 시라카와인(白河院)에게 전해져서 조주인(常住院)의 우는 부동존으로서 유명해졌는데, 이러한 설화와 유래담의 배경으로서 스승에 대한 효양을 들 수 있고, 이러한 설화를 통하여 불교적 효양의 실천 덕목 가운데 하나로서 존중되었음을 알 수 있는 것이다.

제3절 불효담

『곤자쿠모노가타리슈』의 대표적 출전 가운데 하나로서 『니혼료이키』를 들 수 있음은 주지의 사실이다. 여기에서 『곤자쿠모노가타리슈』의 불효담을 논하고자 한 것은, 설화에 나타난 효에 대한 의식을 밝히기 위해서는 효와 대조적인 관계에 있는 불효담도 함께 살펴보는 것이 효과적일 것이라고 생각했기 때문이다. 즉 효행담의 연장선상에 있다고도 할 수 있겠는데, 방법론으로서는 출전인 『니혼료이키』와 비교해 봄으로써 『곤자쿠모노가타리슈』의 특징이 보다 선명히 드러날 것으로 생각한다.

『곤자쿠모노가타리슈』의 일본부 설화에서 직접 불효를 언급한 것은 제19권의 제3화 제25화 제20권의 제31화 제32화 제33화 제29권의 제11화로 모두 6화이다. 이 가운데 『니혼료이키』와 출전 관계에 있는 것은 제20권의 제31화와 제33화로, 양 설화 모두 불효의 극치를 보여주고 있다. 따라서 제31화와 제33화를 중심으로 출전인 『니혼료이키』와 비교해 보면서, 나머지 설화와 『곤자쿠모노가타리슈』가 후대에 영향을 끼친 『우지슈이모노가타리』의 관련 설화도 시야에 넣고 생각해 보고자 한다. 이러한 방법을 통해서 불효담의 양상이 효행담과 대비되어 드러나고 그 안에 담겨있는 효와 불효에 대한 의식이 부각됨과 동시에 설화문학으로서의 『곤자쿠모노가타리슈』가 지닌 특징에 대해서도 살펴볼 수 있을 것이다.

1. 불효담의 전개 비교

『곤자쿠모노가타리슈』 제20권 제31화 「야마토지방 사람이 어머니에게 불효를 해서 현보를 받은 이야기」는 『니혼료이키』 상권 제23화 「흉악한 사람이 젖을 먹여준 어머니를 봉양하지 않아 현세에서 나쁜 죽음의 업보를 받은 이야기」를 출전으로 하고 있고, 『곤자쿠모노가타리슈』 제20권 제33화 「기시노히노마로(吉志火丸)가 어머니를 죽이려다 현보를 받은 이야기」는 『니혼료이키』 중권 제3화 「악한 아들이 아내를 사랑하여 어머니를 죽이려고 꾀하다가 현보를 받고 나쁜 죽음을 당한 이야기」를 출전으로 하고 있다. 두 설화 모두 아들이 어머니에게 저지른 불효담인데, 이야기의 전개 과정에 따라 도입부와 전개부로 나누어 양 설화집의 표현과 특징을 살펴보기로 하겠다.

1) 도입부 -등장인물의 소개-

제31화는 불효자 미야스(瞻保)에 대한 소개로부터 시작하고 있다. 『곤자쿠모노가타리슈』는 『니혼료이키』를 충실히 답습하면서도 미묘한 차이를 드러내고 있는데, 양자를 대조해보면 다음과 같다.

『니혼료이키』 상-23	『곤자쿠모노가타리슈』 20-31
야마토 지방 소노카미 고을에 한 ⓐ흉악한 사람이 있었다. 그의 이름은 모르나 통칭 미야스라고 불렀다. 이 사람은 나니와 궁에서 나라를 다스렸던 천황 시대에 ⓑ대학료의 학생정도 되는 사람이었다. 예전에 학문을 익힌 바 있지만 ⓒ그의 어머니를 모시지 않았다.(大和国添上郡、有一凶人也。其名未詳。字曰膽保。是難破宮御宇天皇之代、類学生之人也。往学書傳、不養其母。)	옛날 야마토 지방 소노카미 고을에 사는 사람이 있었는데 통칭 미야스라고 불렀다. 그는 ⓓ조정에 근무하는 학생이었다. 밤낮으로 학문을 익혔지만 ⓔ마음에 깨달음이 없었는지 ⓕ어머니에게 불효하여 모시지 않았다.(今昔、大和国添ノ上ノ郡ニ住ム人有ケリ。字ヲ膽保ト云ケリ。此ハ公ニ仕ル学生也ケリ。明暮ハ文ヲ学シテ有ケルニ、心ニ智ヤ無カリケム、母ノ為ニ不孝ニシテ、不養ザリケリ。)

양 설화의 비교를 정리하면, 『곤자쿠모노가타리슈』는 『니혼료이키』의 시대적 배경(나니와 궁에서 나라를 다스렸던 천황은 제36대 고토쿠(孝德)천황으로 재위기간은 645-654년)을 생략하고 이야기의 전개에 집중하고 있는데, 이 외에도 두 가지 큰 차이가 있다. 즉 등장인물에 대해 『니혼료이키』가 ⓐ「흉악한 사람(凶人)」이라고 처음부터 단정적으로 기술하고 있는 점과, 『곤자쿠모노가타리슈』가 ⓕ에서 보듯이 「불효(不孝)」라는 어휘를 직접 사용하여 그의 행위를 묘사하고 있는 점이다.

우선 ⓐ「흉악한 사람」이라는 직설적 표현은 ⓑ「대학료의 학생정도 되는 사람(類学生之人)」과 호응하고 있는 것으로 보이는데, 학생정도(類学生)란 표현으로 약간 경멸의 의미를 담고 있음을 감안할 때 등장인물의 성품이나 자질이 좋지 않음을 의도적으로 나타내고 있는 것이다. 하지만 이야기에 대한 관심을 지속적으로 높이고자 하는 설화의 기법 측면에서 보자면, 서두에서 너무 노골적으로 악인임을 밝히고 있어 앞으로의 전개에 대한 흥미를 반감시키고 있다. 이러한 면은 제목에서도 나타나고 있는데, 『니혼료이키』의 제목에는 흉악한 사람이 젖을 먹여 키워준 어머니를 봉양하지 않았다는 사실이 드러나 있어 설화의 내용을 어느 정도 짐작하게 한다. 이러한 경향은 제33화의 경우도 마찬가지로, 『니혼료이키』 중권 제3화는 제목에서 「악한 아들이 아내를 사랑하여」라는 표현으로 어머니를 죽이려고 계략을 꾸민 이유를 미리 설명하고 있어 이야기에 대한 기대감을 반감시키고 있다.

이에 비해 『곤자쿠모노가타리슈』는 야마토지방 사람이 불효를 했다는 것과, 밤낮으로 학문을 익혔지만 ⓔ「마음에 깨달음이 없었는지」라는 편자의 생각을 덧붙이는 정도에 그치고 있어 독자의 관심을 지속시키고 있다. 특히 『곤자쿠모노가타리슈』에서는 『니혼료이키』의 ⓒ「그의 어머니를 모시지 않았다」라고 한 말에 「불효」를 부가하여, ⓕ「어머니에게 불효하여 모시지 않았다」라고 서술하고 있어 「불효」라는 어휘를 직접 언급하고 있는 점이 주목을 끄는데, 이 말에 어떠한 의미가 담겨 있는지에 대해서는 이후 좀 더 자세히 논하기로 하겠다.

2) 전개부① –불효의 양상-

등장인물에 대한 개략적 소개를 통해 아들이 학문은 상당히 익혔으나 불효자임을 밝힌 후, 전개부에서는 구체적으로 어떠한 불효를 저질렀는지에 대한 이야기가 펼쳐진다. 제31화의 미야스는 어머니가 그에게 벼를 빌려 쓰고 갚을 것이 없어서 못 갚자 심하게 독촉을 하였는데, 그 장면에서 양 설화집의 내용을 비교하면 약간의 차이를 느낄 수 있다.

『니혼료이키』 상-23	『곤자쿠모노가타리슈』 20-31
미야스는 갑자기 화를 내며 어머니를 심하게 몰아세웠다. 그때 어머니는 땅바닥에 있었고 아들은 아침 침상에 있었다.(膽保忽怒복徵之。時母居地、子坐朝床。)	미야스가 심하게 빚을 독촉하였는데, 어머니는 땅바닥에 있었고 미야스는 툇마루 위에 앉아서 재촉하여 말하였다.(膽保强ニ此ヲ責ケルニ、母ハ地ニ居タリ、膽保ハ板敷ノ上ニ有テ責メ云ケルニ)

양 설화를 비교해 보았을 때 『니혼료이키』는 아들의 행위 가운데 갑자기 화를 내며 독촉했다(忽怒)는 묘사가 있고, 아들이 어머니를 몰아세우는 행위의 장소도 『곤자쿠모노가타리슈』에는 툇마루 위(板敷ノ上)로 되어 있는데 『니혼료이키』에는 아침 침상(朝床)으로 되어 있어, 『니혼료이키』 쪽이 어머니에 대한 불손한 정도가 더 심하게 느껴지는 설정이어서 더 큰 불효를 저지르고 있다는 인상을 준다. 이후 미야스가 어머니에게 빚 독촉을 하는 모습을 본 이웃 사람들이 그를 타일러보았지만 전혀 듣지 않고 어머니를 더욱 다그치자 이를 보다 못해 대신 갚아주게 된다.

불효의 정도에 있어서 이러한 미묘한 차이는 제33화에서도 지적할 수 있을 것 같다. 기시노히마로가 사키모리(防人)로 차출되어 아내를 고향에 둔 채 어머니와 함께 3년 동안 임지인 쓰쿠시(筑紫) 지방에서 지내게 되었는데, 아내가 보고 싶은 나머지 어머니를 죽이고 상복을 입는 동안에 고향에 가서 아내와 만나려는 계략을 꾸몄다. 그래서 어머니에게 법화경 법회에 데려다 주겠다고 속이고 함께 산속으로 들어갔지만 법회를 여는 절은 보이지 않았고 아들의 태도는 돌변하였다.

생략된 부분에는 아들이 돌변한 태도로 어머니를 노려보자 어머니가 아들을 타이르는 내용이 담겨 있다. 여기에서도 밑줄 친 부분을 중심으로 살펴보면, 『니혼료이키』의 묘사 가운데 부릅뜬 눈으로 어머니를 노려보는 모습, 특히 어머니에게 무릎을 꿇으라고 명령하는 모습은 극악무도한 패륜아의 모습을 나타내기에 충분하고, 이는 후반부의 극악무도한 아들(逆子)이라는 표현에도 함축되어 있다. 이에 비해 『今昔』는 어머니가 무릎을 꿇고 아들을 타이르는 것으로 되어 있어, 앞에서 어머니의 성품에 대해 「마음에 자비심이 있고 항상 선업을 쌓았다(心ニ慈悲有､常ニ善ヲ修ス)」라는 표현과 잘 호응하고 있음을 알 수 있다. 따라서 앞 장에서 살펴본 바와 같이, 『곤자쿠모노가타리슈』에 비해 『니

『霊異記』중-3	『今昔』20-33
아들이 소처럼 커다랗게 눈을 부릅뜨고 어머니를 노려보며 말하기를 「그대는 땅에 무릎을 꿇으시오」라고 하니, 어머니는 아들의 얼굴을 바라보며 말하였다. (중략) 아들이 끝내 듣지 않자 어머니는 낙심하여 몸에 입고 있던 옷을 벗어 세 곳에 두고 자식 앞에 무릎을 꿇고 유언하여 말하기를 「나를 생각하며 잘 간직하여라. 옷가지 하나는 장남이 네가 갖고 또 하나는 차남에게 보내고 또 하나는 막내에게 보내라」하고 말하자, 극악무도한 아들이 앞으로 나서서 어머니의 목을 치려고 하였다. (子以牛目眦母以言、「汝地長跪」。母瞻子面答之曰、(中略) 子遂不聽。時母侘傺、著身脱衣置於三處、子前長跪、遺言而言、「為我詠裏。以一衣者我兄男、汝得之也。一衣者贈我中男贶也。一衣者贈我弟男贶也」。逆子步前、将殺母項之、)	히마로는 어머니를 노려보며 화난 기색이었다. 어머니는 이것을 보고 「너는 무엇 때문에 화를 내느냐. 혹시 귀신이 붙은 것이냐」라고 말했다. 그 때 히마로가 칼을 빼어 어머니의 목을 베려고 하자 어머니는 아들 앞에 무릎을 꿇고 말하기를 (중략) 히마로는 이 말을 듣고도 용서하지 않고 여전히 죽이려고 하니 어머니가 말하기를 「너는 잠시 기다려라. 내가 말해 둘 것이 있다」라고 말하고, 입고 있던 옷을 벗어서 세 곳에 두고 히마로에게 말하기를 「이 옷 하나는 나의 장남인 너에게 주겠다」라고 하고, 「저 옷 하나는 나의 차남인 너의 동생에게 주고, 다른 옷 하나는 나의 막내 아들에게 주어라」라고 유언을 하자, 히마로는 칼을 들고 어머니의 목을 베려고 했다. (火丸母ヲ眦テ、嗔レル氣色有リ。母此レヲ見テ云ク、「汝ヂ何ノ故ニ嗔レルゾ。若鬼ノ託タルカ」ト。其時ニ、火丸刀ヲ抜テ母ガ頸ヲ切ラムト為ルニ、母、子ノ前ニ跪テ云ク、(中略) 火丸此レヲ聞ト云ヘ共不許シテ、猶殺サムト為ル時ニ、母ノ云ク、「汝ヂ暫ク待。我レ云ヒ可置キ事有」ト云テ、著タル衣ヲ脱テ、三所ニ置テ、火丸ニ云ク、「此ノ一ノ衣ヲバ我ガ嫡男也汝ニ与フ」ト、「一ノ衣ヲバ我ガ中男也汝ガ弟ニ与ヨ。一ノ衣ヲバ我ガ弟男也弟子ニ与ヘヨ」ト遺言スルニ、火丸刀ヲ以テ母ガ頸ヲ切ラムトス。)

혼료이키』 쪽이 아들의 불효를 더욱 두드러지게 표출하고 있다고 할 수 있을 것이다.

3) 전개부② -불효의 업보-

한편 『곤자쿠모노가타리슈』의 제31화에 의하면, 이웃 사람들이 어머니를 대신해서 빚을 모두 갚아주자 어머니는 슬피 울며 미야스에게 탄식하며 말하기를, 「내가 너를 밤낮으로 쉬지 않고 길러온 것은 세상 사람들이 부모에게 효도하는 것을 보고 나도 저렇게 되겠지 하고 생각해서 였다」고 하면서 다음과 같이 말을 이어갔다.

『霊異記』 중-3	『今昔』 20-33
너는 내가 빌린 벼를 독촉했다. 그러니 나도 또한 너에게 먹인 젖의 대가를 받겠다. 모자의 인연도 오늘로서 끊어졌다. 하늘도 알고 땅도 알 것이다. 아 비통한 일이로다. (汝也徵負稻。吾亦徵乳直。母子之道絶於今日。天知地知。悲哉痛哉。)	그런데 이제 나를 부끄럽게 하고 빌린 벼를 무리하게 독촉하는 것은 참으로 비정한 짓이다. 그렇다면 나도 또한 너에게 먹인 젖의 대가를 받아야 하겠다. 이제는 모자의 인연도 끊어졌다. 하늘(天道)이시여 이 일을 심판해 주소서」(而ルニ、今我レニ恥ヲ与ヘテ、借レル所ノ稲ヲ強ニ責ル事、極テ情無シ。然ハ、我モ又、『汝ニ令呑シ乳ノ直ヲ責メム』ト思フ。今ハ母子ノ道ハ絶ヌ。天道、此ノ事ヲ裁リ給ヘ」ト。

어머니가 말을 시작할 때 『니혼료이키』에는 「어머니는 젖가슴을 드러내고 슬피 울며 말하기를(母出其嬭房而悲泣之曰)」이라는 묘사가 있어, 아들에게 먹여온 젖을 받아내려는 어머니의 행동이 더욱 직설적이고 노골적으로 나타나 있는데 이러한 표현이 『곤자쿠모노가타리슈』에는 없다. 그런데 이러한 차이점 외에 밑줄 친 부분, 즉 『니혼료이키』의 「하늘도 알고 땅도 알 것이다(天知地知)」라는 부분이 『今昔』에서는 「하늘이시여 이 일을 심판해 주소서(天道、此ノ事ヲ裁リ給ヘ)」라고 바뀌어 있는 부분이 주목을 끈다. 즉 『니혼료이키』에서는 하늘과 땅에 자신의 억울한 사정을 호소하는데 그치고 있지만 『今昔』에서는 천도(天道)에게 심판해 줄 것을 호소하고 있는 것이다. 이것은 『今昔』가 하늘(天道)을 어떻게 인식하고 있는가와 관련된 문제로서, 본 설화로만 판단할 수 있는 것은 아니고 『今昔』 전체를 통해서 분석해 볼 필요가 있다고 보이고, 이 점에 관해서는 좀 더 자세히 후술하도록 하겠다.

이후 어머니의 꾸짖는 소리에도 아무 대답 없이 집안으로 들어간 미야스는 갑자기 정신이 미치고 몸이 아프더니 평소 사람들에게 곡식을 빌려주고 받은 계약서를 모두 꺼내 불태웠다. 그리고 미쳐 날뛰더니 사흘 후 집에 불이 나서 모두 타버렸다. 처자식들은 먹을 것이 없어 떠돌게 되었고 미야스도 결국 굶어죽게 되는데, 이러한 비참한 결말에 대해 양 설화집은 불효를 저지른 악행(悪行)에 대한 현보(現報)가 즉시 나타남을 강조하고 있어, 인과응보 중에서도 현세에서 받는 업보의 무서움을 생생하게 그려내고 있다.

한편 『곤자쿠모노가타리슈』의 제33화로 돌아가 보면, 히마로가 칼로 어머니의 목을 베려고 하자 갑자기 땅이 갈라지고 그 갈라진 절벽으로 떨어지려 했다. 이를 본 어머니는 히마로의 머리카락을 붙잡고 하늘을 향해 울면서, 「우리 아들이 귀신에 홀린 것이지 그의 진심이 아니오. 원하옵건대 하늘이시여 그 죄를 용서해 주소서(我ガ子ハ鬼ノ託タル也。此ヲ実ノ心ニ非ズ、願ハ天道、此ノ罪ヲ免シ給ヘ)」라고 외쳤지만 끝내 떨어지고 말았고, 어머니의 손에는 움켜쥔 머리카락만 남았다. 어머니는 머리카락을 들고 돌아와 아들의 내세를 위해 독경을 해 주었다. 자기를 죽이려고 한 아들이었지만 어머니의 자비심이 깊었기 때문에 아들을 위해 추선공양(追善供養)을 해준 것이다. 이러한 어머니의 모습은 앞에서 얘기한 어머니에 대한 설명, 즉 「어머니는 마음에 자비가 있고 항상 선을 행하였다(母ハ心ニ慈悲有、常ニ善ヲ修ス。)」라고 한 부분과 잘 호응하고 있어, 『니혼료이키』에 비해 『곤자쿠모노가타리슈』의 치밀한 구상에 의한 스토리 전개가 돋보인다.

그리고 말미에 편자의 평어로서, 「정말 알 수 있을 것이다 하늘은 불효하는 죄를 분명히 미워하신다는 것을. 세상 사람들은 이러한 사실을 알아서 부모를 죽이는 일까지는 없어야 하고, 오로지 정성껏 부모에게 효양해야지 결코 불효를 해서는 안 된다(実ニ知ヌ、不孝ノ罪ヲ天道新タニ憎給フ事ヲ。世ノ人此レヲ知テ、殺サムマデノ事ハ難有シ、只懃ニ父母ニ孝養シテ、努々不孝ヲ不可成ズ)」라고 하고 있다. 즉 부모에 대한 효를 권하고 불효를 금하고 있는데, 여기에서도 제31화와 마찬가지로 하늘(天道)을 직접 언급하면서 효양과 불효를 대비시키고 있다.

2. 불효의 의미

우선 어휘적 의미에서 살펴보자면 불효란 효와 반대되는 말로서 효를 행하지 않음을 의미하는 것이 일반적이다. 하지만 『곤자쿠모노가타리슈』의 예화를 통하여 또 다른 의미로 쓰이고 있음을 확인할 수 있는데, 제29권 제11화 「어린아이가 오이를 훔치고 아버지에게 의절당한 이야기」에 잘 나타나 있다. 내용은 다음과 같다.

아버지가 좋은 오이를 구해서 간직해 두고 외출하면서 결코 먹어서는 안 된다고 하였는데 어린 아들이 몰래 하나를 먹어버렸다. 집에 돌아온 아버지가 식구들을 다그쳤지만 모두 먹지 않았다고 발뺌하였다. 이 때 하녀가 다가와 어린 아들이 훔쳐 먹은 사실을 몰래 알려 주자 아버지는 아무 말도 하지 않고 몇몇 주요한 마을 사람을 불러 모았다. 그리고 아버지는 오이를 훔친 아들과 영원히 의절하고 사람들에게 증인으로서 서명하도록 했다. (父、其ノ瓜取タル児ヲ永ク不孝シテ、此ノ人々ノ判ヲ取ル也ケリ) 이를 본 가족들이 「이까짓 오이 하나 때문에 자식과 의절해서는 안 됩니다. 너무 미친 짓입니다(此許ノ瓜一菓ニ依テ、子ヲ不孝シ可給キニ非ズ。 絲物狂ハシキ事カナ)」라고 말렸지만 듣지 않았다. 그 후 아들이 커서 도둑질을 하다가 게비이시(檢非違使)에게 체포되었을 때 아버지는 예전에 작성해둔 의절 증서에 의해 연좌의 죄를 면하게 되었다. 그러자 사람들은 「부모가 자식을 사랑하는 것은 비할 바 없이 크지만 현명한 사람은 일찌감치 자식의 마음씨를 알아서 이렇게 의절을 하여 후일에 벌을 받지 않게 되었다(祖ハ子ヲ愛スル事譬ヒ無キ事ナレドモ、賢キ者ハ兼テ子ノ心ヲ知テ、此ク不孝シテ、後ノ過ヲ不蒙ヌ也ケリ)」고 하면서 현명한 사람이라고 칭찬했다고 한다.

부자간의 의절을 현대어에서는 간도(堪当)라고 표현하는데, 밑줄 친 용례에서 알 수 있듯이 불효(不孝)가 간도(堪当), 즉 의절을 뜻하는 말로도 사용되고 있음을 확인할 수 있다.

다시 불효의 본래 의미로 돌아와 보면, 그 본질을 파악하는 방법으로서 두 가지 접근을 생각해 볼 수 있겠는데, 하나는 직접적으로 불효를 저지른 행동을 통하여 파악하는 것과, 다른 하나는 효에 대한 개념 파악을 통하여 이를 행하지 않은 것을 불효로 인식하는 것이다. 먼저 전자의 경우는 앞에서 예로 들은 바와 같이 미야스가 어머니에게 빌려준 벼를 갚으라고 몰아세운다든지 히마로가 아내를 그리워하여 어머니를 죽이려고 한 것이 해당된다. 이러한 불효는 대표적인 악행으로, 그 대가로 인한 종말 또한 처참하다.

그런데 앞에서 살펴본 『곤자쿠모노가타리슈』 제20권의 제31화를 보면, 불효자 미야스가 어머니에게 빚을 독촉하자 지켜보던 마을 사람들이 그를 타이르는 부분이 있는데, 당시 사람들의 효와 불효에 대한 인식을 느낄 수 있으므로 발췌해 보자.

이를 본 사람들이 미야스를 달래어 말하기를, 「너는 왜 불효를 하여 어머니를 독촉하느냐? 세상 사람들은 부모에게 효양하기 위하여 절을 짓고 탑을 세우며 불상을 만들고 불경을 서사하며 승려를 공양한다. 너는 집안이 풍족한데 어찌 어머니가 빌린 벼를 심하게 독촉하여 어머니를 탄식하게 만드느냐?」라고 했다. (此ヲ見ル人膽保ヲ誘ヘテ云ク、「汝ヂ何ゾ不孝ニシテ、母ヲ責ムルゾ。世ニ有ル人父母ニ孝養スルガ為ニ、寺ヲ造リ塔ヲ起テ、仏ヲ造リ經ヲ写シ、僧ヲ供養ス。汝ヂ家豊ニシテ、何ゾ母ノ借レル稲ヲ强ニ責テ母ヲ令歎ル」ト。)

다른 사람들은 부모에게 효를 행하기 위하여 다양한 불사(仏事)를 하는데 그러지는 못할망정 어찌 부모에게 빚을 독촉하느냐고 나무라고 있다. 여기에서 부모에게 효양하는 조목을 일일이 열거하고 있는데 모두 불교의 공덕을 쌓아드리는 일임을 알 수 있어, 당시 사람들이 불교적 정신세계의 지배하에 살고 있음을 잘 보여주고 있다.

이러한 의식을 보다 선명하게 느끼게 해주는 것이 『곤자쿠모노가타리슈』 제19권 제3화 「나이키(內記 나카쓰카사쇼[中務省]의 관직으로 천황에게 올리는 문서를 작성하고 궁중의 기록을 담당하며 유학의 문장이 뛰어난 사람들을 뽑았다) 요시시게노야스타네(慶滋保胤)가 출가한 이야기」이다. 요시시게노야스타네의 출가담인데, 그는 『니혼오죠고쿠라쿠키』를 저술하여 겐신과 함께 일본 정토사상의 확립에 큰 영향을 끼친 인물로 유명하다. 본 설화는 그에 관한 몇 가지 일화로 구성되어 있는데, 그 가운데 하나로 그가 이와쿠라(石藏)에 살고 있었을 때의 일이었다. 야스타네가 변소에서 심하게 설사를 하면서 누군가와 얘기를 나누는 소리가 들려서 옆방의 승려가 벽에 난 구멍을 통해서 가만히 엿보았더니 늙은 개 한 마리와 마주 앉아 다음과 같은 얘기를 하는 것이었다.

전세에 너는 사람들에게 좋지 않은 마음을 써서 사람들에게 더러운 것을 먹게 하고 부당한 것을 욕심내며 자기가 대단한 사람인 듯 처신하고 남을 업신여기며 부모에 대해 불효를 행하였다. 이처럼 여러 가지 나쁜 마음을 쓰고 좋은 마음을 쓰지 않았기 때문에 짐승의 몸을 받아서 몹시 더러운 것을 구하려고 찾아온 것이다. (前ノ世ニ、人ノ為メニ後メタ無キ心ヲ仕ヒ、人ニ穢キ物ヲ令食メ、破無キ物ヲ貪リ、我ガ身ヲ止事無ク持成シ、人ヲ令落メ、父母ノ為ニ不孝ニ当リ、如此ク諸ノ悪キ心ヲ仕ヒテ、善キ心ヲ不仕ザリシニ依テ、此ク獣ノ身ヲ受ク。弊ク穢キ物ヲ要シテ伺ヒ給フ也。)

야스타네의 설사를 받아먹으려고 온 늙은 개에게 왜 짐승의 몸으로 태어나게 되었는지를 설명해주면서 그 이유 중의 하나로 부모에게 불효를 하였기 때문임을 말하고 있다. 그리고 전생에 여러 번 자기의 부모였을 개에게 이렇게 더러운 것을 먹게 해서 매우 죄송하니 다음 날

맛있는 것을 대접하겠다고 말하며 우는 것이었다. 이처럼 짐승을 자기 부모의 전생으로 여기는 모습은 본 설화의 전반부에 서술된 일화에도 잘 나타나 있다. 야스타네가 타고 가던 말 엉덩이를 채찍질하며 재촉하는 마부에게, 이 말이 전생에 부모였을 수 있는데 그럴 수 있느냐며 몹시 나무라는 장면이 나오는데, 야스타네가 육도 윤회를 철저히 신봉하였음을 잘 알 수 있는 장면이다.

이상 살펴본 바와 같이 미야스와 야스타네의 예화에 나타난 불효에는 불교적 성격이 짙게 나타나 있다. 하지만 제33화에서 자기를 죽이려고 칼을 들이댄 아들 히마로 앞에 어머니가 무릎을 꿇고 하소연하는 장면에서는 세속적 효양의 성격도 충분히 읽을 수 있는데, 인용해 보면 다음과 같다.

사람이 나무를 심는 것은 열매를 얻고 그 나무그늘에서 쉬기 위함이요 사람이 자식을 키우는 뜻은 자식의 힘을 빌려 부양받기 위함이다. 그런데 어찌 내 자식은 생각과 달리 지금 나를 죽이려고 하는가. (樹ヲ殖ル事ハ菓ヲ得、其ノ影ニ隠レムガ為也。子ヲ養フ志ハ、子ノ力ヲ得テ養ヲ蒙ラムガ為也。而ルニ、何ゾ我ガ子思ヒニ違テ、今我ヲ殺スゾ)

부모가 자식을 키우며 기대하는 것 중의 하나는 노약한 몸이 되었을 때 의지하고자 하는 것임을 얘기하고 있는데, 히마로의 어머니에 한한 것이 아니라 일반적인 부모의 심정을 표현한 것이다. 따라서 부모의 기대하는 바를 저버리는 것이 바로 불효인 것이고, 더구나 그 정도에서 그치지 않고 부모의 목숨을 노리는 것은 천인공노할 불효임은 말할 나위 없다.

세속적인 효양과 불효와 관련해서 『곤자쿠모노가타리슈』 제19권 제25화도 주목할 만하다. 「다키구치(滝口 궁중 경비 무사)인 후지와라노타다카네(藤原忠兼)가 친아버지인 나리토(得任)를 공경한 이야기」란 제목의 설화인데, 어려서 우토다(烏藤太)의 양자로 들어간 후지와라노타다카네는 나리토가 친아버지라는 사실을 알지만 겉으로 드러내지는 않았다. 세상 사람들도 이 사실을 알면서 모르는 체 하며 지내고 있었다. 어느 날 다키구치 무사들의 호위 속에 대신들이 행차하였을 때 갑자기 소나기가 쏟아져서 비가 그치기를 기다리고 있었다. 그런데 퇴근하던 나리토가 소매로 머리를 가린 채 많은 사람들 앞을 흠뻑 젖은 몸으로 뛰어가고 있었다. 이를 본 타다카네가 옷자락을 걷어 올리고 손에 갓을 든 채 황급히 뛰쳐나가서 나리토에게 씌워주면서 흉한 모습을 가리듯이 모시고 갔다. 그의 모습을 보고 모두들 웃기는커녕 기특해하면서 눈물을 흘리기까지 했고, 나중에 이 이야기를 들은 천황도 그를 칭찬했다고 한다. 그리고 설화 말미에 타다카네를 잘 아는 승려가 다음과 같이 말하였다.

그대의 효양심은 매우 고귀하다. 탑과 절을 세우고 불경을 서사하는 것보다 낫다. 이러한 행동을 모든 불보살도 칭찬하시고 하늘의 신들도 지켜주실 것이다. 설령 사람이 무한한 선업을 쌓았다 하여도 불효한 자는 그 은덕을 입지 못할 것이다. (汝ガ孝養ノ心極テ貴シ。塔寺ヲ建テ仏經ヲ写サムニモ勝タリ。此レ諸ノ仏菩薩モ讃メ給ヒ、諸天モ守リ給フ事也。譬ヒ人有テ無量ノ善根ヲ造ト云ヘドモ、不孝ノ者ハ其ノ益ヲ不得ズ)

승려의 말을 빌린 평어(評語)라고 볼 수 있겠는데, 평소에는 소원하게 지내던 사이였던 친아버지가 곤경에 처하자 자기의 체면 따위는 생각할 겨를도 없이 뛰쳐나간 타다카네의 행동은 세속적 효양의 실천이었고, 이것은 불교적 효양의 공덕보다 더 나은 것이고 불보살이나 천신(天神)들도 감동할 일이라며 칭찬하고 있다. 그리고 아무리 선한 공덕을 쌓아도 불효를 하면 그 효력이 없을 것이라고 하여, 불효가 얼마나 악하고 무서운 행위인가를 강조하고 있다.

3. 불효와 하늘(天道)

이미 앞에서 문제 제기했듯이 『곤자쿠모노가타리슈』의 불효담에 보이는 특징적 표현의 하나로 하늘(天道)에 주목한 바 있다. 즉 미야스의 어머니가 불효를 저지른 아들과 모자의 인연을 끊고 나무라는 장면에서 『니혼료이키』 상권 제23화에서는 오늘의 내 사정을 하늘이 알고 땅이 알 것이다(天知地知) 라고 표현한 것을 『곤자쿠모노가타리슈』 제20권 제31화에서는 하늘에게 자식의 불효를 심판해 달라(天道､此ノ事ヲ裁リ給ヘ)는 표현으로 되어 있어, 『곤자쿠모노가타리슈』는 『니혼료이키』와 달리 하늘 즉 천도라는 용어를 사용하고 있고 하늘이 심판의 권능까지 지닌 대상으로 인식하고 있다는 차이를 볼 수 있다. 이러한 특징은 제33화에서도 확인할 수 있는데, 『곤자쿠모노가타리슈』는 히마로의 불효에 대해 용서를 구하는 대상으로서 하늘을 명시하고, 하늘은 불효의 죄를 미워한다는 평어까지 덧붙이고 있다. 따라서 『곤자쿠모노가타리슈』의 불효담과 하늘과의 깊은 관련성이 주목되는데, 『곤자쿠모노가타리슈』 전반에 걸쳐 표현된 하늘 즉 천도의 의미는 어떤 것이었는지 파악해 볼 필요가 있을 것이다.

일본부 가운데 천도가 등장하는 설화를 열거해 보면, 제20권의 제31화와 제33화외에도 제20권 제35화 제44화 제24권 제18화 제25권 제4화 제26권 제12화 등 5화가 있는데, 관련 내용을 요약하면 다음과 같다.

a) 제20권 제35화 「히에잔 승려 신카이(心懷)가 질투로 인해 현보를

입은 이야기」: 미노(美濃)지방에서 역병의 유행을 막기 위해 인왕경법회(仁王講)를 열면서 최고 법사로 가이코쿠(懐国)를 초청하자 신카이 승려가 질투심을 품고 법회에 난입하여 횡포를 부렸다. 그 업보로 병이 들어 모두에게 버림을 받은 채 죽게 되었다. 말미의 평어에, 「장엄한 법회를 방해하고 자기 몸이 비천하면서 존귀한 승려를 질투함에 의해 분명히 현보를 받은 것이다. 그러니 사람들은 이러한 사실을 알아서 절대로 질투심을 일으켜서는 안 된다. 질투는 하늘이 미워하시는 것이다. (厳法会ヲ妨ゲ、我ガ身賤クシテ、止事無キ僧ヲ嫉妬セルニ依テ、現報ヲ新タニ感ゼル也。然レバ、人此レヲ知テ、永ク嫉妬ノ心ヲ不可發ズ。嫉妬ハ此レ天道ノ憎ミ給フ事也)」

b) 제20권 제44화 「시모쓰케노아쓰유키(下毛野敦行)가 자기 집 문으로 죽은 사람을 내보낸 이야기」: 아쓰유키가 이웃에서 죽은 지인의 관을 내보내기에 방향이 좋지 않아 곤경에 처하자 가족의 반대를 무릅쓰고 자기 집 문으로 내보내게 했다. 금기를 어기면서까지 지인과의 친분을 중시한 그의 행동을 모두 칭찬했고, 하늘도 이를 기특하게 여겼는지(天道此ヲ哀ミ給ヒケルニヤ) 아무런 지장 없이 구십 세 까지 살다가 죽었다.

c) 제24권 제18화 「음양술로 사람을 죽인 이야기」: 모노이미(物忌 일정기간 음식이나 언행 등을 삼가고 부정을 피하여 집안에 근신하는 것) 때문에 집안에 근신하고 있던 산술의 명수를 동료가 질투하여 음양사와 계략을 짜고 그를 불러내었다. 이때 하늘의 허락이 있어서 죽을 운명이었는지(天道ノ許シ有テ、可死キ宿世ヤ有ケム) 그가 문 밖으로 얼굴을 내밀었고 그날 밤부터 아프더니 사흘 만에 죽고 말았다.

d) 제25권 제4화 「다이라노코레모치(平維茂)의 무사가 피살된 이야기」: 아버지를 죽인 원수를 알게 된 소년이 부모의 원수를 갚는 것은 하늘도 모두 용서하시는 일이니 (祖ノ敵ヲ討事ハ天道皆許シ給フ

事也) 성공하게 해달라고 기원하며 칼을 품고 몰래 숙소에 들어가 원수의 목을 베었다. 말미에 평하기를, 용감한 무사도 어려운 일을 소원한 대로 이룰 수 있었던 것은 바로 하늘이 허락하셨기 때문(実ニ天道ノ許シ給フ事ナメリ)이라고 칭찬하였다.

e) 第26권 제12화 「노토(能登)지방의 후케시노손(鳳至孫)이 허리띠를 얻은 이야기」 : 노토지방의 후케시노손이 가난했을 때 집안에 계시가 있어 해안으로 나가게 되었는데 해변에서 흘러오는 영험한 허리띠를 발견하고, 「이것을 하늘이 나에게 주시려고 그런 계시가 있었던 것 같다(此ヲ天道ノ給ハントテ、此怪ハ有ケル也ケリ)」라고 하며 허리띠를 가지고 돌아가 부자가 되었다.

이처럼 『곤자쿠모노가타리슈』의 천도를 살펴보면, 질투를 미워하고 의리를 존중하며 부모의 원수를 갚기 위한 살인 행위도 용서하는 등 인간의 다양한 행동에 대해 관장하고 죄복을 내리는 역할을 하고 있음을 알 수 있다. 예를 들면 b) 아쓰유키의 경우는 당시 성행했던 음양도에 의하면 금기를 어긴 것이 되기 때문에 단명할 운명이었으나 하늘이 그의 의리를 기특하게 여겨 천수을 누리게 되었다든지, d)의 소년이 부모의 원수를 갚은 것은 하늘도 용서한다든지 하여 생사여탈의 권능을 발휘하고 있다. 그리고 c)의 경우는 『우지슈이모노가타리』의 제10권 제9화 「오쓰키마사히라(小槻当平)의 이야기」가 『곤자쿠모노가타리슈』와 유사한 문장의 동일 설화이므로 양 설화를 대조해 볼 수 있는데, 『우지슈이모노가타리』에는 단지 「죽을 운명이었는지(死ぬべき宿世にやありけん)」라고만 되어 있고 천도에 관한 언급은 전혀 없는 것으로 보아 『곤자쿠모노가타리슈』의 특징을 잘 읽을 수 있는 부분이라고 할 수 있을 것이다.

특히 d)에서 소년이 부모의 원수를 치기 위해 침입하면서 마음속으

로 「부모의 원수를 갚는 것은 하늘도 모두 용서하시는 일이다. 나는 오늘밤 부모에게 효양하기 위해서 계획한 일이니 마음먹은 대로 이루어지게 하소서(祖ノ敵ヲ討事ハ天道皆許シ給フ事也。我レ今夜孝養ノ為ニ思企ツルヲ、心ニ不違ヘ令為得給ヘ)」라고 기원하였는데, 효양과 하늘의 관련을 읽을 수 있어 주목된다. 즉 효양을 위해서라면 하늘도 용서하고 도와줄 것이라고 믿고 있어, 앞에서 살펴보았듯이 하늘은 효양에 감동하지만 반대로 불효에 대해서는 엄하게 심판하고 응징하는 초월적 존재로 인식되고 있었음을 거듭 확인하게 된다.

위에서 언급했듯이 설화 속에 나타난 불효를 고찰하는 방법으로서 접근 시각에 따라 두 가지를 생각해 볼 수 있다. 하나는 불효한 행위 자체에 대한 분석이고, 다른 하나는 효를 행하지 않는 불효에 대한 분석인데, 후자의 경우에는 효에 대한 분석이 전제가 되어야 한다. 어머니에게 심하게 빚을 독촉한다든지 아내와 만나려고 어머니를 죽이려고 한다든지 하는 것은 전자의 예이고, 부모에게 효양하기 위해 절과 탑을 세우거나 사경(写經)을 하거나 승려를 공양하는 것이 보통인데 이를 행하지 않음을 지적한 것은 후자의 사례가 될 것이다. 특히 후지와라노타다카네 설화에서 지적했듯이 『곤자쿠모노가타리슈』는 효양의 실천에 대해 칭찬하면서 아무리 선한 공덕을 쌓아도 불효를 하면 소용이 없다고 하며 불효가 얼마나 무서운 악행인가를 지적하고 있다. 또한 요시시게노야스타네의 출가담에 잘 나타나 있듯이, 부모에게 불효를 하면 짐승으로 태어나게 되고 짐승이 전생에 부모였을 수도 있기 때문에 함부로 대해서는 안 된다고 하여, 불효를 육도 윤회와 관련지어 경계하는 모습도 읽을 수 있다.

그리고 두 설화집을 비교해서 살펴본 바에 의하면 『곤자쿠모노가타리슈』의 불효담에는 『니혼료이키』에 비해 효양과 불효라는 어휘를 사용하여 직접 언급하는 경우가 많고, 효양과 불효에 대해 감동하거나 응징하는 등 죄복을 관장하는 초월적 존재로서의 하늘이 자주 등장하는 특징을 볼 수 있다. 즉 하늘은 불효를 미워하고 천벌을 내리기도 하지만, 이웃과의 의리를 지켜 음양도의 금기를 어겼다든지 부모의 원수를 갚기 위해 원수를 죽인 경우는 하늘도 용서하는 등, 인간의 생사여탈을 좌우하는 권능을 지니고 있는 존재로 인식하고 있음을 확인할 수 있어, 『곤자쿠모노가타리슈』의 특징으로서 효양과 불효 그리고 하늘과의 연관에 주목하고자 한다.

제九장

무사의 전형

제9장 무사의 전형

『곤자쿠모노가타리슈』의 전 31권 가운데 일본의 세속부 설화에 속하는 제25권은 무사들의 이야기로 구성되어 있다. 이러한 구성은 헤이안시대 중후반으로 가면서 전란이 빈번해지고 무사들의 활약과 비중도 커져가는 시대적 상황을 반영하는 듯하다. 985년의 다이라노마사카도(平將門)의 난 이후 1156년의 호겐(保元)의 난과 1159년의 헤이지(平治)의 난으로 이어지는 본격적인 내전은 『곤자쿠모노가타리슈』의 성립 직후에 발생한 것으로 보이므로 작품 안에서 묘사되고 있지 않지만, 이미 시대는 무사들의 등장과 세력 확장이 두드러지고 있었다. 따라서 천황과 귀족을 중심으로 한 시대에서 무사들이 새로운 세력의 축으로서 가세하게 되었고, 『곤자쿠모노가타리슈』의 편자도 이러한 시대적 움직임을 작품 구성에 반영한 것으로 보인다.

이 시대에 활약한 여러 무사들이 있지만, 여기에서는 미나모토노요리노부(源賴信)라는 인물을 대상으로 하여 개인적인 성정(性情)과 무사로서의 평가를 살펴보고자 한다. 『곤자쿠모노가타리슈』 안에는 많은 무사담이 수록되어 있지만, 미나모토노요리노부의 설화가 제25권의 제9화부터 제12화까지 4화에 걸쳐 연속하고 있는 것은 매우 이례적인 것이라고 할 수 있다. 다른 무사의 경우를 보더라도 다이라노고레모리(平維茂)의 일화가 제4화와 제5화에서 2화 이어지는 것이 고작이다. 그만큼 미나모토노요리노부는 『곤자쿠모노가타리슈』 안에서도 큰 비중을 차지하는 인물임을 짐작할 수 있고, 따라서 그의 인물상에 대한 집중적인 분석은 당시의 무사에 대한 인식을 살펴보는 중요한 단서가 될 것으로 생각한다.

제1절 호방한 말투의 명암(明暗)

미나모토노요리노부는 무사로서 유명한데, 가문의 배경을 보자면, 제25권 제5화에 그의 형인 요리미츠(頼光)의 이야기가 나온다. 「도구노다이신(春宮大進) 미나모토노요리미쓰노아손(源頼光朝臣)이 여우를 (활로) 쏜 이야기)」라는 제목으로, 요리미쓰가 동궁의 명에 따라 궁궐의 처마에 나타난 여우를 활로 쏘아 떨어뜨렸다는 내용인데, 설화의 첫 부분에 다음과 같은 소개가 나온다.

미나모토노요리미쓰 아손(朝臣 원래는 가바네[姓]의 하나로서, 덴무[天武] 천황 13년(684)에 제정된 8종의 가바네 가운데 제2위를 가리켰으나 5위 이상의 귀족에 대한 경칭으로 사용하게 됨)이 도구노다이신(春宮大進 황태자에 관한 일을 담당하는 관청의 제3등관)이었을 때, 이 사람은 다다노미쓰나카(多田満仲)의 아들로서 뛰어난 무사였으므로 조정에서도 그 방면에 근무하도록 하였고 세상 사람들도 경외심을 갖는 무사였다. (源頼光朝臣ノ春宮大進ニ

候ケルニ、此レハ多田ノ滿仲入道ノ子ニテ、極タル兵也ケレバ、公モ其道ニ仕ハセ給ヒ、世ニモ被恐テ士有ケル)

요리노부는 다다노미쓰나카의 아들이고 요리미츠의 동생으로서, 아버지와 형이 모두 뛰어난 무사였던 것이다. 즉 그는 명망 있는 무사 집안 출신임을 알 수 있는데, 아버지 미쓰나카는 한 때 세쓰(攝津)지방의 다다(多田)에서 거주한 적이 있기 때문에 다다노미쓰나카로 부르게 된 것이다.

그의 가계는 제56대 세이와(淸和와)천황이 시조인 소위 세이와겐지(淸和源氏)라고 부르는 집안으로 3대 손이 미쓰나카이다. 미쓰나카에게는 요리미쓰 요리치카(賴親) 요리노부의 세 아들이 있었는데, 이 가운데 가마쿠라막부의 창시자인 요리토모(賴朝)가 바로 요리노부의 6대 손이니, 최고의 무사 집안 혈통이라고 할 수 있을 것이다.

이러한 가문에서 자란 탓인지 그는 매우 호방한 말투와 성격을 지녔던 것 같다. 제25권 제10화「요리노부의 말에 의해 다이라노사다미치(平貞道)가 사람의 목을 벤 이야기)」에는 요리노부의 호방한 말투와 성격이 잘 나타나 있다. 말투는 성격에 의해 드러나는 것이고 따라서 말투를 통해 그 사람의 성격을 읽을 수도 있는데, 경우에 따라서는 말투로 인해 예상치 못한 사태를 초래하기도 한다.

어느 날 요리미쓰의 집에 많은 손님들이 모여 술자리를 벌이고 있을 때 그의 동생인 요리노부도 참석하고 있었다. 그런데 요리노부가 많은 사람들이 듣고 있는데 요리미쓰의 부하인 다이라노사다미치라는 무사를 부르더니 스루가(駿川)지방에 어떤 녀석이 이 요리노부에게 무례를 저질렀으니 그 녀석의 모가지를 잘라오라는 것이었다. 이러한 요리노부의 말을 들은 다이라노사다미치는 마음속으로 다음과 같은 반응을 보인다.

나는 요리미쓰를 모시고 있고, 이 분은 그의 동생이니까 분명 문중의 주인어른이시긴 하지만 아직 모신 적은 없다. 게다가 이런 일(무례한 자의 목을 베는 일-필자 주)은 나를 몹시 믿는 사람이기에 말할 수 있는 것이다. 또한 내가 이렇게 이 분(요리미쓰)을 모시고 있으니 그런 연유로 명령하시는 거라면 불러내서 몰래 말씀하시지 않고 이렇게 사람들이 많은 가운데서 사람의 목을 벨 정도의 중요한 일을 큰 소리로 얘기하다니. 어처구니없는 말씀을 하시는 분이로군. (我レ、此ノ殿ハ此テ候ヘリ、其御弟ニ御座レバ、現ニ一家ノ主也トハ云ヘドモ、未ダ參リ仕リナドハ不爲。其レニ、此樣ノ事ハ、我レヲ宗ト憑ム人ニコソ云ヘ。亦此テ此ノ殿ニ候ヘバ、其レヲ睦ニテ云ヒ可被付クハ、呼ビ放テ忍ヤカニモ不宣シテ、此許人ノ多カル中ニテ、人ノ頸取ル許ノ事ヲ高ク可宣キ樣ヤハ有ル。嗚呼ノ事ヲモ宣フ人カナ)

요리노부는 자기에게 무례를 범한 자의 목을 베어오라고 형님의 부하인 다이라노사다미치에게 명하면서 「모가지를 잘라오라(シヤ頸取テ得サセヨ)」는 말투를 쓰고 있다. 여기에서 「シヤ頸」란 말의 「シヤ」는 접두어로서 어감을 강하게 하거나 욕할 때 사용하는 표현이고, 따라서 요리노부의 강한 성격을 잘 나타내주고 있다고 할 수 있다.

이와 더불어, 다이라노사다미치의 생각 말미에 「어처구니없는 말씀을 하시는 분이군(嗚呼ノ事ヲモ宣フ人カナ)」이라고 묘사되어 있듯이, 사다미치는 요리노부의 성격에 대해서, 주위를 의식하거나 체면을 생각하지 않는 호방함 때문에 신중하지 못한 면도 아울러 지니고 있는 사람으로 여기고 있음을 알 수 있다.

이러한 성격이나 말투가 초래하는 사태는 일을 순조롭게 해결하기 어렵게 만든다는 것을 이어지는 사건 전개로 알 수 있다. 즉 사다미치는 후일에 요리노부가 목을 베어오라고 한 남자를 우연히 길에서 만나게 되었는데, 그 남자는 요리노부가 자기의 목을 베어오라고 명령한 사실을 이미 알고 있었다. 그도 그럴 것이, 몰래 불러서 한 이야기도 아니고 좌중의 모든 사람들에게 들으라는 듯이 큰소리로 말을 했으니 자연히 말이 퍼져나가 이 남자의 귀에까지 들어가게 된 것이었다. 사다미치는 이미 요리노부의 명령을 잊고 있었는데, 헤어지려는 순간에 그 남자가 자기 목을 베어오라고 했던 사실을 확인하듯이 물으니, 그때서야 사다미치도 그런 일이 있었음을 기억해내고 다음과 같이 응대하는 것이었다.

아하, 그런 일이 있었지. 나는 형님(요리미쓰)을 모시기는 했지만 아직 그 분(요리노부)을 모신 적은 없소. 그런데 많은 사람들이 듣는 가운데 연유도 없이 그런 말씀을 하셔서 황당하다고 생각하고 그만 두었지. 그런 식으로 생각하는 사람이 어디 있단 말이오. 어처구니없는 일이오.(イヤ、然ル事有。己ハ、兄ノ殿ニハ侍レドモ、未ダ彼ノ殿ニハ參仕ル事モ無シ。其レニ人々ノ數聞キシニ、故モ無ク然ル事ヲ宣ヒシカバ、『可咲』ト思テ止侍ニキ。然ル事思フ人ヤハ在ル。怪キ事也カシ)

이렇게 말하고 웃고만 사다미치의 내심은, 요리노부가 한 말의 내용이나 말투 그리고 말을 했을 때의 정황 등, 그의 언동이 모든 면에서 적절치 못했다고 보았고, 그의 이러한 마음은 「황당하다(可咲)」 또는 「어처구니없는 일(怪キ事)」이라는 표현으로 충분히 읽을 수 있다. 이런 표현은 요리노부의 언행에 대한 부정적인 면을 드러내고 있고, 따라서 그의 명령에 대해서도 가볍게 생각하고 지나쳐버린 것이었다. 그런데 이 남자 역시 다음과 같은 경솔한 말로 응대를 함으로서 조용히 수습될 일에 대해 긁어 부스럼을 자초하고 있다.

도읍으로부터 어떤 사람이 그런 말을 전해주었기 때문에 「정말 그

렇게 되지 않을까(즉 나의 목을 베게 되지 않을까-필자 주)라고 생각하여, 실은 오늘도 가슴이 떨렸었지요. 그런데 당신이 (나의 목을 베는 일을) 쓸데없는 짓이라고 생각한 것은 정말 잘 생각하신 것이고 매우 기쁩니다. 하지만, 설령 그분(요리노부)이 말씀하신 것을 어기기 어렵다고 생각하여 그렇게 하려고 했더라도 나정도 되는 사람을 마음대로 할 수는 없었을 겁니다. (京ヨリ人ノ告ゲ遣セテ侍リシカバ、「然様ニヤ思スラム」ト思給テ、今日ナドモ心トキトキ被爲テ侍ツル也。「由無シ」ト思ス事ハ、絲吉ク思シタリ。無限リ喜ビ申ス。但シ、譬ヒ彼ノ殿ノ宣フ事ヲ難去ク思シテ、此ノ事ヲセムト思スト云フトモ、己等許成ヌル者ヲバ、心ニ任セテ爲得給ハムズルカハ)

사다미치가 자기의 목을 베는 일을 쓸데없는 짓이라고 생각해준 것을 고마워하고 기뻐하면 되었을 텐데, 이 남자는 자신의 무용(武勇)에 자신이 있어서인지 설령 사다미치가 자기의 목을 치려고 한다 해도 뜻대로 되지 않았을 거라고 하며 비웃듯이 말하였으니 사다미치로서도 기분이 상했을 것이다. 그래서 그렇군요 라고 간단히 대답하고 헤어졌지만 마음속으로는 이 녀석을 처치하고 목을 베에서 요리노부님께 바쳐야겠다고 마음을 바꾸게 되는 것이다.

그리고 부하들에게 자기 생각을 이야기하고 말과 화살통을 갖춘 후 바로 뒤쫓기 시작했다. 마침내 남자를 추격하여 덤벼들었지만 남자는 앞에서 사다미치가 자기의 목을 벨 생각이 없다고 한 말을 그대로 믿었는지 방심한 채로 지나가다 화살을 맞고 말에서 거꾸로 떨어지고 말았다. 그래서 사다미치는 남자의 목을 베어 들고 도읍으로 올라와 요리노부에게 바쳤더니 그는 기뻐하며 좋은 말에 안장을 얹어 상으로 주었다. 사다미치는 설화의 말미에서 다른 사람에게 다음과 같은 말을 전하고 있다.

무사히 지나갈 수 있었던 녀석이 쓸데없는 말 한 마디를 하는 바람에 화살을 맞고 죽었는데, 고치(河內)님(요리노부)이 역정을 내신 것도 이유가 있는 일이었다. 참으로 무위(武威)가 대단한 분이시다. (平カニ過テ可行カリシ奴ノ、由無キ言ヲ一事云テ、被射殺ニシカバ、河內殿ノ不安デ思シケル事ノ故也ケリ。哀レニ忝キ人ノ威也ケリ)

「입이 화근(口は禍の門)」이란 말이 있듯이 사다미치는 남자의 경솔하고 자신의 무용(武勇)을 자만하는 말투로 인해 목숨을 잃게 된 것에 대해 비난하고 있고, 반면에 요리노부에 대해서는 그의 대단한 무위(武威)를 칭찬하고 있다. 결과적으로 일은 요리노부의 명령대로 잘 처리되었지만 그의 말투가 일을 어렵게 만든 것은 사실이다. 그럼에도 불구하고 앞에서는 요리노부의 거친 말투와 공개적인 언동에 대해 불만을 품었던 사다미치가, 그에게 무사로서의 대단한 위엄을 느꼈다고 칭찬하는 반전이 이루어지게 된 것은, 그 남자의 무사답지 못한 저급(低級)한 언행을 목도(目睹)하였기 때문이다. 결국 우여곡절은 있었으나 호방한 성격에서 나오는 요리노부의 거침없는 언행은 사다미치로 하여금 무사로서의 위엄을 느끼게 하였고, 말미에 서술된 「이 이야기를 들은 사람들은 결국 (요리노부의 무사다운 위엄에) 경외심을 느꼈다(此ヲ聞ク人彌ヨ恐テケリ)」고 하는 세상 사람들의 평은, 이러한 사다미치의 평가를 객관화 내지는 뒷받침하는 기능을 하고 있는 것이다.

제2절 지략과 결단력

다이라노타다쓰네(平忠恒)는 1028년(長元1) 보소(房總)지방에서 다이라노타다쓰네의 난을 일으킨 장본인으로, 이 사건의 전말은 『사케이키(左經記)』를 비롯한 역사서에도 기록이 남아있다. 『곤자쿠모노가타리슈』 제25권 제9화는 이러한 역사적 사실에 근거한 설화라고 할 수 있는데, 이 난을 진압한 요리노부의 무공(武功)에 대해 역사서에서는 볼 수 없는 내용까지 자세하게 서술하고 있어, 그의 인간상을 파악하는데 중요한 단서를 제공하고 있다.

제목은 「미나모토노요리노부가 다이라노타다쓰네를 공격한 이야기」인데, 먼저 요리노부가 다다노미쓰나카의 3남이라는 출신 소개와 더불어, 「무도(武道)에 있어서 조금도 부족함이 없어서 조정도 그를 중요한 사람으로 여겼고, 그래서 세상 사람들도 모두 그를 몹시 경외하였다(兵ノ道ニ付テ聊ニモ愚ナル事無ケレバ、公モ此レヲ止事無キ者ニセサセ給フ。然レバ世ノ人モ皆恐ヂ怖ルル事無限リ)」고 하여, 그의 무사로서의 인물됨됨이를 칭찬하고 있다.

이러한 그에 대한 평가는 다이라노타다쓰네의 난을 진압하는 과정을 통해서 구체화되고 있다. 요리노부가 히타치(常陸)지방의 수령이 되어 임지에 내려가 있을 때의 일인데, 시모쓰사(下總)지방의 다이라노타다쓰네가 많은 사병(私兵)을 거느리고 가즈사(上總)와 시모쓰사지방 전체를 자기 맘대로 지배하면서 세금을 내지 않는 등 공적인 의무를 이행하지 않았다. 그리고 수령의 명령도 무시했으므로 요리노부는 크게 질책하면서 군사를 이끌고 타다쓰네를 치려고 서둘렀다. 그러자 그 지방 주민인 다이라노고레모토(平惟基)가 말하기를, 타다쓰네는 큰 세력을 지닌 자이고 그의 거처는 쉽게 접근할 수 있는 곳이 아니니 병력을 모은 후에 진격하는 것이 좋겠다고 충고했다. 하지만 요리노부는 그렇다고 그를 이대로 둘 수는 없다고 하면서 시모쓰사로 진격했다. 보통 사람이라면 그 지방 사정에 밝은 고레모토의 충고에 따랐겠지만 그는 정면 승부를 택한 것이다.

이처럼 요리노부는 무사이면서 지방장관으로서 결단력과 추진력을 갖춘 면모를 보이지만, 그렇다고 해서 무모한 사람은 아니었던 것 같다. 그것은 그가 타다쓰네를 공격함에 있어서 신중함과 지략을 발휘하는 모습을 통해 엿볼 수 있다. 타다쓰네는 바다처럼 넓은 호수의 건너편에 거주하고 있었고, 따라서 호수를 우회해서 공격하면 시일이 많이 걸리므로 안심이 되었지만, 호수를 곧장 건너오면 그날 안으로 공격당하므로 근처의 배들을 모두 거두어들였다.

별다른 묘책이 없는 상태에서 요리노부는 일단 첩자를 보내어 타다쓰네의 의향을 살피기로 하였는데, 그의 포기하지 않는 의지와 전략을 엿볼 수 있는 대목이다. 이 때 타다쓰네는 「ⓐ수령님(요리노부)은 아주 훌륭한 분이시다. 그러니 당연히 항복해야 하겠지만 수하인 고레모토와는 조상 대대로 원수지간이므로 절대로 그 녀석 앞에 말에서 내려 무릎을 꿇을 수는 없는 일이다(守殿、止事無ク御座ス君也。須可參シト云ドモ、惟基ハ先祖ノ敵也。其レガ候ハム前ニ下リ跪キテナム否不候マジキ)」고 하며, 항복을 거부하였다.

타다쓰네가 겉으로는 고레모토와의 구원(舊怨)을 핑계로 항복을 거부하였지만 내심으로는 지형적으로 볼 때 적군이 결코 쳐들어올 수 없다는 안심감이 더 컸을 것이다. 특히 밑줄 부분 ⓐ와 같이, 비록 적장이지만 요리노부에 대해 경의를 표하는 것을 보면 당시 무인으로서 요리노부가 지닌 명성이 어떠했는지를 잘 보여주고 있다고 할 수 있을 것이다.

이 때 요리노부는 호수를 우회해서 공격하면 시일이 걸려 적이 도망치거나 만반의 대비를 할 터이니 금일 중으로 공격해야만 타다쓰네가 허를 찔려 낭패를 볼 것이라고 생각했다. 하지만 배가 없으니 어찌해야 좋을지 물었더니 모두 우회하는 수밖에 없다는 대답이 돌아왔다. 아마 보통 장수라면 그 지방에서 잔뼈가 굵은 병사들의 말을 따랐을 터이지만 요리노부는 달랐다. 포기하지 않고 지략을 짜내어 다음과 같은 명령을 하였다.

요리노부가 관동지방을 본 것은 이번이 처음이다. 그래서 길을 잘 알 리가 없다. 하지만 집안에 전해오는 이야기로 들은 바가 있는데, 그것은 이 호수에는 얕은 길이 제방처럼 나 있어 넓이는 1장(1丈-약 3m)정도로 곧게 뻗어있고 깊이는 말의 배가 물에 잠길 정도라고 한다. 그 길은 필시 이 근처에 있을 것이다. 병사들 가운데 그 길을 아는 자가 틀림없이 있을 터이니 그가 선두에서 건너면 이 요리노부도 뒤따라 건너도록 하겠다. (頼信坂東ハ此度ナム始メテ見ル。然レバ道ノ案内可知キニ非ズ。然レドモ家ノ傳ヘニテ聞キ置キケル事有リ、「此ノ海ニハ淺キ道、堤ノ如クシテ、廣サ一丈許ニテ直ク渡リケリ。深サ馬ノ太腹ニナム立ツナル」。其ノ道ハ定メテ此ノ程ニコソ渡リタラメ。此ノ軍ノ中ニ論無ク其ノ道知タル者有ラム。然バ前ニ打テ渡レ。頼信其レニ付テ渡ラム)

집안에 전해오는 이야기를 기억해낸 총명함도 있었지만 모두가 불가능하게만 여겼던 호수 밑의 얕은 길을 이용하려는 그의 지략은 포기하지 않는 결단력이 바탕이 된 것이었다. 더구나 그 길을 찾는다 해도 말의 배까지 차는 물길을 건너는 것은 위험천만한 일이었고, 그럼에도 스스로 선두에서 건너고자 한 것은 대단한 용기가 필요한 일이었을 것이다. 마침내 그 길을 아는 마카미타카노부(眞髮高文)라는 자가 선두에 서고 요리노부를 필두로 한 군사 오륙백 명이 뒤를 따라 호수를 건너는데 성공했다. 그런 줄도 모르고 여유 있게 준비를 하고 있던 타다쓰네는 예상이 빗나간 빠른 공격에 제대로 대항해 보지도 못하고 사죄문과 함께 항복하고 말았다.

요리노부의 남다른 지략과 용기와 결단력은 큰 피해 없이 내란을 진압하는 결과를 가져왔고, 그렇기 때문에 『곤자쿠도노가타리슈』의 편자도 이야기 말미에서, 이후로 사람들이 요리노부가 매우 뛰어난 무인임을 알고 경외심을 갖게 되었고 그의 자손들도 훌륭한 무사로서 조정에 근무하였다고 칭송한 것이다.

제3절 관용과 포용력

무사의 덕목으로서 가장 먼저 무용(武勇)을 들 수 있겠지만, 요리노부는 무사로서의 관용과 포용력 면에 있어서도 대단한 인물이었다. 앞에서 얘기한 타다쓰네 진압담에서 그는 특별한 포용력을 보여주고 있는데, 사죄문과 함께 투항한 적장에 대해 다음과 같은 태도를 취하고 있다.

「이처럼 사죄문을 보낸 이상 이미 투항한 것이다. 이런 그를 구태여 공격하는 게 아니다. 바로 사죄문을 받고 돌려보내라」고 하고, 말머리를 돌리니 군사들도 모두 돌아갔다. (「此許名符ニ怠状ヲ副テ奉レルハ、既ニ□シニタル也。其レヲ强ニ責メ可討キニ非ズ」ト、「速ニ此レヲ取テ可返キ也」ト云テ、馬ヲ取テ返シケレバ、軍共モ皆返リニケリ。)

투항한 적장을 처형하지 않고 관용을 베푸는 요리노부의 포용력이 잘 나타나 있어, 진정한 무사로서의 진면목을 엿볼 수 있다. 또한 사람들은 이러한 모습을 통해 뛰어난 무사로서의 존경심과 경외심을 느끼게 되는 것이다.

이처럼 무사로서의 남다른 포용력을 여실히 보여주는 설화가 『곤자쿠모노가타리슈』 제25권의 제11화이다. 요리노부가 가무쓰케(上野)지방의 수령으로 근무하던 때, 그와 젖동생 관계인 후지와라노치카타카(藤原親孝)란 자가 있었는데, 그도 역시 뛰어난 무사였다. 어느 날 그가 도적을 붙잡아 집에 묶어두었는데 포승을 풀고 도망쳤다. 하지만 집안을 벗어나지 못하게 되자 대여섯 살 된 치카타카의 아들을 인질로 잡고 창고에 들어가 아이의 배에 칼을 들이댔다. 이 사실을 듣고 달려온 치카타카는 혼비백산하여 어찌할 바를 몰랐다. 가까이 다가오면 아이를 찔러죽이겠다고 위협하는 도적에게 아무도 다가가지 못하도록 명령을 하고 곧장 요리노부에게 달려갔다. 그리고 울면서 사정 이야기를 했더니 요리노부는 호탕하게 웃으며 말했다.

네가 우는 것도 당연한 일이지만 여기서 울어서 될 일인가? 귀신이든 신이든 덤벼들 생각을 가져야지 마치 어린애 우는 것처럼 우는 것은 참으로 바보같은 짓이다. 그까짓 아이 하나 찔러죽이라고 해. 그 정도의 마음가짐이 있어야 무사다운 것이다. 자기 몸을 생각하고 처자식을 생각해서는 무사의 체면이 서지 않는다. 두려워하지 않는다는 것은 자기 몸을 생각지 않고 처자식을 생각지 않는 것을 말한다. 그건 그렇고 내가 한번 가봐야겠다. (理ニハ有レドモ、此ニテ可泣キ事カハ。鬼ニモ神ニモ取合ナドコソ可思ケレ、童泣ニ泣事ハ緜鳴呼ナル事ニハ非ズヤ。然許ノ小童一人ハ突殺サセヨカシ。然様ノ心有テコソ、兵ハ立ツレ。身ヲ思ヒ妻子ヲ思テハ、俸弊カリナム。物恐ヂ不爲ト云ハ、身ヲ不思妻子ヲ不思ヲ以テ云也。然ニテモ我レ行テ見ム。)

요리노부의 무사관이 잘 나타나 있는 대목이다. 무사란 두려운 일

앞에서 자기 자신 또는 가족을 우선으로 생각해서는 안 되는 것이고, 이러한 마음가짐 위에서 판단하고 행동한다면 거리낄 게 없는 법이라는 것이다. 여기에서 치카타카와의 차이를 볼 수 있고 이러한 무사에 대한 의식이 행동의 차이로 나타나는 것이다.

직접 도적을 만난 요리노부는 담판을 벌이게 된다. 즉 네가 아이를 인질로 잡은 것은 그 아이를 죽이고 싶어서가 아니라 자신의 목숨을 구하기 위한 방편인 것이고, 그렇다면 이 요리노부가 목숨을 보장할 테니 칼을 던지고 아이를 놓아주라는 것이다.

이러한 담판의 과정을 분석해보면 앞에서 얘기한 바와 같은 무사로서의 마음가짐과 실행이 분명히 나타난다.

ⓐ「네가 그 아이를 인질로 잡은 것은 자기의 목숨을 보전하기 위해서인가, 아니면 단지 그 아이를 죽이고 싶어서인가, 분명히 너의 생각을 말하라, 이 녀석!」(「汝ハ、其ノ童ヲ質ニ取タルハ、我ガ命ヲ生カムト思フ故カ、亦、只童ヲ殺サムト思フカ。慥ニ其ノ思フラム所ヲ申セ、彼奴」ト。)

ⓑ「좋다, 그렇다면 그 칼을 던져라. 이 요리노부가 이 만큼 말씀하시는데 칼을 던지지 않을 수 없을 것이다. 네가 아이를 찌른다면 내가 절대 보고만 있지는 않을 것이다. 나의 성미는 소문에 들었을 것이다. 자, 어서 칼을 던져라, 이 녀석!」(「ヨイ、然ルニテハ其ノ刀ヲ投ゲヨ。頼信ガ此許仰セ懸ケムニハ、否不投デハ不有。汝ニ童ヲ突セテナム、我レ否不見マジキ。我心バヘハ自然ラ音ニモ聞クラム。慥ニ投ゲヨ、彼奴」)

요리노부는 단순히 설득하는데서 그치지 않고 의연한 자세를 견지하면서 협박에 가까운 강한 어조로 담판을 짓고 있다. 특히 ⓐ와 ⓑ의 밑줄 부분을 보면 상대방 도적에 대해서는 「이 녀석」이라 부르면서 자기 자신에 대해서는 「이 요리노부가 이 만큼 말씀하시는데」와 같이 경어를 사용하고 있어 상대방의 기세를 완전히 꺾어놓고 있다. 이러한 대화법은 인질에 대한 안위를 걱정하지 않아서가 아니라, 무사라면 어떠한 마음가짐으로 어떻게 처신을 해야 하는가를 우선으로 생각했기 때문에 가능한 것이라고 할 수 있다. 뼛속까지 무사의 정신으로 무장된 요리노부의 일면을 엿볼 수 있는 장면이다.

이러한 무사로서의 단호한 모습에 도적은 결국 칼을 던지고 인질을 풀어주게 되었는데, 이후의 대처하는 모습에서도 치카타카와 요리노부는 극명한 대조를 보인다. 아들이 풀려나자 안심한 치카타카는 도적을 베어 죽이려고 했지만 요리노부는 생각이 달랐다.

이 녀석은 기특하게도 인질을 풀어주었다. 빈곤했기 때문에 도적질도 한 것이고 목숨을 유지하기 위해서 인질도 잡은 것이니 미워할 일도 아니다. 게다가 내가 인질을 풀어주라고 한 말대로 풀어준 것을 보니 사리를 아는 녀석이다. 곧바로 이 녀석을 풀어주어라. (도적을 향해) 필요한 것이 있으면 말하라. (「此奴、絲哀レニ此ノ質ヲモ免シタリ。身ノ侘シケレバ盗ヲモシ、命ヤ生トテ質ヲモ取ニコソ有レ。憎ガルベキ事ニモ非ズ。其レニ、我ガ、『免セ』ト云ニ随テ免シタル、物ニ心得タル奴也。速ニ此奴免シテヨ」、「何カ要ナル。申セ」)

도적을 용서한 요리노부는 그가 다시 나쁜 짓을 저지르지 않도록 말에 안장을 얹어 식량을 실어 주었다. 이와 같은 요리노부가 보인 도적에 대한 사후처리는 그의 명성에 걸맞은 것이었다. 자기에게 붙잡혀 아무런 저항을 할 수 없는 상대라 할지라도 약속한 바를 지키고 넓은 관용과 포용력을 베풀어 악의 수렁에서 구해내는 것은 보통 무사로서는 하기 어려운 행동이다. 약자에 대한 배려가 수반될 때 진정한 강자

가 되는 것이고, 『곤자쿠모노가타리슈』의 편자도 이러한 모습에 감동했기 때문에 설화의 말미에서 「요리노부의 무사로서의 위엄은 대단한 것이다(此ノ賴信ガ兵ノ威絲止事無シ)」라고 칭송하고 있는 것이다.

제4절 무언(無言)의 신뢰

무사의 덕목으로서 무용(武勇) 외에도 여러 가지가 있겠으나, 요리노부는 이심전심으로 통하는 신뢰를 통하여 무사로서의 진면목을 보여주고 있다. 제25권 제12화는 「미나모토노요리노부 아손의 아들 요리요시(賴義)가 말 도둑을 쏘아 죽인 이야기」라는 제목의 설화인데, 요리노부와 장남 요리요시 부자에 얽힌 이야기이다.

요리노부가 간토(關東)지방에 명마가 있다는 소문을 듣고 그 주인에게 말을 달라고 부탁하였더니 거절하기 어려워 말을 도읍으로 올려보내게 되었다. 그런데 도중에 말 도둑이 그 말을 훔치려고 계속 뒤따라 왔지만 훔칠 틈이 없어서 결국 도읍에까지 따라오게 되었고, 말은 무사히 요리노부 집의 마구간에 넣어두게 되었다. 이 소식을 듣게 된 아들 요리요시는 그 말이 명마라면 다른 사람에게 주기 전에 자기가 얻어야겠다고 생각하고 폭우가 쏟아지는 날 저녁에 아버지 요리노부를 찾아갔다. 아들이 왜 찾아왔는지를 눈치 챈 요리노부는 아들이 말을 꺼내기도 전에, 그 말을 아직 자기도 못 보았으니 내일 확인해보고 마음에 든다면 가져가라고 했다. 요리요시는 자기가 부탁하기도 전에 말을 가져가라고 하니 매우 기쁜 마음으로 잠자리에 들었다.

이 장면에는 요리노부의 호방한 성격이 잘 나타나 있다. 원래 무사는 명마를 갖고 싶어 하는 법인데, 애써 얻은 말을 한번 타보지도 않고 주는 것은 그의 넓은 도량과 후한 성격을 말해준다. 어쨌든 요리요시로서는 부탁을 하기도 전에 자기의 원하는 바를 얻게 되었으니 부담감을 덜은 것이고, 아버지는 아들의 이러한 심적 부담을 짐작했기에 미리 배려를 한 것으로 볼 수 있다. 이처럼 이신전심으로 상대방의 마음을 알아챌 수 있다는 것은 무사들 간의 무언속의 신뢰가 바탕이 되고 있기 때문에 가능한 일인 것이다.

그런데 그날 밤 비가 내리는 가운데 말 도둑이 말을 훔쳐 달아났다. 하인들이 소리를 지르자 잠을 깬 요리노부는 자고 있는 아들에게 저 소리를 들었느냐고 한마디 던진 채 화살통을 메고 말에 올라탔다. 그리고 「아마 도중에서 말을 훔치려다가 실패하고 도읍까지 올라온 말 도둑이 비가 내리는 틈을 타 훔쳐 달아난 것」이라고 생각하며, 혼자서 세키야마(關山) 쪽으로 말 도둑의 뒤를 추격했다. 이때 뒤에 남은 아들 요리요시가 취한 행동과 생각은 무사들 간의 무언의 신뢰를 극명하게 드러내고 있는데, 해당 부분은 다음과 같다.

또한 요리요시도 하인들의 외치는 소리를 듣고 아버지가 생각하신 것과 같은 생각을 하고 아버지에게 아무런 말도 하지 않은 채, 아직 옷도 벗지 않고 누워 있었기 때문에 일어나자마자 아버지와 마찬가지로 화살통을 둘러메고 마굿간□(본문결자) 세키야마 쪽으로 단지 혼자서 좇아갔다. 아버지는 「우리 아들이 반드시 좇아올 것이다」라고 생각했다. 아들도 「우리 아버지는 반드시 앞서 좇고 계실 것이다」라고 생각하고 거기에 뒤떨어지지 않으려고 달려가는데…

(亦賴義モ其ノ音ヲ聞テ、祖ノ思ヒケル樣ニ思テ、祖ニ此トモ不告シテ、未ダ裝束モ不解デ丸寢ニテ有ケレバ、起ケルママニ祖ノ如クニ胡箙ヲ掻負テ、厩□ナル關山樣ニ、只獨リ追テ行ナリ。祖ハ、「我ガ子必ズ追テ來ラム」ト思ケリ。子ハ、「我ガ祖ハ必ズ追テ前御ヌラム」ト思テ、其レニ不後ト走ラセツツ行ケル程ニ…)

아버지 요리노부는 말 도둑이 세키야마 쪽으로 도망갔을 것으로 짐작하고 추격해가면서 아들에게 자기가 어떤 방향으로 쫓아가고 있다는 얘기를 하지 않았다. 그렇지만 아들이 반드시 자기와 같은 방향으로 뒤 쫓아 올 것이라고 확신했고, 아들 요리요시는 이러한 아버지의 무언의 신뢰에 어긋나지 않게 같은 방향으로 추격해 갔다. 급박한 상황에서 이신점심으로 통하는 신뢰가 두 사람을 같은 방향으로 말을 몰게 한 것이다.

마침내 말 도둑이 세키야마에 도달해서 완전히 도망쳤다고 생각하고 안심한 채 물이 흐르는 곳을 첨벙첨벙 물소리를 내며 가고 있었다. 이 물소리를 들은 요리노부는, 주위가 칠흑 같은 어둠에 싸여 아들이 근처에 있는지 없는지도 알 수 없는 상황에서, 마치 사전에 약속이라도 한 듯이 저 녀석을 쏘라고 외쳤다. 그 말이 끝나기도 전에 화살 소리가 나고, 덜그럭덜그럭 빈 말이 움직이는 소리가 들렸다. 그러자 요리노부는, 「말 도둑은 이미 화살을 맞고 떨어졌다. 즉시 다가가서 말을 데리고 오라」고 한마디 명령한 후에 말을 데리고 오는 것도 기다리지 않고 돌아갔다. 집에 도착한 후에도 그는 단 한마디 설명도 하지 않고, 아직 날이 밝기 전이어서 그대로 잠자리에 들었다. 요리요시 역시 되찾아온 말을 부하에게 맡기고 말없이 잠을 청하였다.

이처럼 담백하고 간결한 요리노부의 말과 행동, 그리고 그의 생각을 이신전심으로 알아채고 임무를 완벽하게 수행한 요리요시의 모습은 무사로서의 늠름함을 충분히 느끼게 한다. 두 사람 사이의 암묵 속에 이루어진 행동은 두 사람 사이가 부자간이라서 그랬을 수도 있겠지만, 오히려 훌륭한 무사로서의 자질과 기품을 지녔기 때문에 가능한 것이었고, 특히 무사로서의 군은 신뢰가 바탕이 되고 있음을 지적할 수 있을 것이다.

다음 날 요리요시가 명마를 끌고 가려는데 말 위에는 멋진 안장이 놓여 있었다. 그 전날 아무 말도 없이 요리노부가 아들에게 상으로 준 것이었다. 아무런 말이 없었기 때문에 요리요시는 더욱 큰 감동을 느꼈을 것이다. 이처럼 무언 속의 신뢰가 바탕이 된 요리노부 부자간의 언행은 『곤자쿠모노가타리슈』의 편자도 평어에서 「대단한 사람들의 마음가짐이다. 무사의 마음가짐은 이러한 것이다」라고 말했듯이, 실로 귀감이 되는 무사상을 보여주는 것이었다.

이상 『곤자쿠모노가타리슈』에 나타난 미나모토노요리노부에 대해 살펴보았는데, 당대 최고의 무사 집안 출신에 걸맞게 무사로서의 뛰어난 활약과 인간적인 모습을 볼 수 있었고, 세간의 평판을 바탕으로 한 편자의 평어에도 그에 대한 경외심이 잘 나타나 있다. 우선 다이라노사다미치가 경험한 요리노부는 강한 말투와 거침없는 언행의 소유자였고, 자기에게 모욕을 가한 자의 목을 가져오라는 명령을 공개적으로 한 것이 불만이었다. 하지만 나중에는 요리노부에게 모욕을 가한 자가 경솔한 말투 때문에 목숨을 잃게 되고, 이러한 경솔한 말투는 요리노부의 경우와 대비되면서, 사다미치도 요리노부의 무위에 대해 경외심을 갖게 되었다. 말투란 그 사람의 성격에 의해 드러나는 것이고, 특히 무사에게 있어서 말투가 얼마나 중요한지를 절감하게 하는 일화이다.

다이라노타다쓰네의 난을 평정하는 과정에서는, 타다쓰네의 세력이 막강하고 근거지가 접근하기 어려운 지형이므로 후일을 도모하자는 주위의 충고를 물리치고, 요리노부는 어렵지만 정면 승부를 택하였다. 무모하게 보일지 모르지만 요리노부는 타다쓰네의 무소불위(無所不爲)를 응징하는 것이 국가의 녹을 먹는 무사로서의 본분이라 여겼고, 지략과 결단력을 발휘하여 난의 평정에 성공하게 된 것이다.

또한 요리노부는 무사로서 남다른 관용과 포용력을 보여준 인물이었다. 난을 평정 한 후 투항한 타다쓰네를 용서한 것도 그렇지만, 동생의 아들을 인질로 잡은 도적을 처리하면서 그는 무사의 참모습과 약자에 대한 배려를 잘 보여주고 있다. 두려운 일 앞에서도 무사는 자기나 가족의 안위를 우선해서는 안 된다는 생각과 행동, 도적이 다시 악행을 저지르지 않도록 도움을 베풀고 풀어주는 행동에 진정한 강자의 모습이 잘 표현되어 있다.

요리노부와 요리요시 부자는 무사의 덕목으로서 무용 외에도 무언의 신뢰가 얼마나 멋진 것인가를 느끼게 해 준다. 말 도둑을 추격하면서 두 사람은 말이 없는 가운데 상대방의 의중을 알고 방향을 같이 하였고, 칠흑 같은 어둠 속에서도 부자간의 절묘한 호응으로 도적을 쏘아 잡았는데, 암묵 속에서 이루어진 행동의 배경에는 무사로서의 굳은 신뢰가 있었다.

이처럼 요리노부는 무사로서 뛰어난 무용을 지녔음은 물론이고 인간적으로도 매력이 있는 인물이었기 때문에 세간이나 주변으로부터 존경을 받았고, 심지어는 적장도 경의를 표했던 것인데, 『곤자쿠모노가타리슈』에 묘사된 요리노부의 모습에는 헤이안시대가 전란의 시기로 접어들면서 점차 세력을 확대해 가던 무사들의 역동성이 투영되어 있는 것이다.

제十장

도적담으로 본 사회상

제10장 도적담으로 본 사회상

『곤자쿠모노가타리슈』의 전 31권 가운데 일본의 세속부 설화에 속하는 제29권에는 「악행(惡行)」이라는 부제목이 붙어있고, 제1화에서 제23화까지는 도적과 관련된 설화가 수록되어 있다. 이 외에 다른 권에도 도적이 등장하지만 제29권에 집중적으로 수록된 것은, 편자가 도적 행위를 인간의 대표적인 악행의 하나로서 인식하였기 때문으로 볼 수 있는데, 여기에서 언급하는 도적은 단순히 남의 물건을 훔치는 도둑질 외에도 강도 강간 살인 등 유사 범죄까지를 포함하는 포괄적인 행위를 의미한다. 실제로 제29권의 제1화에서 제23화까지의 설화 제목을 보더라도 「도인(盜人)」 외에 「강도(强盜)」, 「살인(殺人)」, 「피살(被殺)」 등의 용어가 사용되고 있음을 확인할 수 있다.

오늘날에도 그렇듯이, 도적담은 당시 사회의 어두운 단면을 엿볼 수 있는 중요한 단서가 되고, 따라서 『곤자쿠모노가타리슈』라는 작품을 통하여 일본 헤이안시대의 사회상을 규명하는 방편의 하나로 삼을 수 있을 것이다. 예를 들어, 이미 미나모토노요리노부라는 인물을 통하여 무사상을 고찰한 바 있지만, 도적담을 통하여 무사담과 일맥상통하는 시대적 상황을 느끼기도 하고, 도적과는 완전히 상반되는 불법(佛法)의 세계를 배경으로 전개되는 악행을 확인하기도 한다.

한편 『곤자쿠모노가타리슈』의 도적담에는, 제29권의 제3화를 근대작가 기쿠치칸(菊池寛)이 『신콘자쿠모노가타리슈(新今昔物語集)』에 수록했듯이, 한 편의 문학 작품으로서도 손색이 없을 정도의 완성도를 보여주는 설화도 있어, 『곤자쿠모노가타리슈』 편자의 문학적 행위에도 주목할 필요가 있다.

따라서 본 장에서는 『곤자쿠모노가타리슈』의 도적담을 통해서 당시의 시대상을 살피고 문학적 특징을 밝히는 복합적 시각에서 접근하고자 하는데, 설화문학이 지닌 특징을 감안하면 효과적인 방법이 될 것으로 생각한다.

제1정 도적이란 어휘의 이미지

도적은 범죄이고 따라서 도적이란 어휘가 설화에서도 부정적인 의미로 사용되는 것이 일반적이었다. 제28권 제31화 「오쿠라노다이후(大藏大夫) 후지와라노키요카도(藤原清廉)가 고양이를 무서워한 이야기」를 예로 들어보면, 거대한 장원의 주인이고 배짱 좋은 후지와라노키요카도이지만 유일하게 고양이를 두려워했기 때문에 네코오지노다이후(猫恐大夫)라는 별명이 붙어 있었다. 그런데 야마토지방의 수령 후지와라노스케키미(藤原輔公)가 그에게 세금을 내라고 여러 번 재촉했지만 전혀 들은 체 하지 않았다. 그러자 수령은 도망칠 곳 없이 사방이 막힌 방에 그를 불러놓고 고양이 다섯 마리를 풀어놓자 혼비백산하여 결국은 밀

린 세금까지 내게 되었다는 이야기인데, 수령은 키요카도의 약점을 이용하여 다그치면서 「도적의 심보(盜人ナル心)」라고 호통을 치고 있다.

이처럼 재산이 많으면서 세금을 안 내는 자를 지칭하는 부정적인 의미는 오늘날에도 그대로 통용되고 있는데, 제24권 제55화 「오스미(大隅)지방의 원님이 와카를 읊은 이야기」에서도 부정적인 이미지를 확인할 수 있다. 내용을 보면, 오스미지방의 수령이 자기가 다스리는 고을 원님 가운데 자주 직무에 태만한 자를 벌하기 위해서 불러오도록 하였다. 형틀과 곤장을 준비해 놓고 기다리는데 머리가 새하얀 백발의 노인이 들어오자, 수령은 곤장을 치는 것이 불쌍해서 뭔가 이유를 대서 용서해주고 싶었다. 그래서 「너는 터무니없이 나쁜 녀석이구나. 그런데 너는 와카를 읊을 줄 아느냐?(汝ハ極キ盜人カナ。但シ、汝ヂ和歌ハ讀テムヤ)」하고 물었다. 그러자 노인은 늙은 자신의 처지와 곤장을 보고 두려운 마음을 빗대어, 「나이를 먹어 머리에 흰 눈이 쌓여있습니다만 곤장[シモト가 곤장이란 뜻과 霜(서리)라는 뜻을 함께 지닌 중의적 표현]을 보니 몸이 얼어붙는 것 같군요(トシヲヘテカシラニ雪ハツモレドモシモトミルコソミハヒヘニケレ)」라고 멋지게 와카를 읊었더니 감탄한 수령이 그를 용서해 풀어주었다는 것이다. 수령은 상습적으로 직무를 소홀히 한 늙은 원님에 대해서 「대단한 도적(極キ盜人)」이라고 칭하고 있는데, 여기에서 도적(盜人)은 문자 그대로의 도둑을 의미하는 것이 아니라 터무니없이 괘씸하고 발칙한 자를 비유하는 말로서 쓰인 것으로, 이 또한 매우 부정적인 이미지를 나타내고 있다.

이처럼 도적이 부정적인 이미지를 지니는 것은 당연한 것이지만, 의외로 그 이미지가 항상 부정적인 것만은 아니었음을 보여주는 예화도 있어 주목된다. 제28권 제37화 「관동 사람이 가산인(花山院)의 저택 문 앞을 지나간 이야기」에 의하면, 관동 사람이 가산인의 저택 문 앞을 말을 탄 채 지나치는 불경을 저질러서 끌려갔지만, 말 다루는 솜씨가

뛰어나서 가산인도 감탄하는 사이에 말을 탄 채 밖으로 도망쳐 사라지고, 이를 본 가산인은 「이 녀석 대단한 도적이군(此ノ奴ハ極カリケル盜人カナ)」이라고 하면서 별로 화도 내지 않았다고 한다. 아마 관동의 시골 사람이라서 가산인의 저택인줄 모르고 말을 탄 채 지나친 것으로 보이는데, 가산인이 그를 「대단한 도적」이라고 부른 것은, 그의 말 다루는 솜씨와 두둑한 배짱에 감탄하여 칭찬한 말로서, 앞에서 살펴본 제24권 제25화의 「대단한 도적」이 터무니없이 발칙하고 괘씸한 자라는 부정적인 의미로 사용된 것과는 매우 대조적이다.

이 외에도 제28권 제16화 「아소노사칸(阿蘇史 아소는 등장인물의 성이고 사칸은 율령제의 제4등관 최하위 관직의 총칭으로 기록 문안의 검토 등을 담당함)이 도적을 만났으나 꾀를 내어 피해를 입지 않은 이야기)」는 아소노사칸이 궁에서 퇴궐하면서 수레 안에서 옷을 다 벗어 감추고 알몸으로 가다가 도중에 도둑을 만났으나 이미 다른 도둑에게 옷을 다 빼앗겨서 알몸이라고 속임으로서 피해를 면했다는 줄거리이다. 도적이 나타날 것에 대비하여 기발한 계책을 생각해낸 사칸의 행동이 웃음을 자아내는데, 이 설화의 첫머리에 그를 소개하면서 「키는 작지만 배짱은 매우 두둑한 자였다(長ケ短也ケレドモ、魂ハ極キ盜人ニテゾ有ケル)」라고 표현하고 있다. 여기에서도 「대단한 도적(極キ盜人)」이란 표현이 매우 배짱이 두둑한 자 라는 긍정적인 의미로 사용되고 있음을 확인할 수 있다.

또한 제28권 제41화 「고노에노미카도(近衛御門)에서 사람을 넘어지게 하는 두꺼비 이야기」에서도, 고노에노미카도에 출몰하여 사람을 넘어지게 하는 두꺼비를 퇴치하려던 자가 두꺼비를 만나자, 「두꺼비, 만만치 않은 녀석이 이렇게 힘이 세다니(蟾蜍ノ盜人ノ奴ハ、此ク强キゾカシ)」라고 말하면서 걷어차다가 자기가 넘어지고 마는데, 역시 앞에서와 마찬가지로 도적이 만만치 않은 자라는 의미로 쓰이고 있다.

따라서 도적이란 어휘가 원래 지니고 있던 부정적인 이미지 외에도

「대단한 도적(極キ盜人)」이라는 표현으로 사용되면서 만만치 않고 여간 아닌 자라는 긍정적인 의미로도 쓰이고 있음을 여러 예화에서 확인하게 된다.

제2절 도적의 범행 배경

1. 사회적 요인

도적의 범행 배경으로는 개인적 요인과 사회적 요인의 두 가지 면에서 살펴볼 수 있을 것이다. 먼저 범행을 저지르게 되는 사회적 요인의 하나로서 들 수 있는 것이 흉작으로 인한 기근이다. 제29권 제10화를 보면, 「호키(伯耆)지방 관청의 창고에 들어간 도둑이 피살된 이야기」라는 제목으로 다음과 같은 내용의 설화가 실려 있다.

다치바나노쓰네쿠니(橘經國)란 사람이 호키지방의 수령으로 있을 때, 극심한 흉작으로 전혀 먹을 것이 없었다. 창고 안의 물건도 모두 써버려서 남은 것이 없었는데, 누군가 창고 안에서 문을 두드리는 소리가 들렸다. 자세히 들어보니 도둑질하러 지붕을 뚫고 창고 안으로 들어간 도둑이 먹을 것이 없어서 당장이라도 굶어 죽을 것 같으니 꺼내달라는 것이었다. 이 사실을 즉시 수령에게 알렸더니 관리들을 불러서 도둑을 잡아오게 하였다. 나이 사십 정도의 멀쩡하게 생긴 남자가 붙잡혀 오니, 사람들은 그가 훔친 것도 없고 죄가 미약하니 풀어주는 것이 도리라고 했다. 하지만 수령은 나중에 소문이 나니 그럴 수 없다고 하며 형틀에 묶어두었다. 이를 본 사람들은 스스로 자백한 사람이니 풀어주는 게 도리인데 너무 심한 처사라며 그를 비난했다고 한다.

이 설화에 등장하는 도둑은 애초부터 도둑이었던 것이 아니라 극심

한 흉년으로 굶주림에 못 이겨 범행을 저지른 평범한 사람이었고 스스로 자백하고 붙잡혀 왔다. 따라서 주위에서는 그의 처지를 이해하고 풀어주기를 원했지만 수령은 예상과 달리 엄한 벌로 다스림으로서 비정한 사람이라는 비난을 받게 된 것이다. 당시의 사회적 어려움이 만든 도둑이라는 점에서 그의 범행에 일말의 동정과 이해를 느끼게 되는데, 이처럼 당시 사회의 극심한 빈곤을 배경으로 쓰인 도적 이야기로서 아쿠다가와류노스케(芥川龍之介)의 소설 『라쇼몬(羅生門』의 소재가 된 제29권 제18화를 주목하게 된다.(이처럼 『곤자쿠모노가타리슈』의 설화를 소재로 하여 쓴 아쿠다가와류노스케의 소설과 연도 출전이 된 설화를 정리해보면, 『青年と死』[1914 제4권제24화] 『羅生門』[1915 제29권제18화] 『鼻』[1915 제28권제20화] 『芋粥』[1916 제26권제17화] 『運』[1917 제16권제33화] 『偸盗』[1917 제29권제3화] 『往生繪卷』[1921 제19권제14화] 『好色』[1921 제30권제1화] 『藪の中』[1922 제29권제23화] 『六の宮の姫君』[1922 제19권제5화] 『尼提』[1925 제3권제21화] 등이 있다.) 「라쇼몬의 상층부에 올라가 죽은 사람을 본 도둑 이야기」라는 제목인데, 도둑질을 하러 교토에 올라온 남자가 왕래하는 사람들 눈을 피하기 위하여 라쇼몬의 이층 누각으로 올라가 창 안으로 들여다보니, 젊은 여자가 죽어서 누워있고 머리맡에 등불을 켠 채 백발의 노파가 죽은 시체에서 머리카락을 뽑고 있었다. 도대체 무슨 짓을 하고 있느냐고 도둑이 묻자, 실은 자기 남편이 죽었는데 장례를 치러줄 사람도 없고 해서 이곳에 옮겨 두었고 그의 긴 머리카락을 뽑아서 가발을 만들어 팔려고 한 것이니 용서해달라고 비는 것이었다. 그 말을 들은 도둑은 죽은 자의 옷과 노파의 옷 뽑아둔 머리카락까지 빼앗아 어디론가 사라졌다. 누각에는 죽은 자의 해골이 여기저기 뒹굴고 있었는데 장례를 치르지 못한 시체를 이곳에 버려두었다고 한다. 짧은 내용이긴 하나 시체의 옷이나 머리카락까지 빼앗아 달아난 도둑의 행동에서 당시 사회의 비참한 생활상을 생생하게 읽을 수 있어, 궁핍에 찌든

사회가 도둑을 만들어내고 있음을 읽을 수 있다.

궁핍한 시대적 상황과는 상당히 다른 사회적 요인으로서 지방 관리의 축재도 지적할 수 있다. 제29권 제7화 「도다이후(藤大夫) □가 집에 들어온 강도를 잡은 이야기」라는 제목의 설화인데, 도다이후 아무개가 지방의 수령을 모시고 근무하다가 도읍으로 돌아왔는데, 많은 재물을 가지고 돌아와 정리하는 것을 이웃에 사는 도둑이 보게 되었다. 도둑은 동료들을 끌어들여 물건을 강탈하고 도망치는데, 마루 밑에 숨어있던 하인이 도둑의 발목을 붙잡아 넘어뜨리고 찔러 죽였다. 하인은 도둑의 시체를 마루 밑에 숨겨두고 아무 일도 없었던 듯이 있다가 게비이시(檢非違使)인 도한간(藤判官)에게 보고하였다. 게비이시라 하면 헤이안시대에 생긴 경찰 사법의 임무를 수행하는 기관 또는 사람을 말하는데, 주로 도읍인 교토의 치안 유지를 맡았고 나중에는 소송이나 재판도 행하게 되어 막강한 권위를 지니게 되었다. 도한간이 도둑의 집에서 그의 아내를 붙잡아 심문을 하였더니 자난 밤 밀담을 나누었던 동료 도둑들을 모두 자백했다. 결국 강도들을 일망타진하게 되었고, 하인은 나중에 훌륭한 무사가 되었다고 한다.

여기에서 주목하고자 하는 것은 당시 지방의 관리로 근무하게 되면 상당한 재물을 축재할 수 있었다는 점인데, 수령도 아닌 일개 관리가 이 정도라면 수령의 축재는 어느 정도였을지 짐작이 간다. 설화의 말미에서 편자도 지적했듯이, 집에서 여러 물건을 펼쳐놓고 사람들에게 보이며 방심하는 것은 설령 하인들이라 해도 조심해야 하는데 하물며 모르는 사람에게는 말할 나위 없다고 주의를 환기시키고 있다. 이와 같은 도적 행위의 요인으로는 견물생심이라고 하는 개인적 요인도 작용하고 있다고 보이는데, 이 점에 대해서 좀 더 예화를 통해 살펴보고자 한다.

2. 개인적 요인

앞에서 지적했듯이 가장 일반적인 개인적 요인이라 하면 견물생심을 들 수 있겠는데, 제29권의 제15화를 보면 「게비이시가 실을 훔치고 발각된 이야기」라는 제목으로 심상치 않은 도적담이 서술되어 있다. 제목에 의하면 도둑을 잡는 게비이시가 도둑질을 하다가 발각되었다는 것이니 상당히 드문 사건이었다고 생각되는데, 내용은 다음과 같다.

어느 여름날 도둑을 잡으려고 게비이시들이 출동하였다. 도둑을 체포한 후 포승줄로 묶어 끌고 가려는데, 그 중 한 게비이시가 아직 의심스러운 점이 있다며 다시 집안으로 들어갔다. 잠시 후 나왔는데 그의 옷 앞자락이 불룩하게 부풀어있는 것을 보고 모두 수상하게 여겼다. 그래서 한 가지 계책을 생각해내어 그를 가모(賀茂)강가에 데리고 가서 함께 목욕을 하면서 옷을 벗겨보기로 하였다. 그는 화를 내며 옷 벗기를 거부했지만 억지로 벗겨보니 종이에 싼 하얀 실 이삼십 타래가 굴러 떨어지는 것이었다. 그러자 지금까지 그를 다그쳤던 게비이시들이 망연자실한 모습으로 서 있는 그를 딱하게 여기면서 모두 말을 타고 돌아갔다고 한다.

설화의 말미에서 편자가 도둑질을 한 게비이시의 행위에 대해 평하기를, 「이 일을 생각하니 그 게비이시는 매우 어리석은 자이다. 아무리 욕심이 나더라도 도둑을 잡으러 간 곳에서 실을 훔치고 발각된 것은 참으로 한심한 일이다. (此レヲ思フニ、其ノ検非違使極テ愚也ケル者也。極ク欲ク思フトモ、然カ追捕セム所ニテ、絲ヲ取テ被見顯ル、極テ奇異キ事也。)」라고 했듯이, 욕심에 눈이 어두워지면 인간은 지위나 직책에 상관없이 누구나 순간적인 견물생심으로 범행을 저지를 수 있고, 그것이 돌이킬 수 없는 치욕의 결과를 가져올 수 있다는 경각심을 불러일으키고 있다.

이 외에 어렸을 때부터 지닌 도벽도 개인적 요인의 하나로 지적할 수 있는데, 제29권 제11화 「어린아이가 오이를 훔치고 아버지에게 불효한 이야기」가 그러한 예화에 해당한다. 어느 아버지가 좋은 오이를 열 개 정도 선물로 쓰려고 벽장에 넣어두고 절대 손대면 안 된다고 일러두고 외출하였다. 그 뒤 일곱 여덟 살 쯤 된 아들이 벽장을 열고 오이 하나를 꺼내 먹어버렸다. 저녁에 돌아온 아버지가 벽장문을 열어보니 한 개가 없어져 집안사람들을 추궁하였더니 하녀가 도련님이 벽장에서 오이를 꺼내 먹는 것을 보았다고 고했다. 아버지는 아무 말 없이 마을의 어른들 몇 명을 부르더니 오이를 먹은 아들과 부자의 연을 끊기로 했다면서 서명을 부탁했다. 사람들은 겨우 오이 하나 때문에 아들과 의절하는 것은 터무니없는 짓이라고 말렸지만 아버지는 듣지 않고 아들과 대면하지 않았다. 그 후 어린 아들도 장성하여 남의 집에 종업원으로 일하게 되었는데, 그 집에서 물건을 훔치다 붙잡혔다. 게비이시가 심문을 한 후 아버지가 있는 자이니 그 아버지도 함께 처벌을 해야 한다고 하면서 아버지를 체포하려고 하자, 아버지는 일찍이 아들과는 의절하였으니 상관없는 일이라고 부인하면서 서명을 받아둔 증거문서를 보여주었다. 이렇게 해서 아들은 감옥에 갇히고 아버지는 무사하게 되었다고 한다.

편자는 이야기의 후일담으로서, 아버지가 아들을 사랑하는 마음은 누구나 깊은 것이지만 현명한 자는 일찌감치 자식의 성격을 알아차리고 후환이 없도록 대비한다면서 아버지의 현명한 처사를 칭찬했다고 서술하고 있다. 하지만 후환에 대비하는 방법으로서 아들의 도벽을 고치기 위한 적극적인 노력이 없이 의절이라는 소극적 방법으로 대처한 아버지의 처사에서 비정함이 느껴지기도 한다. 결국 도벽의 성격은 나이가 들어도 좀처럼 고쳐지지 않는 것임을 간파한 아버지의 처사는 자신을 지키고 주변의 이해를 얻을 수 있게 해 주었는데, 바늘 도둑이 소 도둑 된다는 속담이 있듯이 도벽의 무서움을 일깨워주는 설화이기도 하다.

제3절 범행의 수법

1. 위장 행위

도적의 범행 수법은 남의 물건을 몰래 훔치는 도둑질이나 강제로 빼앗는 강도가 일반적인데, 『곤자쿠모노가타리슈』의 몇몇 설화에는 평범하지 않은 수법으로 범행을 저지르는 도적의 행위가 등장한다. 제29권 제19화를 예로 들면, 「하카마다레(袴垂)가 세키야마(關山) 산에서 죽은 체 하여 사람을 죽인 이야기」라는 제목의 설화인데, 당시 대도(大盜)로 유명했던 하카마다레의 일화이다. 대사면을 받고 출옥한 하카마다레가 산에서 알몸으로 죽은 체 누워 있다가 가까이 다가온 무사에게 갑자기 달려들어 칼로 찔러 죽이고 옷과 무기를 빼앗았다. 하지만 다이라노사다미치(平貞道)는 도적의 죽은 몸에 상처가 없는 것을 보고 이상히 여겨 경계를 늦추지 않았기 때문에 겁이 많은 무사라고 놀림을 받았지만 무사히 지나갈 수 있었다. 결국 죽음을 가장한 도적의 계략에 방심한 자와 경계심을 품은 자의 결과를 극명하게 대조시키면서, 세상 사람들의 바람직한 처신의 방향을 제시하고 있는 것이다.

이처럼 죽음을 위장한 범행은 제29권 제17화 「세쓰(攝津)지방의 고야데라(小屋寺) 절에 와서 종을 훔친 이야기」에도 등장하는데, 내용은 다음과 같다. 고야데라 라는 절에 팔십 정도 먹은 법사가 찾아와서 주지승에게 도읍으로 가는 중인데 늙고 지쳐서 도저히 걸을 수 없으니 적당한 곳에서 쉬게 해 달라고 부탁하여 종루(鐘樓)에 머물게 되었다. 그런데 이삼일 지나 가보니 그 늙은 법사가 죽어 있었다. 주지승이 이 사실을 승려들에게 알리고 마을 사람들을 불러 장례를 치르려고 했지만 마침 축제가 다가와서 몸을 더럽혀서는 안 된다며 아무도 오지 않았다. 그런데 이 절에 젊은이 둘이 찾아와 죽은 법사를 보더니 자기 아버지가 맞다 면서 임종도 지키지 못했다고 큰소리로 울며 슬퍼하는 것이었다. 그 후 저녁에 사오십 명 정도 사람들이 와서 떠들썩하더니 죽은 법사를 짊어지고 나갔다. 절의 승려들은 종루에서 떨어져 있었기 때문에 제대로 보지 못하였지만, 조금 떨어진 뒷산 소나무 숲에서 밤새 염불을 외우고 징을 두드리는 소리가 들리면서 새벽까지 장례식을 치른 후 사라졌다. 절의 승려들은 사람이 죽어 나간 종루에서 부정(不淨)이 없어지기까지 삼십일 동안 가까이 가지 않다가 그 후 종치기 승려가 청소를 하려고 가보니 큰 종이 보이지 않았다. 그제야 승려들은 늙은 법사의 장례식이 종을 훔치기 위한 계략적 연극이었음을 알고 야단이었지만 소용없는 일이었다고 한다.

특히 도적들의 감쪽같은 연기에 대해 『곤자쿠모노가타리슈』의 편자도 감탄하여, 「미리 계략을 짜서 물건을 훔치는 자들도 있지만 어떻게 긴 시간 죽은 체 움직이지 않고 있을 수 있고 또 어떻게 마음대로 눈물을 흘릴 수 있단 말인가. 실제로 보고 있으면 관계없는 사람들까지도 슬퍼졌던 것이다. 이 사건을 보고 들은 사람들은 정말 대단한 속임수였다(構ヘテ盜マム事ハ爲ル者モ有ナム。何デカ然カ虚死ハシテ不動ズシテ久クハ有ラム。亦何デカ涙ハ心ニ任セテ泛サム。實ニ見ケルニ、由無キ者モ皆悲カリケル事也。「極カリケル奴原ノ構ヘカナ」トナム見聞ク人云ヒ喤ケル。)」고, 당시의 떠들썩한 평판을 전하고 있다. 늙은 법사의 죽음으로부터 자식들로 가장한 눈물 연기, 뒷산에서 장례식을 가장하여 종을 처분한 일 등, 치밀한 계획에 의한 완전범죄에 성공한 것인데, 도적들의 일사불란한 팀워크와 지능적 수법이 주목되는 도적담이라고 할 수 있겠다.

2. 강간 및 인신매매

이처럼 도적의 행위는 단순히 물건을 훔치거나 빼앗는 데서 그치지 않고 살인으로 이어지기도 했고, 여성에 대해서는 강제로 몸을 빼앗는 짓도 자주 일어났다. 제29권 제22화 「도리베데라(鳥部寺) 절에 참배한 여자가 도적을 만난 이야기」라는 설화는 나이 삼십 정도의 유부녀가 하녀 한 명을 데리고 도리베데라 절에 참배하러 갔다가 절 안에서 강도를 만나 입고 있던 옷과 몸을 빼앗기고 말았다는 이야기이다. 소위 강도 및 강간의 범죄를 저지른 것인데, 편자는 이 도적에 대해, 여자와 육체관계까지 맺었으면 옷은 빼앗지 말았어야지 참으로 인정 없는 녀석이라고 비난하고 있다.

강간의 대표적인 설화로서 제29권 제23화를 빼놓을 수 없는데, 아쿠다가와류노스케의 「야부노나카(藪の中)」와 구로자와아키라(黒澤明) 감독의 명화 「라쇼몬」의 소재가 된 이야기로 유명하다. 한 남자가 활과 화살통을 메고 아내와 함께 처가인 단바(丹波) 지방으로 길을 떠났다. 도중에 오에야마(大江山) 산 근처에서 칼을 찬 젊은이와 동행하게 되었는데, 자기 칼이 유명하다며 자랑을 하자 남자는 그 칼이 갖고 싶어졌다. 이를 눈치 챈 젊은이가 자기 칼을 원한다면 당신의 활과 바꾸자고 제안하자 얼른 바꿨다. 점심때가 되어 함께 밥을 먹으러 덤불숲으로 들어섰을 때 갑자기 젊은이가 활을 들이대며 칼을 버리라고 하였다. 그리고 몸을 나무에 묶어두고 여자에게 다가가더니 옷을 벗기고 함께 누워 몸을 빼앗은 후, 칼과 활을 모두 챙긴 뒤 여자에게 말하기를 당신을 봐서 남편은 살려주겠다고 하면서 말을 타고 사라졌다.

설화 안에는, 도적이 자기 눈앞에서 아내의 몸을 빼앗는 것을 보는 남편의 마음에 대해 자세히 묘사하지는 않았지만 읽는 독자들은 충분히 미루어 짐작할 수 있을 것이다. 그런데 『곤자쿠모노가타리슈』의 편자는 산중에서 모르는 남자에게 활을 건네준 남편의 행동을 매우 어리석다고 비난하면서, 도적이 여자의 옷을 빼앗지 않은 것은 참 훌륭하다고 칭찬하고 있는데, 제22화에서 여자를 강간한 후 옷까지 빼

앗은 행동을 크게 비난한 것과도 대비를 이룬다. 그렇지만 여자의 몸을 빼앗은 자가 옷을 빼앗지 않았다고 해서 그 행동을 「남자의 마음은 매우 훌륭하다(今ノ男ノ心糸恥カシ)」라고 칭찬한 것은 납득하기 어려운 평가이다. 결국 「糸恥カシ」에 대한 해석이 문제가 되겠는데, 사전적 의미로는, 「① 면목이 없다 부끄럽다, ② (상대가)훌륭하다 뛰어나다」의 두 가지가 있는데, 바로 이어지는 「남자가 여자의 옷을 빼앗지 않았다(男､女ノ着物ヲ不奪取ザリケル)」는 것에 대한 평가이므로 ②번의 뜻이 적합한 것으로 판단된다. 따라서 편자가 내용과 어울리지 않는 평을 하는 경우를 다른 예화에서 가끔 볼 수 있는데, 이 경우도 그러한 사례의 하나라고 보아야 할 것이다.

도적의 범행으로서 제29권 제24화도 충격적인 내용을 수록하고 있는데, 「오미(近江)지방의 여자를 미노(美濃)지방으로 데리고 가서 판 남자의 이야기」라는 제목의 설화이다. 오미지방에 사는 사십 세정도의 여자가 남편을 잃고 자식도 없이 살면서, 앞으로 어떻게 살아가야 할지 걱정하고 있었다. 그런데 집에는 오랫동안 곁에 두고 부리던 남자가 있어서 그에게 상의를 했더니 근처의 산사에 가서 잠시 안정을 취한 후 살 길을 찾아보자고 권했다. 그러기로 하고 함께 길을 떠났는데, 바로 근처라고 하더니 멀리까지 데리고 가니 걱정스러웠다. 사흘이나 데리고 다닌 후 어떤 집 앞에 도착하자 여자를 데리고 안으로 들어가더니 집 주인으로부터 비단 등을 받고 급히 도망치듯 떠나갔다. 나중에 들어보니 이 남자는 주인여자를 속여 미노지방으로 데려가 팔아넘긴 것이었다. 여자는 울면서 자기 사정을 얘기하더니 먹을 것을 갖다 주어도 일어나려 하지 않았다. 집 주인은 그러다가 일어나 먹겠지 생각하고 그냥 두었는데 며칠이 지나도 전혀 기척이 없더니 데려온 지 칠일 째 되는 날 결국 죽고 말았다.

헤이안시대에 있었던 인신매매(人身賣買)의 일화로, 오미에서 미노까

지는 지금으로 말하면 시가(滋賀)현에서 이웃한 기후(岐阜)현까지이므로 그다지 먼 거리는 아니지만 사흘 걸려서 도착했다고 하니 옛날에는 무척 먼 거리였을 것이다. 주종 관계에 있던 남자의 말이라서 믿고 따라나선 것이 화근이 되어 몸이 팔리고 죽음에 이르게 된 것인데, 편자도 「역시 아무리 좋은 말을 해도 천한 자가 하는 말에 따라서는 안 된다(尚極ク事吉ク云フトモ、下衆ノ云ハム事ニハ不付マジキ也)」라고 주의를 주고 있다. 무엇보다도 팔려간 몸으로서 앞으로 겪게 될 처지를 거부하고 굶어죽기를 택한 행동에서 여자의 굳은 지조를 느낄 수 있는데, 제22화부터 제23화까지 이어지는 강간과 인신매매의 일화를 통해서 당시의 불안한 사회상의 일면을 확인하게 된다.

제4절 도적의 체포와 처벌

『곤자쿠모노가타리슈』에 수록된 도적담의 결말을 보면, 앞에서 살펴본 강간 및 인신매매의 경우도 그러했듯이, 도적이 도망친 것으로 끝나는 경우가 대부분이고 체포되어 처벌을 받은 경우는 매우 적은 편이다. 그만큼 당시의 치안 상태가 불안했음을 짐작할 수 있는데, 유능한 게비이시의 활약에도 불구하고 도적을 체포하고 소탕하는 것은 쉽지 않았던 것 같다.

그러나 앞의 제29권 제10화에서 살펴본 바와 같이 심한 흉년으로 어쩔 수 없이 저지른 미수에 그친 도적을 자수까지 했음에도 불구하고 형틀에 묶어 벌한다든지, 제15권 제22화처럼 일곱 번이나 도둑질을 하다 붙잡힌 자의 발목을 자르려 한 것을 보면, 체포된 도적에 대한 심문이나 처벌은 매우 엄격했던 갓 같다.

이처럼 범행을 저지른 자에게는 체포와 처벌이 뒤따르는 법이고, 따라서 도적담을 분석하는 각도를 바꾸어서 도적을 체포하고 처벌하는 자를 중심으로 접근해 보는 것도 필요할 것이다. 게비이시가 그 대표적인 관직이 되겠는데, 당시 게비이시는 도적과 관련하여 어떠한 존재였는지 관련 설화를 통해 보기로 하겠다. 앞에서 잠깐 언급한 제15권 제22화는 「우린인(雲林院)의 보리강(菩提講 법화경을 강설[講說]하고 모든 사람들이 염불을 외우면서 극락왕생을 기원하는 법회)을 시작한 성인이 왕생한 이야기」라는 제목의 왕생담으로, 우린인이란 절의 보리강을 창시한 성인의 이야기이다. 그는 유명한 도적으로 일곱 번이나 붙잡혀서 감옥에 갔다 왔는데, 일곱 번째 잡혔을 때 게비이시들이 모여 의논한 결과, 일곱 번이나 감옥에 갔다 올 정도의 도적이라면 나라에 해를 끼치는 적이니 이번에 다리를 자르기로 하자고 판결을 내렸다. 그런데 그의 다리를 자르려는 것을 본 유명한 관상인이, 이 사람은 틀림없이 왕생할 상이니 절대 다리를 자르면 안 되고 그럴 바에야 차라리 자기의 다리를 자르라며 막아섰다. 사태가 이렇게 되자 게비이시들도 다시 의논을 하여 결국 그를 풀어주게 되었고, 이후로 그 도적은 출가하여 우린인 절의 보리강을 처음 시작하였으며 임종 시에 왕생을 이루었다고 한다.

이처럼 檢非違使(게비이시)의 권한은 막강하여 경찰 치안 사법의 권한을 가지고 있어, 범죄의 수사와 체포뿐만 아니라 처벌까지 담당하고 있었음을 알 수 있는데, 이러한 게비이시 밑에서 실제로 궂은일을 맡아 처리하고 도와주는 역할을 한 것이 호멘(放免)이다. 호멘은 범죄를 저지른 사람이 형기를 채우거나 형기의 일부를 면제받고 출옥하여 게비이시청의 잡역으로 봉직하면서 순사(巡査)과 옥리(獄吏)를 겸한 일을 하였는데, 특히 실제 범행현장에서 범인체포에 종사했다고 한다. 따라서 양자 사이에는 상당한 신분의 차이가 존재하면서 같은 종류의 업무를 처리하다 보니 서로 미묘한 감정과 갈등이 있었던 것 같다.

예를 들어 앞에서 살펴본 바 있는 제29권 제15화를 보면, 견물생심에 눈이 어두워진 게비이시가 실을 훔치는 범행을 저질렀을 때 동료 게비이시들은 그를 다그쳐서 범행을 밝혀냈지만 처벌하지는 않았다. 아마 그에게 후회와 자괴감을 느끼게 한 것으로 처벌을 대신한 동료애가 느껴지지만, 당시 함께 출동하여 사건의 전말을 알고 있는 호멘들의 속마음은 달랐다. 다음의 해당 부분을 보기로 하자.

호멘들이 이것(게비이시들이 동료의 범행을 눈감아 준 것)을 보고 자기들끼리 몰래 소곤거리기를, 「우리들이 물건을 훔쳐 몸을 망치고 이런 호멘의 신분이 된 것은 조금도 부끄럽지 않구나. 이런 일도 있으니까 말이야」라고 말하며 몰래 함께 웃었다. (放免共此レヲ見テ、己等ガドチ蜜ニ私語ケルニ、「我等ガ盗ヲシテ身ヲ徒ニ成シテ、此ル者ト成タルハ、更ニ恥ニモ非ザリケリ。此ル事モ有ケリ」ト云テゾ、忍テ咲ヒ合タリケル。)

즉 자기들을 붙잡아 처벌하는 대단한 신분인 게비이시도 견물생심을 이기지 못한 걸 보니 호멘인 자기들과 다를 게 없다는 것을 비꼬아 속삭인 것인데, 아마 양자 사이에는 평범한 주종 관계가 아니라 미묘하게 은원(恩怨)이 얽힌 관계였음을 짐작케 한다. 그렇기 때문에 호멘들 까지도 알고 쑥덕거리는 상황에서 실을 훔친 게비이시의 부끄러움은 더욱 컸을 것이고, 그 자체가 그에게는 가혹한 처벌이었을 것이다.

하지만 호멘들 자신도 범행을 저지르다 실패하기도 하였다. 제29권 제6화 「호멘들이 강도가 되어 남의 집에 들어갔다가 체포된 이야기」에 의하면, 호멘들이 강도를 계획하고 노리고 있던 부잣집의 하인을 매수하여 안내하도록 하였는데, 하인이 승낙하는 척 하고 주인에게 밀고하는 바람에 전원 체포 사살되었다고 한다. 즉 호멘은 과거에 범행을 저지른 경험이 있는 자이기 때문에 재범이 되는 셈인데, 이처럼 형기를 마친 후 새 삶을 살지 못하고 재차 범행을 저지르는 호멘도 있는 것으로 보아, 범죄의 세계에서 벗어나는 것이 쉽지 않았던 것 같다.

한편 제29권 제1화 「니시노이치(西市)의 창고에 든 도둑 이야기」도 당시 게비이시의 세계를 엿볼 수 있는 단서를 제공하고 있다. 시장의 창고에 도둑이 들었다는 신고를 받고 게비이시들이 출동하여 포위하고 있을 때였는데, 도적이 창고 가까이 있는 호멘을 손짓하여 부르더니, 우에노한간(上判官 게비이시의 제3등관으로, 로쿠이[六位]의 구로도[藏人]에 임명되어 쇼덴[昇殿]이 허락된 자. 게비이시로서는 최고의 출세로 여겨졌다.) 에게 은밀히 할 말이 있다고 전해달라고 하였다. 이 말을 들은 우에노한간이 도적에게 다가가려고 하자 부하 게비이시들이 별로 좋지 않은 일이라며 만류했다. 하지만 그는 무슨 이유가 있을 것이라며 다가갔더니 도적이 얼른 문 안으로 그를 끌어들이더니 문을 잠갔다. 이를 본 게비이시들은 우에노한간이 도적과 문을 잠그고 비밀 이야기를 나누다니 이런 일은 지금까지 들어본 적이 없다며 화난 모습으로 비난했다. 한참 지나 문 밖으로 나온 우에노한간은 천황에게 아뢸 일이 있으니 잠시 도적을 체포하지 말고 기다리라고 하고 입궐하였다. 한참 후 돌아온 그는 도적을 체포하지 말고 즉시 철수하라는 칙명이 있었다고 하자 모두 물러났다. 그리고 우에노한간만 혼자 남아 날이 저물기를 기다렸다가 창고에 다가가 천황의 칙명을 도적에게 전하였더니, 도적은 큰 소리로 울며 창고에서 나와 어디론가 사라져 갔다고 한다.

설화의 내용만으로는 도적을 왜 놓아주게 되었는지 알 수 없다. 그러나 도적을 체포하려고 출동한 현장에서 상관의 부당한 행동을 말리고 화를 내며 비난하는 부하들의 모습을 통해 당시 게비이시 세계의 상하 관계와 하급 게비이시의 청렴함 등을 확인할 수 있을 것이다.

이상 『곤자쿠모노가타리슈』의 도적담을 다양한 각도에서 분석해 보았다. 일반적으로 도적이라 하면 부정적인 이미지를 떠올리기 쉬운데, 실제로는 「대단한 도적(極キ盜人)」이라는 표현으로 사용되면서 만

만치 않고 여간 아닌 자, 배짱이 두둑한 자, 라는 긍정적인 의미로 사용되기도 하였음을 확인할 수 있다.

그리고 범행의 동기를 보면, 흉작으로 인한 기근과 같은 비참한 사회적 환경이 도적으로 내몰기도 하지만, 견물생심이나 도벽과 같은 개인적 요인에 의해 범행을 저지르기도 한다. 특히 도둑을 잡아야 할 게비이시의 도둑질은 한 순간의 욕심으로 돌이킬 수 없는 치욕을 맛보게 하고, 아들의 도벽을 간파한 아버지의 의절은 도벽의 무서움을 일깨워준다. 또한 『곤자쿠모노가타리슈』에는 다양한 도적의 범행 수법이 등장하는데, 죽음을 위장한 범행은 도적의 계략에 방심해서는 안 된다는 교훈을 이야기하고 있고, 여성에 대한 강간과 인신매매의 예화들은 당시의 불안한 사회상의 일면을 엿보게 한다.

한편 이러한 도적의 범행에 대한 처벌은 엄격했지만 체포되지 않는 경우도 많았던 것으로 보아 도적에 의한 사회적 불안은 매우 컸을 것이다. 도적을 체포하고 처벌하는 대표적인 관직이 게비이시이고, 게비이시 밑에서 실제로 궂은일을 맡아 처리하고 도와주는 역할을 한 것이 호멘이었는데, 특히 게비이시의 권한은 막강하여 범죄의 수사와 체포뿐만 아니라 처벌까지 담당하고 있었다. 그런데 게비이시의 범행을 목격한 호멘의 심리상태를 통해서, 양자는 주종관계이면서도 미묘한 갈등이 존재했음을 느끼기도 하고, 상관의 부당한 행동에 반발하는 부하 게비이시들의 모습을 통해서, 당시 게비이시 세계의 상하 관계와 하급 게비이시의 청렴함 등을 확인하기도 한다.

결국 『곤자쿠모노가타리슈』는 도적담을 통해서 혼탁한 시대를 살아온 인간의 한 부류를 적나라하게 그려내고 있고, 편자 나름의 해석을 내리기도 하였는데, 이러한 고찰이 축적됨으로서 『곤자쿠모노가타리슈』의 설화문학적 특성도 점차 베일을 벗게 될 것이다.

제十一장

지방관리와 민중의 삶

제11장 지방관리와 민중의 삶

설화는 민중들에 의해 전해지는 문학이기 때문에 그 안에는 설화 생성 당시의 민중들의 삶이 생생하게 묘사되어 있다. 그 가운데 지배자와 피지배자의 관계는 시대와 지역을 막론하고 중요한 비중을 차지하는 요소였고, 따라서 설화에서도 다양한 양자의 모습을 살펴볼 수 있다. 특히 피지배자는 어떠한 지배자를 만나 어떠한 지배를 받느냐에 따라 삶의 양상이 달라지기도 하기 때문에 지배자에 대한 일화는 중요한 관심사의 하나였다.

일본의 경우, 지배자 층으로서 다양한 관직이 있었지만, 한 지방을 다스리던 최고 책임자인 즈료(受領)는 지방장관으로서, 그 지방 민중의 삶의 질에 커다란 영향을 줄 수 있었다. 즉 민중들의 생활과 가장 밀접한 관계를 가지고 있는 관료라고도 할 수 있을 것이다. 일례로 우리나라의 경우를 보더라도, 탐관오리의 지배를 받는 지방의 민중들은 고달픈 삶을 살 수 밖에 없었고, 탐관오리와 그들의 지배를 받는 민중들의 삶의 모습은 여러 고전 작품에서 소재가 되어 왔다.

『곤자쿠모노가타리슈』 안에도 당시 일본의 즈료(受領)에 대한 일화가 다수 수록되어 있어, 그들의 이미지와 민중의 삶을 살펴보는데 효과적인 자료를 제공하고 있다. 본 장에서는 우선 즈료에 대한 위상을 살펴본 후, 『곤자쿠모노가타리슈』 속에 나타난 그들의 다양한 모습을 통하여 당시 일본인들이 지니고 있던 즈료에 대한 인식을 살펴보고자 한다. 동시에 작품의 평어를 통하여 편자의 눈에 비친 즈료의 모습과 표현에 대해서도 고찰해보도록 하겠다.

제1절 즈료의 의미와 위상

『곤자쿠모노가타리슈』 안에는 일본 헤이안시대의 중류 귀족계급으로서 즈료가 다수 등장하고 있다. 즈료 외에도 구니노카미(國守) 또는 고쿠시(國司) 구니노쓰카사(國司)란 명칭으로 등장하기도 하는데, 먼저 이러한 명칭의 의미와 위상에 대해 살펴보기로 하겠다.

우선 즈료(受領)란, 헤이안시대 이후 임지에 부임한 관료의 최고책임자를 말한다. 즉 즈료는 요닌(遙任)이 아니라 실제로 임지에 부임한 관료라는 것이 중요하다. 요닌이란, 주로 헤이안시대에 본 관직은 도읍에 두면서 지방관을 겸하고, 이에 따른 봉록 등을 수입으로 삼던 관료를 말한다. 좀 더 자세히 말하면, 요닌은 처음에는 하급 지방관이 주로 해당되었으나 점차 상급 지방관에 이르게 되고 구니노카미/고쿠슈(國守 지방관의 우두머리)에도 부임하지 않는 자가 생기게 되었다. 경관(京官 도읍의 관리) 우대에서 시작된 것으로, 나라시대부터 보이지만 헤이안시대에 이르러 일반화 되었다. 따라서 실제로 임지에 부임하지 않은 채 관직만 가지고 있으면서 수입을 챙기던 요닌으로서의 즈료는 실제로 민중들과 접촉할 기회가 없었으므로 여기에서 주목하고자 한 지방장관으로서의 즈료와는 관련이 없다.

특히 설화 속에 등장하는 즈료는 중앙에서 지방에 파견된 실질적인 지배자로서, 그들 가운데에는 권력을 바탕으로 사리사욕을 채우거나 도읍의 권문세가에 뇌물을 바쳐 일신의 영달을 꾀하는 자가 많았다. 그 배경에는 헤이안시대 중기에 중앙 관직을 후지와라(藤原)씨에게 독점당한 중하급 귀족들이 다투어 즈료의 자리를 구하였고, 그들이 지닌 징세권(徵稅權)을 이용한 부의 축적과 죠고(成功 헤이안 중기 이래 조정에 재물을 헌납한 자에게 관직을 주었던 매관 제도) 죠닌(重任 임기 만료 후에도 계속하여 같은 관직에 임명되는 것. 임기제 관직에 있는 자가 만기가 되면 재물을 바치거나 공적 공사를 맡아, 그 공에 의해 재임하는 것인데, 헤이안 중기 이후에 성행하였고, 특히 즈료의 경우가 많았다)을 자행하였던 사실이 존재한다.

셋칸기(攝關期 헤이안 중기 후지와라씨의 셋쇼(攝政) 간파쿠(關白)를 주재자(主宰者)로 하여 행해진 정치형태를 셋칸(攝關)정치라고 하는데 858년(天安2) 후지와라노요시후사(藤原良房)가 셋쇼가 되고 880년(元慶4) 후지와라노모토쓰네(藤原基經)가 간파쿠(關白)에 임명된 것이 시작이다. 967년(康保4) 후지와라노사네요리(藤原實賴)가 간파쿠(關白)가 됨으로서 본격적으로 발전하였고 11세기 초 미치나가(道長) 요리미치(賴通)에 이르러 최성기를 이루었다)에서 인세이기(院政期 1086년(應德3) 시라카와상황(白河上皇)이 확립한 죠코(上皇) 또는 호오(法皇)가 인초(院廳)에 머물면서 국정을 행하던 정치형태가 인세이(院政)인데, 이후 1840년(天保11) 고카쿠상황(光格上皇)이 붕어할 때까지 단속(斷續)적으로 행해졌다. 이 가운데 인세이기라고 하면 시라카와(白河) 도바(鳥羽) 고시라카와(後白河)의 삼대에 걸친 인세이 시기를 말한다.)에 걸쳐서 중앙의 권력기구와 관련된 권문 체제가 확립되는데, 그 기반을 담당한 것이 바로 즈료 층이었고, 이들은 인세이를 지탱하는 원동력이 되었다.

한편, 앞에서 기술한 바와 같이 『곤자쿠모노가타리슈』 안에는 지방

장관의 역할을 하는 자로서 즈료 외에도 구니노가미(國守) 또는 고쿠시(國司) 구니노쓰카사(國司)라는 명칭이 등장하고 있다. 고쿠시(國司)는 「구니노미코토모치」, 「구니노쓰카사」라고도 읽는데, 645년의 다이카카이신(大化改新)과 함께 도입된 율령제에서는 전국을 66개의 구니(國)와 2개의 도(島)로 구분하고, 구니(國)의 규모에 따라 대(大) 상(上) 중(中) 하(下)의 구니(國)를 정하였다. 그리고 각 구니(國)에 가미(守) 스케(介) 조(掾) 사칸(目)의 네 등급 관리를 중앙에서 파견하였다. 이들은 지방의 행정 경찰 사법을 관장하였고, 임기는 다이호율령(大保律令)에서는 6년이었으나 이후 4년으로 줄었다. 넓은 의미의 고쿠시(國司)는 위의 네 등급 관리 모두를 지칭하고, 좁은 의미로는 가미(守) 만을 가리키는 말이었는데, 시대가 흐름에 따라 가미(守)를 의미하는 경우가 많아지게 되었다.

즈료에 임명되면 대부분 부와 권력을 누리게 되는데, 그렇기 때문에 지모쿠(除目)에 대한 귀족들의 관심이 컸다. 지모쿠(除目)란 다이진(大臣) 이외의 관료를 임명하는 조정의 의식을 말하는데, 특히 즈료를 비롯한 지방관을 임명하는 아가타메시지모쿠(縣召除目)는 세인의 관심사였다. 예를 들면, 『마쿠라노소시(枕草子)』의 제23단 「실망스러운 것(すさまじきもの)」에 보면 다음과 같은 내용이 나온다.

지방관 임명 때 관직을 얻지 못한 사람의 집(은 실망이 크다). 올해는 틀림없다는 소식을 듣고 전에 일하던 사람 가운데 여기저기 다른 곳으로 가버린 사람들, 시골로 내려가 살던 사람들이 모두 모여들고, 출입하는 사람들의 우차(牛車)로 틈이 없는 것처럼 보이고, 임관 기원 드리러 가는 길에 서로 모시고 가겠다고 난리치고, 음식과 술을 먹고 마시며 큰 소리로 떠들고 있었는데, (임관 소식이 와야 할) 마지막 날 새벽까지 문을 두드리는 소리도 없다. 이상하다며 귀를 기울여보니, (밖에서

는) 길을 비키라는 소리가 여러 번 들리며 고관들이 모두 퇴궐해 버린다. 임관을 알리는 소식을 듣기 위해서 전날 밤부터 궁궐 근처에서 추위에 떨며 대기하고 있던 하인이 몹시 지친 모습으로 걸어오는 것을 본 사람들은 물어볼 수조차 없었다. 다른 집에서 온 사람이 「이 집 어른은 어느 곳의 장관이 되셨나요?」라고 물으면 꼭 「어디의 수령이셨습니다」라고만 대답하게 된다. 정말 기대하고 있던 사람은 크게 낙담한다. 이른 아침이 되자 집안 가득 기다리고 있던 사람들이 하나 둘씩 슬그머니 빠져나가 버린다. 오래된 하인들로 그 집을 떠날 수도 없을 것 같은 사람들은 내년에 자리가 생길 지방을 손꼽으며 어슬렁거리고 있는데, 그 모습이 우스워서 몹시 처량하고 한심하게도 보인다. ((除目に司得ぬ人の家。今年はかならずと聞きて、はやうありし者どもの、田舎たちたる所に住む者どもなど、みなあつまり來て、出で入る車の轅にひまなく見え、物語でする供に、われもわれもとまゐりつかうまつり、物食ひ酒飲み、ののしり合へるに、果つる曉まで門たたく音もせず。あやしうなど、耳立てて聞けば、さき追ふ聲々などして、上達部などみな出でたまひぬ。物聞きに夜より寒がりわななきをりける下衆男、いと物憂げに歩み來るを、見る者どもはえ問ひだにも問はず。外より來たる者などぞ、「殿は何にかならせたまひたる」など問ふに、いらへには、「何の前司にこそは」などぞ、かならずいらふる。まことにたのみける者は、いと嘆かしと思へり。つとめてになりて、ひまなくをりつる者ども、一人二人すべり出でていぬ。ふるき者どもの、さもえ行き離るまじきは、來年の國々手を折りてうちかぞへなどして、ゆるぎありきたるも、いとをかし。すさまじげなり。)

한 지방의 장관으로 임명되기를 기대했다가 어긋났을 때의 실망스런 모습이 생생하게 나타나 있는데, 특히 집안 전체가 들떠 있다가 낙담하며 썰렁해지는 광경이 인상적이다. 그렇기 때문에 『곤자쿠모노가타리슈』 제31권 제25화에 등장하는 도요사키노오키미(豊前ノ大君)와

같이 지모쿠가 행해지기도 전에 누가 어느 지방의 장관이 될 것인지를 정확하게 예견할 수 있었던 인물이 존경을 받기도 했던 것이다.

이와 같은 시대적 배경을 지닌 즈료는 지방장관으로서 민중들과 빈번히 접촉하게 되고, 중앙에 대해서는 권력을 기웃거리는 존재로서 역동적인 삶을 살았는데, 『곤자쿠모노가타리슈』에는 민중들의 눈에 비친 그들의 모습이 선명하게 그려지고 있다. 또한 이들은 관료로서의 역할 외에도 중앙과 지방을 연결하는 문화의 매개자 또는 전달자로서의 역할도 담당하고 있었음을 간과해서는 안 될 것이다. 예를 들어 제31권 제17화를 보면 후지와라노노부미치(藤原信通)가 히타치(常陸)지방의 즈료로 재임하고 있을 때 그 지역 해변에 신장이 5장(5丈 1丈은 약 3미터)이나 되는 거인의 시체가 표착해서 떠들썩했는데, 같은 무렵 미치노쿠(陸奥)지방의 가이도(海道)라는 곳에 거인의 여자 시체가 표착했다고 하고, 이 사실을 조정에 보고하면 귀찮은 일이 일어날까봐 숨기고 있었지만, 나중에 즈료가 도읍으로 상경하면서 세상에 알려지게 되었다고 한다. 이처럼 즈료는 지방에서 일어난 일 또는 지방의 문화를 도읍으로 전하는 매개자의 역할을 하기도 한 것이다.

제2절 즈료의 재욕(財慾)

즈료 하면 제일 먼저 떠오르는 이미지는 재물에 대한 탐욕스러움이다. 우리나라에서도 욕심 많고 비리를 저지르는 지방관을 탐관오리라고 불러왔는데, 일본 속담 가운데 「즈료는 넘어진 자리에서 흙이라도 움켜쥐어라(受領は倒るるところに土を掴め)」라는 표현이 있다. 사전의 설명을 빌리자면, 「즈료는 어떠 경우에도 이익을 얻으려고 하고 넘어져도 그냥은 일어나지 않는다는 의미로, 헤이안시대 구니노카미의 탐욕

스런 성격을 상징한 것」이라고 풀이하고 있다.

이러한 표현은 『곤자쿠모노가타리슈』 제28권 제38화에도 똑같이 나오는 것으로 보아 상당히 일찍부터 유행했던 것으로 보인다. 「시나노(信濃)지방 즈료인 후지와라노노부타다(藤原陳忠)가 미사카(御坂)고개에서 계곡으로 떨어진 이야기」라는 제목의 설화인데, 노부타다가 임기를 마치고 도읍으로 돌아가던 중 미사카 고개를 넘으려고 했을 때의 일이다. 짐을 실은 말과 사람이 탄 말이 수없이 행렬을 지으며 가던 중, 하필이면 즈료가 탄 말이 통나무를 엮어 만든 다리를 건널 때 맨 끝의 통나무가 부러지면서 계곡으로 떨어지고 말았다. 깊이를 알 수 없는 계곡 바닥으로 떨어진 수령을 부하들이 걱정하며 내려다보고 있는데, 밑에서 바구니에 끈을 달아 내려 보내라는 소리가 들렸다. 시키는 대로 해서 바구니를 내려 보낸 후 끌어올렸더니 올라온 것은 바구니 가득 담긴 느타리버섯이었다. 즈료는 두 번째 내려온 바구니를 타고 올라왔는데, 그는 손에도 느타리버섯을 쥐고 있었다. 부하들이 살아 돌아온 것을 기뻐하며 버섯은 어떻게 된 거냐고 묻자 다음과 같이 상황을 설명했다.

계곡에 떨어질 때 말은 먼저 바닥으로 떨어지고 나는 나중에 떨어졌는데, 다행히 무성한 나뭇가지 위에 걸렸으므로 그 나뭇가지를 붙들고 매달려 있었지. 그런데 밑에서 커다란 가지가 지탱해주고 있어서 거기에 발을 딛고 한숨 돌리고 있는데, 그 나무에 느타리버섯이 잔뜩 나있는 것이 보였어. 그래서 버려둘 수가 없어서 우선 손이 닿는 곳의 버섯을 따서 바구니에 담아 끌어올리도록 한 것이다. 아직 따고 남은 것이 많이 있을 텐데 큰 손해를 본 듯한 기분이다. (落入ツル時ニ、馬ハ疾ク底ニ落入ツルニ、我レハ送レテソメキ落行ツル程ニ、木ノ枝ノ滋ク指合タル上ニ、不意ニ落懸リツレバ、其ノ木ノ枝ヲ捕ヘテ下ツルニ、下ニ大キナル木ノ枝ノ障ツレ

バ、其レヲ踏ヘテ大キナル胯ノ枝ニ取付テ、其レヲ抱カヘテ留リタリツルニ、其ノ木ニ平茸ノ多ク生タリツレバ、難見棄テ、先ヅ手ノ及ビツル限リ取テ、旅籠ニ入レテ上ツル也。未ダ殘ヤ有ツラム。云ハム方無ク多カリツル物カナ。極キ損ヲ取ツル物カナ。極キ損ヲ取ツル心地コソスレ)

즈료의 말을 들은 부하들은 정말 큰 손해를 보셨다고 하면서 웃었는데, 이어서 즈료가 「너희는 모르는 소리 말아라. 나는 보물이 가득한 산속에 들어가 빈손으로 돌아온 기분이 든다. 즈료는 넘어진 곳의 흙이라도 움켜쥐라고 하지 않느냐 (僻事ナ不云ソ、汝等ヨ。寶ノ山ニ入テ、手ヲ空クシテ返タラム心地ゾスル。「受領ハ倒ル所ニ土ヲ掴メ」トコソ云ヘ)」라고 말하고 있어, 남겨두고 온 버섯을 얼마나 아까워했는가 하는 즈료의 마음을 읽을 수 있다. 특히 「즈료는 넘어진 자리에서 흙이라도 움켜쥐어라」라는 속담을 인용하고 있는데, 「움켜쥐어라(掴め)」라고 명령형으로 표현된 것에 대해서는, 이미 이케가미쥰이치(池上洵一)가 설명한 바와 같이, 민중들이 즈료에 대해 명령이나 권유는 할 수 없었을 터이니, 이것은 즈료들 측에서 한 표현으로서 약간 자조(自嘲)를 담아 한 말로 이해할 수 있을 것이다.

어쨌든 욕심으로 가득 찬 즈료의 나무라는 듯한 말에, 나이든 부하는 다음과 같은 말로 기분을 맞춰주고 있다.

지당하신 말씀입니다. 바로 곁에 있는 것을 어찌 취하지 않을 수 있겠습니까? 누구라도 취하지 않고 있을 수는 없을 겁니다. 원래 현명하신 분은 이처럼 죽음에 직면한 순간에도 마음이 동요하지 않고 만사를 보통 때처럼 처리하시기 때문에 당황하지 않고 버섯을 따신 것입니다. 그렇기 때문에 임지를 평온하게 다스리시고 조세도 잘 납부하셔서 생각하신대로 도읍으로 올라가시게 되었으니, 이 지방 사람들은 즈료

님을 부모처럼 그리워하고 애석해하는 것입니다. 그러므로 앞으로도 천추만세 광영을 누리실 것입니다. (現ニ然カ候フ事也。手便ニ候ハム物ヲバ、何カ取セ不給ハザラム。誰ニ候フトモ、不取デ可候キニ非ズ。本yオリ御心賢ク御マス人ハ、此ル可死キ極ニモ、御心ヲ不騷サズシテ、萬ノ事ヲ皆只ナル時ノ如ク、用ヒ仕ハセ給フ事ニ候ヘバ、不騷此ク取ラセ給ヒタル也。然レバ國ノ政ヲモ息コヘ、物ヲモ吉ク納メサセ給テ、御思ノ如クニテ上ラセ給ヘバ、國ノ人ハ父母ノ樣ニ恋惜ミ奉ツル也。然レバ、末ニモ萬歳千秋可御マスベキ也。)

이렇게 말하면서 뒤에서는 자기들끼리 웃고 있었다. 이 말 속에는 『곤자쿠모노가타리슈』의 편자도 평을 하였듯이, 죽음을 눈앞에 둔 위급한 상황에 처해서도 마음이 동요하지 않고 우선 버섯을 따서 올려 보낸 것은 참으로 물욕에 눈이 멀어서 한 짓이고, 이러한 욕심으로 보아서 그가 즈료로 재임하는 동안에 얼마나 많은 재물을 챙겼을 것인가를 능히 상상할 수 있을 거라고 하였다. 즈료와 가까운 측근도 그의 행위를 곱게 보지 않고 있는데, 하물며 민중들의 눈에는 그의 탐욕스런 행동이 얼마나 안 좋게 보였을지, 이 설화를 통해서 충분히 짐작할 수 있을 것이다.

이처럼 당시 민중들이 인식하고 있던 즈료의 속성 가운데 하나로 재물에 대한 탐욕을 지적하였는데, 『곤자쿠모노가타리슈』 제20권 제36화에도 잘 나타나 있다. 「고치(河内) 지방의 즈료가 탐욕에 의해 현보를 입은 이야기」라는 제목의 설화로, 고치지방의 수령이 자기관할의 군을 다스리는 군지(郡司)의 보시를 횡령하여 벌을 받은 내용이다.

삼보(三寶)에 대한 신앙이 깊었던 군지는 노년에 이르자 자신의 후생을 위하여 일생동안 모아둔 재산을 바쳐서 공양 법회를 열었다. 그 지방의 많은 사람들이 그 법회를 들으러 모여들었고 수령도 그 법회에 참석하였다. 그런데 수령은 군지에게, 법사에게 바칠 공양물을 보여

달라고 하더니, 자기에게 낼 세금 대신에 공양물을 가져가겠다고 하였다. 군지는 수령이 큰 죄를 짓는구나 하고 생각하고, 나중에 도읍에 올라와서 이 일을 이야기하고 다녔다. 그 후 얼마 되지 않아 수령은 죽고 말았는데, 편자는 수령이 후세에 큰 벌을 받았을 거라고 하면서 공양물을 욕심내서는 안 된다고 이야기를 맺고 있다.

재물에 대한 탐욕으로 결국 목숨까지 잃게 되는 우를 범하고 말았는데, 즈료의 어리석은 탐욕은 다음과 같은 예화를 통해서도 확인된다. 제31권 제21화 「노토(能登)지방의 오니노네야섬(鬼寢屋島) 이야기」를 보면, 노토지방의 어부가 오니노네야섬에 건너가 전복을 따다가 고쿠시에게 바치고 있었는데, 후지와라노미치무네(藤原通宗)가 이 지방의 수령으로 있을 때 너무 많은 양의 전복을 요구했기 때문에 어부들이 에치고(越後)지방으로 이주해버리는 바람에 노토지방에서는 전복 채취가 사라졌다고 하면서, 편자의 평어로서,

그러므로 사람이 너무 욕심을 부리는 것은 어리석은 짓이다. 한 번에 많은 양을 취하려고 강요한 탓에 나중에는 하나도 얻지 못하게 되어버린 것이다. 지금도 수령은 그 전복을 얻지 못하므로, 그 지방 사람들은, 참으로 어리석은 짓을 저질렀다며 미치무네를 비난하고 있는 것이라고 한다. (然テ人ノ强ニ欲心有ルハ弊キ事也。一度ニ責テ多ク取ラムトシケル程ニ、後ニハ一ツヲダニ否不取デ止ニケリ。于今モ國ノ司其ノ鮑不取ザナレバ、極テ益無キ事也トゾ、國ノ者共モ彼ノ通宗ノ朝臣ヲ謗ナル、トナム語リ傳ヘタルトヤ。)

이와 같이 전하고 있다. 또한 바로 이어서 제22화 「사누키(讃岐)지방의 마노(滿農) 연못을 무너뜨린 고쿠시 이야기」에서도, 백성들을 위해 고보(弘法)대사가 파놓은 연못에서 많은 물고기가 잡히자 고쿠시가 독

점하려고 둑에 구멍을 뚫었는데 오히려 그 구멍이 넓어져 주변의 밭도 잃고 연못도 무너졌다는 일화를 소개하고 있다.

이처럼 즈료는 재물에 대한 탐욕이 심했기 때문에 많은 재산을 모을 수 있었는데, 제30권 제6화 「야마토지방 사람이 어떤 사람의 딸을 얻은 이야기」에 보면, 「옛날 어떤 지방의 수령이 있었다. 이 사람은 고귀한 집안의 자제였지만 무슨 일이 있었는지 즈료로 지내고 있었기 때문에 집안이 풍족하고 무엇 하나 부족한 것이 없었다(今昔、□ノ守□ノ□ト云フ人有ケリ。此ノ人有ケリ。此ノ人、家高キ君達ニテ有ケレドモ、何ナル事ニテカ有ケム、受領ニテ有ケレバ、家豊ニシテ、万ヅ叶ヒテナム有ケル。)」라는 표현이 나온다. 이를 보면, 즈료로 지내면 물질적으로 부유한 생활을 했음을 알 수 있다. 심지어는 즈료의 부하로만 근무하여도 상당한 재산가가 되기도 하였다. 예를 들어 제29권 제7화 「도다이후(藤大夫 도다이후는 보통 후지와라씨로서 오위(五位)인 인물의 통칭으로 사용되었다) □가 집에 들어온 강도를 잡은 이야기」에는 이러한 인식을 엿볼 수 있는 표현이 나오는데, 설화의 도입부에서 주인공인 도다이후 아무개를 소개하면서,

> 즈료(受領)의 수행원이었는지 임지에 갔다가 도읍으로 돌아왔는데 많은 물건을 가지고 와서 그것들을 보관해 두었다. 그런데 이웃에 사는 도심(盗心)이 있는 자가 보고 도둑질 하는 동료 몇 사람을 끌어 모아 강도가 되어 그 집에 들어갔다. (受領ノ共ニヤ有ケム、田舎ニ行テ返リ上タリケルニ、物共多ク持來テ繚ケルヲ、隣ニ有ケル盗心有ケル者見テ、此様ノ態シケル得意共ヲ數語ヒ集メテ、强盗ニテ、其ノ家ニ入ニケリ。)

라고 하고 있다. 또한 제29권 제6화 「호멘들이 강도가 되어 다른 사람 집에 들어갔다가 붙잡힌 이야기」에 보면 주인공의 인물소개에 있어서,

옛날, 아무개란 사람이 있었는데, 상경(上京) 부근에 살고 있었다. 그는 젊어서부터 즈료를 따라 여러 지방에 다니는 것을 일로 삼았기 때문에 점차 재산을 모아 무엇 하나 부족한 것이 없었다. 집안도 풍요롭고 하인들도 많았으며 자기 소유의 영지도 마련하게 되었다. (今昔、□ノ□ト云フ者有ケリ、家ハ上辺ニナム住ケル。若カリケル時ヨリ受領ニ付テ、國々ニ行クヲ役トシテ有ケレバ、便漸ク出來テ、万ヅ叶テ家モ豊ニ従者モ多ク、知ル所ナドモ儲テゾ有ケル。)

라고 기술한 내용을 보더라도 즈료의 부하들이 부유했다는 것을 알 수 있는데, 이처럼 즈료와 함께 임지에서 근무하면 상당한 재산을 모을 수 있었다는 것으로 미루어 보았을 때, 상관인 즈료는 얼마나 부를 축적할 수 있었겠는가를 짐작할 수 있는 것이다.

제3절 즈료의 악행

탐관오리(貪官汚吏) 가운데 즈료의 재욕이 탐관에 해당한다면 즈료의 악행은 오리에 해당할 것이다. 물론 『곤자쿠모노가타리슈』 안에 악행을 저지른 즈료만 등장하는 것은 아니고, 선정(善政)을 베푼 경우도 있다. 예를 들어 제28권 제4화에 나타난 오와리(尾張)지방 즈료의 이야기를 보면 다음과 같은 인물 소개로 시작되고 있다.

옛날 □천황 시대에 □□라는 사람이 있었다. 오랫동안 출세하지 못한 즈료로, 임관도 하지 못한 채 처량하게 지내고 있다가 겨우 오와리 지방의 장관으로 임명되었으므로 기뻐하면서 서둘러 임지로 내려갔다. 가보니 그 지방은 몹시 황폐해 있었고 논밭을 일구는 일조차 전혀

없었다. 그런데 이 신임 장관은 원래 심성이 바르고 사욕이 없는 공정한 사람이어서, 이전 부임했던 지방에서도 선정을 베풀었기 때문에, 이 지방에 처음 부임해서부터도 정사(政事)를 잘 돌보았다. 그랬더니 아주 풍요로운 지방이 되어, 이웃 지방 백성들이 구름처럼 모여들어 언덕이나 산 할 것 없이 모두 논밭으로 개간하였으므로 2년도 되지 않아 살기 좋은 지방이 되었다. 그러자 천황도 이런 사실을 들으시고 「오와리지방은 이전 장관에 의해 망해 심하게 피폐해 있다고 들었는데, 이번 장관은 재임 2년 밖에 안 되는데 부유하게 만들었다」고 말씀하셨고, 고관 귀족들과 세상 사람들도 「오와리지방은 살기 좋은 지방이 되었다」고 칭찬했다. (今昔、□天皇ノ御代ニ、□ノ□ト云フ者有ケリ。年來、舊受領ニテ、官モ不成デ沈ミ居タリケル程ニ、辛クシ尾張ノ守ニ被成タリケレバ、喜ビ乍ラ任國ニ怱ギ下タリケルニ、國皆亡ビテ田畠作ル事モ露無カリケレバ、此ノ守ミ本ヨリ心直クシテ、身ノ弁ヘナドモ有ケレバ、前々ノ國ヲモ吉ク政ケレバ、此ノ國ニ始メテ下テ後、國ノ事ヲ吉ク政ケレバ、國只國ニシ福シテ、隣ノ國ノ百姓雲ノ如クニ集リ來テ岳山トモ不云、田畠ニ崩シ作ケレバ、二年ガ内ニ吉キ國ニ成ニケリ。然レバ天皇モ此レヲ聞シ食テ、「尾張ノ國ハ前司ニ被亡サレテ、無下ニ弊ト聞食スニ、此ノ任二年ニ成ヌルニ吉ク福シタナレ」ト被仰ケレバ、上達部モ世ノ人モ、「尾張吉キ國ニ成タリ」トゾ讃ケル。)

오와리지방의 장관이 부임한 지 2년도 채 안된 기간에 극도로 황폐했던 영지를 부유하게 만들어 천황과 세상 사람들의 칭찬을 들었다는 것이다. 특히 주목할 점은, 즈료가 선정을 베풀자 이웃 마을 사람들이 자발적으로 모여들어 논밭을 개간하였다는 것인데, 이러한 사실로 보아, 삶의 터전을 바꾸는 것이 쉽지 않았을 터이지만 악정에 시달리는 백성들은 선정을 베푸는 즈료에게 옮겨갈 정도로 다스리는 자의 성품과 자질이 중요했음을 알 수 있다.

이처럼 즈료에 따라 그 지방의 흥망이 좌우될 정도였는데, 『곤자쿠모노가타리슈』의 설화를 조사해보면, 선정을 베푼 즈료의 예화는 드문데 비해 악정으로 백성을 괴롭힌 즈료의 예화는 상당수에 이른다. 구체적으로 선정의 예화로서는 제19권 제32화 제20권 제46화 제28권 제4화 등이 있고, 악행의 예화로서는 제16권 제18화 제16권 제25화 제17권 제41화 제19권 제2화 제24권 제50화 제24권 제55화 제28권 제5화 등이 있다. 악정의 예화 속에는 앞에서 살펴본 탐관의 예화는 포함되어 있지 않으므로, 실제로 나쁜 짓을 저지른 즈료의 예화는 훨씬 많은 수에 이른다. 이와 같은 『곤자쿠모노가타리슈』의 수록 예화 수가 의미하는 바는 탐관오리가 많았던 것을 반영하는 면도 있겠지만, 세상 사람들의 관심이 주로 악한 즈료의 이야기에 집중되어 있었던 탓도 있을 것이다. 그 가운데서도 천인공노할 악행을 저지른 두 즈료의 설화가 제29권 제25화와 제26화에 연이어 수록되어 있는데, 먼저 그 내용을 요약하여 살펴보기로 하겠다.

- 제29권 제25화 「단바(丹波)지방 장관인 다이라노사다모리(平貞盛)가 태아의 간을 취한 이야기」 : 다이라노사다모리가 단바지방의 즈료로 재임하고 있을 때, 몸에 악성 종기가 나서 도읍으로부터 명의를 초청하여 진찰을 받았다. 그러자 의사는 태아의 간을 구해서 치료하라고 처방을 해주었다. 사다모리는 즉시 아들을 불러 자초지종을 설명하고 임신한 아내의 태아를 달라고 했다. 망연자실한 아들이 일단 승낙은 했지만 그 말에 따를 수 없어 의사를 찾아가 울면서 상의를 했다. 아들을 불쌍히 여긴 의사는 꾀를 내어, 같은 핏줄의 아기는 약이 안 된다고 즈료에게 말했다. 하는 수 없이 즈료는 다른 아기의 간을 찾다가, 밥 짓는 하녀가 임신 육 개월이 되었다는 소리를 듣고 그녀의 뱃속에 든 아기를 가져오게 했는데, 배

를 갈라보니 여자 아이였으므로 그대로 버렸다. 그리고 다른 곳에서 약을 구해 목숨을 구할 수 있었다. 상처가 낫자 즈료는 이 사실이 밖으로 알려질까 봐 아들에게 의사를 죽이도록 했지만, 아들은 이전에 의사에게 은혜를 입은 바 있으므로 그를 죽이지 않고 살려 보냈다.

- 제29권 제26화 「휴가(日向)지방 장관인 □가 서생을 죽인 이야기」 : 임기가 끝난 휴가지방의 즈료 아무개가 새로 후임 즈료가 도착할 때 까지 서생에게 인수인계 서류를 작성하도록 하였다. 그 일을 시키면서 방안에 서생을 가두어두고 옛날 기록을 고쳐 쓰게 했다. 모든 일이 끝나자 즈료는 자기의 잘못이 드러날까 두려워 부하를 시켜 서생을 죽이도록 했다. 서생은 죽기 전에 노모와 자식을 한번 보게 해달라고 부하에게 부탁하였다. 부탁을 들어주어, 서생은 집 앞을 지날 때 노모와 자식을 불러내어 서로 끌어안고 눈물을 흘렸다. 부하도 흐르는 눈물을 참을 수 없었지만 오래 놓아둘 수도 없어서 다시 서생을 데리고 밤나무 숲으로 들어가 죽이고 말았다.

두 설화 모두 즈료가 극악무도한 살인을 저지른 악행담으로, 자신의 악행에 대한 후환을 없애기 위해서 사람을 죽이는 일까지도 서슴지 않았다는 점에서도 공통점을 찾을 수 있다. 제25화의 사다모리는 의사가 병을 고치기 위해서는 「지칸(兒肝 태아의 간)이라고 하는 약을 구해서 치료를 해야 하는데 이것은 다른 사람들에게 알게 해서는 안 되는 약이고, 시간이 지나면 이 약도 잘 듣지 않을 것이니 빨리 구해야 한다(兒干ト云フ藥ヲ求メテ可治キ也。其レハ人ニ不知セヌ藥也。日來經バ其レモ難聞カリナム。疾ク可求給キ也)」고 처방하자 아직 태어나지도 않은 손자의 목숨을 빼앗으려고 했다. 다행히 의사의 재치로 손자의 목숨은 구했지만 그 대신 아무 관련 없는 하녀와 뱃속의 아기가 희생되었고, 여기에서 그치지 않고 한 아기가 더 희생되고서야 병을 고치게 되었다. 그러니 그 대가가 참으로 심하다 하지 않을 수 없고, 그런 만큼 사다모리의 악행은 크게 부각된다고 할 수 있다. 그렇기 때문에 『곤자쿠모노가타리슈』의 편자도 평어를 통해서 「사다모리 아손(朝臣)이 임신한 며느리의 배를 갈라 태아의 간을 취하려고 생각한 것은 잔혹하기 그지없다(貞盛ノ朝臣ノ、婦ノ懐任シタル腹ヲ開テ、兒干ヲ取ラムト思ケルコソ奇異ク慚無キ心ナレ)」라고 비난했던 것이다.

제26화에 보이는 휴가지방 즈료의 악행도 사다모리에 뒤지지 않는다. 재임 중에 저지른 짓이 후임 관리에게 알려질까 봐 서생에게 기록을 고치도록 한 것도 잘못이지만, 서생의 입막음을 위해서 살인을 저질렀다는 점은 악행의 극치이다. 특히 이 설화에서 서생과 노모, 자식과의 만남 장면은 독자의 심금을 울린다. 백발이 성성한 노모와 아내가 안고 나온 열 살 정도 된 아이를 보며, 아이는 설령 남의 자식이 되더라도 어떻게든 살아가겠지만 노모는 어찌 될 지 생각하니 자기가 죽임을 당하는 고통보다 더 가슴아프다면서 집안으로 들여보내는 것이었다.

이 장면의 묘사가 슬프고 생생한 만큼 즈료의 악행은 더욱 두드러져 보이고, 독자 또한 그 악행에 더욱 치를 떨게 된다. 설화의 말미에서 편자가 「이를 생각건대, 휴가지방의 수령은 어떤 벌을 받았을까? 허위문서를 쓰게 한 것도 죄가 깊거늘, 하물며 쓴 사람을 죄도 없는데 죽이다니. (그 죄가 얼마나 깊은 지는) 짐작할 만하다. 이것은 무거운 도범(盜犯)이나 다를 바 없다고, 들은 사람들이 모두 미워했다(此レヲ思フニ、日向ノ守何ナル罪ヲ得ケム。詐テ文ヲ書スルソラ尙シ罪深シ。況ヤ書タル者ヲ咎無クシテ殺サム、可思遣シ。此レ重キ盜犯ニ不異ズトゾ、聞ク人憎ケル)」라고 평을 한 것은 바로 독자의 심정을 대신해서 서술한 것이라고 할 수 있을 것이다.

이 외에도, 오미(近江)지방 수령이 자기 관할인 이카고(伊香)군 군지의 아내를 탐내어 와카의 상구(上句)를 보여주지 않은 채 하구(下句)를 붙여보라는 난문(難問)을 제시했지만 이시야마데라(石見寺) 절 관음보살의 영험 덕택에 위기에서 벗어났다는 설화(제16권 제18화), 사쓰마(薩摩)지방 수령이 임기를 마치고 상경하던 중 그의 심기를 거스른 부하를 죽이려고 무인도에 놓아두고 떠났는데 평소 신앙하고 있던 관음보살의 도움으로 목숨을 건졌다는 이야기(제16권 제25화)등, 즈료가 자신의 직분을 이용하여, 혹은 직분과 관련하여 저지른 악행들이 적나라하게 묘사되어 있어, 즈료상(受領像)을 파악하는데 중요한 단서를 제공하고 있다.

또한 제29권 제27화는 미나모토노아키이에(源章家)가 히고(肥後)지방 수령으로 재임하던 중 저지른 세 가지의 극악무도한 악행을 기록하고 있는데, 첫째는 사랑하는 아들이 죽어 온 집안이 슬픔에 잠겼는데도 태연히 사냥에 나서서 살생을 저지른 것, 두 번째는 관음보살을 참배하고 귀가하던 중 들판을 태워 토끼를 잡더니 어미 토끼는 그 자리에서 죽이고 새끼 토끼 여섯 마리는 돌아온 뒤 돌로 쳐 죽인 잔임함, 세 번째는 사슴몰이를 하여 궁지에 몰린 사슴들을 한 마리도 남기지 않고 잡아 살생을 저지른 것 등이다. 이러한 악행은 아키이에의 타고난 성정(性情)이 잔인했기 때문이다. 하지만 이처럼 잔인한 성격의 인물이 즈료로서 근무하게 되면 자연히 그 지역 백성들에게도 피해가 가기 마련이다. 예를 들어 사슴을 잡는 장면을 보면, 자기 지역 백성 삼천 명을 징발하여 사슴 잡는 일에 동원하고 있고, 잡은 사슴은 백성들에게 가죽을 벗겨 손질한 후 바치게 하고 사슴 고기는 관청으로 나르도록 하고 있다.

이러한 악행을 저지른 즈료들의 행동이나 성정은 앞에서 살펴본 바와 같은 선정을 베푼 즈료와 대조를 이루고 있고, 민중들의 삶에 심대한 영향을 끼쳤다는 것을 새삼 실감하게 되는 것이다.

이상 『곤자쿠모노가타리슈』에 나타난 즈료의 예화를 중심으로 당시 일본인들의 눈에 비친 즈료상을 살펴보았는데, 즈료의 위상을 언급하고 주로 재욕 악행과 같은 부정적 이미지에 초점을 맞추어 서술했다. 이러한 결과는 탐관오리의 일화에 대한 민중들의 관심이 컸던 이유도 있겠지만, 설화의 대부분이 그러하듯이 당시의 시대적 상황을 반영하는 것으로 볼 수 있을 것이다. 즉 헤이안시대에 중앙 관직을 후지와라씨에게 독점당한 중하급 귀족들은 다투어 즈료의 자리를 구하였고, 이렇게 해서 얻은 권력을 바탕으로 치부를 하고 중앙으로 진출하는 수단으로 삼는 경우가 많았던 것이다.

하지만 피지배자인 민중들의 입장에서 보았을 때는 어떠한 지배자를 만나 어떠한 지배를 받느냐에 따라 삶의 양상이 크게 달라지기도 한다는 것을 생생하게 보여주고 있다. 설화 속에 묘사된 즈료의 부정적 이미지는 이러한 민중들의 마음을 대변하는 것으로 볼 수 있을 것이다. 그리고 이러한 민중들이 지닌 즈료에 대한 이미지는 『곤자쿠모노가타리슈』 편자의 비판적 눈을 통해 서술된 설화 속의 평어에 의해 여실히 대변되고 있음을 확인할 수 있는 것이다.

제十二장

애욕의 세계

제12장 애욕의 세계

주지하는 바와 같이 『곤자쿠모노가타리슈』에는 남녀노소와 신분의 귀천을 막론하고 수많은 인물이 등장하고, 그들의 삶의 애환이 적나라하게 묘사되어 있다. 그 중에서도 남녀 간의 사랑은 중요한 비중을 차지하는데, 『곤자쿠모노가타리슈』에는 이성에 대한 정당한 사랑으로서가 아니라 일탈 행위로서의 성(性)과 관련된 설화가 상당수 수록되어 있다. 예화를 통해 살펴보면, 『곤자쿠모노가타리슈』 표현방법의 특징 가운데 하나인 정형 표현을 사용하여 「욕정을 일으키다(愛欲ノ心ヲ発ス)」라고 서술하고 있다. 여기에서 「애욕(愛欲)」을 번역함에 있어서 애욕이란 말이 우리말에도 있기 때문에 그대로 사용해도 되나, 욕정(欲情)이란 용어가 상황에 더 적절한 표현이라 생각하여 욕정이라고 번역하기로 하였다. 참고로 일본어에서 욕정이란 말은 15세기 후반인 분메이(文明) 연간에 편찬된 국어사전 『세쓰요슈(節用集)』에 「인넨(淫念)」이란 뜻으로 실려 있다. 원래 「애욕」은 「애(愛)」와 「욕(欲)」의 결합어이

지만 결합되면서 의미의 비중이 「욕」 쪽으로 기울어 부정적인 의미가 강해진 경우인데, 『곤자쿠모노가타리슈』 안에 쓰인 「애욕」의 용례를 보더라도 대부분이 이성에 대한 욕정을 의미하고 있다.

「애욕」이 전개되는 상황을 보면 불법(佛法)과 세속(世俗)을 막론하고 다양한 설화 속에 서술되고 있는데, 「애욕」이라 하면 일반적으로 세속적인 삶의 한 단면으로 여기게 되지만, 실은 불법의 세계에서도 다양한 모습으로 그려지고 있다. 특히 불법에 있어서 「애욕」은 금기시 되어 있지만 유혹에 빠지기 쉬운 계율 중의 하나이고, 따라서 「애욕」을 둘러싼 많은 이야기들이 성(聖)과 속(俗)의 경계를 넘나들며 긴장감을 느끼게 한다.

본 장의 서술은 『곤자쿠모노가타리슈』의 작품 세계를 통하여 과거 일본인들의 삶의 세계를 조명하고 작품의 문학성을 음미하는 과정의 일환으로 이루어진 것으로, 예로부터 인간의 삶과 밀접한 관련을 가지고 이어져 온 「애욕」을 중심으로 그 적나라한 모습을 밝혀 보고자 한다.

제1절 죽음을 부른 욕정

『곤자쿠모노가타리슈』의 다양하고 적나라한 애욕담 가운데서도 손꼽을 만한 설화가 제14권의 제26화 일 것이다. 제목은 「다지히(丹治比) 경사(經師 전문적으로 불경을 사경하는 사람)가 불신(不信)하면서 법화경을 서사하여 목숨을 잃은 이야기」라고 되어 있고, 『니혼료이키』 하권 제18화를 출전으로 하고 있다.

제49대 고닌(光仁)천황 때의 일이니까 8세기 후반이 되겠는데, 지금의 오사카(大阪) 남부인 다지히군에 사는 경사가 있었다. 마침 어떤 사람이 법화경 서사의 서원을 세우고 노나카지(野中寺)라는 절로 다지히 경사를 초청하였다. 그런데 근처에 사는 여자들이 공덕을 쌓기 위해서 그가 사경을 하는 동안 벼루에 깨끗한 물을 부어 주곤 했다. 그 때 갑자기 하늘에 먹구름이 끼고 소나기가 쏟아지자 여자들은 비가 그치기를 기다리면서 불당 안으로 들어왔다. 그렇게 되자 불당 안이 매우 좁아서 경사와 여자들이 함께 있게 되었는데, 여기에서 문제가 발생한다. 그 장면을 출전인 『니혼료이키』와 대조해보면 다음과 같다.

『니혼료이키』 하권 제18화	『곤자쿠모노가타리슈』 제14권 제26화
이에 경사가 음심이 불타오르자 여자의 등에 올라탔다. 그리고 치마를 들치고 성교를 하였다. 남근이 음부에 들어가자 두 사람은 껴안은 채 모두 죽어버렸다. (爰經師婬心熾發、踞於孃背。擧裳而婚。隨門牛入門也、携手俱死。)	경사가 한 여자를 보고 갑자기 욕정이 생겨 음욕이 왕성하게 일어나자 웅크린 채 여자의 등에 붙어서 옷을 들치고 성교를 하였다. 남근이 음부에 들어가면서 손으로 껴안고 있는데 갑자기 경사도 여자도 모두 죽어버렸다. (經師一人ノ女ヲ見テ、忽ニ愛欲ノ心ヲ成シ、婬盛ニ發シテ、踞テ女ノ背ニ付テ、衣ヲ褰テ婚グ。門牛ノ門也ニ入ルニ隨テ、手ヲ以テ携テ有ル間ニ、忽ニ經師モ女モ共ニ死ヌ。)

양 설화집을 비교해보면 한문체로 쓰인 『니혼료이키』를 풀어 씀에 있어서 『곤자쿠모노가타리슈』에 약간의 변화가 보이기도 하지만 용자법(用字法)에서 매우 유사함을 보이고 있고, 심지어는 남녀의 성기를 지칭하는 「마라(門牛 マラ)」, 「쓰비(門也 ツビ)」라는 어휘도 『니혼료이키』의 용자(用字)에서 나온 것임을 알 수 있어, 『니혼료이키』가 『곤자쿠모노가타리슈』의 출전임은 의심할 여지가 없는 것 같다.

『곤자쿠모노가타리슈』 전체의 조직과 관련하여 보면, 본 설화가 수록된 제14권은 전체가 법화경 영험담으로 구성되어 있고, 제목에서도 알 수 있듯이 악인악과의 법화경 영험이라고 할 수 있다. 『곤자쿠모노가타리슈』나 『니혼료이키』는 남녀의 교접을 놀라울 정도로 적나라한 표현으로 서술하고 있는데, 경사는 불경을 서사하는 것을 업으로 삼고 사는 사람인만큼 수행자 정도는 아니더라도 계문을 중시해야 하는 것은 당연할 것이다. 그런데 법화경 서사의 신성한 작업을 하는 동안에 여자를 범하는 짓을 저질렀으니 그 죄과는 남녀 모두의 죽음으로 나타났다.

이에 대해 『곤자쿠모노가타리슈』의 편자는 「경사는 설령 음욕이 왕성하게 일어나 가슴이 타버릴 것 같은 생각이 들어도 경을 서사하는 동안에는 그런 생각을 해서는 안 된다. (經師譬ヒ婬欲盛ニシテ發テ心ヲ憔スガ如クニ思ト云フトモ、經ヲ書奉ラム間ハ可思止シ。)」라고 하여, 불경을 서사하는 동안의 마음가짐에 대해 강조하고 있다. 그리고 여자에 대해서도 경사의 욕정에 바로 동조해서는 안 되었다고 지적하면서, 두 사람은 불당을 더럽히고 경전을 믿지 않았으므로 그 자리에서 벌을 받은 것이라고 하여, 현보(現報)의 무서움을 일깨우고 있다. 또한 『니혼료이키』에서도 「어리석은 사람이 욕정을 탐하는 것은 모기가 불에 뛰어드는 것과 같다. 그래서 율에 말하기를 『젊은이는 자위를 한다』라고 하였고, 또 열반경에 말하기를 『오욕의 허무함을 알면 환락도 없고 잠시도 환락에 머물 일이 없다. 환락이란 개가 고기 없는 뼈를 깨물며 질려하는 일이 없는 어리석음과 같다』라고 한 것은 바로 이것을 말함이다. (愚人所貪。如蛾投火。所以律云、『弱眷自婬面門』。復涅槃經云、『知五欲法、無有歡樂。不得暫停。如犬齩枯骨無飽厭期』者、其斯謂也矣。)」와 같이 다양한 비유를 인용하여 더욱 강렬하게 서술하고 있다.

한편 부부 사이의 불신이 욕정으로 발산되고 죽음을 부른 경우도 있다. 『곤자쿠모노가타리슈』 제16권 제38화는 「기이(紀伊)지방 사람이 무지하고 불법을 불신하여 현세에서 벌을 받은 이야기」라는 제목의 설화로 이 또한 『니혼료이키』 중권 제11화를 출전으로 하고 있다.

쇼무(聖武)천황 시대의 일이므로 8세기 초가 되겠는데, 기이지방 구와바라(桑原)마을에 사야데라(狹屋寺)라는 비구니들이 사는 절에서 일어난 일이다. 절의 여승들이 서원을 세우고 나라 야쿠시지(藥師寺) 절의 다이에(題惠)선사를 초청하여 십일면관음 회개 법회를 열었다. 그 무렵 마을에 우에다노사브로(上田三郎)라고 하는 악한 남자가 살았는데 그의 아내는 매우 아름답고 인과의 깨달음도 있는 여자였다. 어느 날 남편이 외출한 동안 법회에 참석하여 계를 받고 참회를 하기 위해 법문을 듣는 사람들 사이에 앉아 있었다. 그런데 밖에서 돌아온 남편이 아내가 보이지 않자 사람들에게 물어 법회에 간 것을 알았다. 몹시 화가 난 남편은 즉시 절로 달려가서 큰소리로 아내를 불렀다. 법회를 보던 다이에선사는 자비의 마음으로 남편을 깨우쳐주려고 하였다. 하지만 전혀 들으려 하지 않고 오히려 무지막지한 언동을 저질렀는데, 해당 부분을 『니혼료이키』와 함께 비교 병기해보면 다음과 같다.

『니혼료이키』 중권 제11화	『곤자쿠모노가타리슈』 제16권 제38화
너는 내 아내를 범했다. 그러니 너의 머리를 때려 부셔버리겠다 이 비열한 중놈아」라고 욕을 퍼부었는데 일일이 다 쓸 수 없었다. 그리고 아내를 불러 집으로 돌아가더니 즉시 아내를 범하였다. 그러자 갑자기 남편의 성기에 개미가 달라붙어 깨물었고 그 통증으로 죽고 말았다. (「汝婚吾妻。頭可所罰破。斯下法師矣」。惡口多言、具不得述。喚妻歸家、卽犯其妻。卒爾門牛著蟻嚼、痛死。)	「너는 내 아내와 정을 통하려 한 도둑 법사다. 당장 너의 머리를 때려 부셔버리겠다」라고 소리치며 아내를 불러 집으로 데리고 갔다. 그러더니 남편은 아내에게 「너는 틀림없이 그 법사에게 당했을 것이다」라고 화를 내며 아내를 침실로 끌고 들어갔다. 두 사람이 누워 정을 통하는데 갑자기 남편의 성기에 개미가 달라붙어 무는 듯이 아팠고 그 통증의 고통으로 곧 죽고 말았다. (「汝ハ此レ我ガ妻ヲ婚ムト爲ル盜人法師也。速ニ我レ汝ガ頭ヲ可打破シ」ト詈テ、妻ヲ呼テ、家ニ將返ヌ。卽チ夫其ノ妻□テ「汝ヂ必ズ此ノ法師ニ被盜ヌラム」ト瞋テ、妻ヲ寢所ニ引入テ、二人臥ヌ。卽チ婚グニ、夫ノ門牛ニ忽ニ蟻付テ嚼ム樣ニ思テ、此ヲ痛ミ病テ程無ク死ヌ。)

양 설화의 유사함으로 보아 『니혼료이키』가 『곤자쿠모노가타리슈』의 출전으로 보는데 이의가 없을 것이다. 다만 『곤자쿠모노가타리슈』에는 아내를 집으로 끌고 온 후 「너는 틀림없이 그 법사에게 당했을 것이다(汝ヂ必ズ此ノ法師ニ被盜ヌラム)」라는 남편의 말이 덧붙여있어 심

한 의처증까지 느끼게 하는데, 이처럼 대화체를 이용하여 이야기의 전개를 풍부하게 하는 것은 『곤자쿠모노가타리슈』의 특징이다.

『곤자쿠모노가타리슈』 제16권은 전체가 관음영험담으로 구성되어 있는데, 본 설화도 십일면관음 회개 법회의 장소에서 일어난 일이라서 제16권에 배치한 것으로 보인다. 하지만 설화의 주제 면에서 보자면 승려에 대한 무례와 음행(淫行)의 과보를 얘기하고자 한 악인악과담으로 볼 수 있을 것이다.

제2절 수행자의 실패

『곤자쿠모노가타리슈』에 있어서 불법은 매우 큰 비중을 차지하고 있고, 따라서 수행자와 관련된 「애욕」의 일화도 상당수 수록되어 있다. 대표적인 경우가 수행의 장애 요인이 되는 「애욕」을 극복하지 못하고 유혹에 넘어감으로써 일어나는 실패담일 것이다.

수행자에게 있어서 「애욕」이 어떠한 문제였는지 제13권 제9화를 보면 짐작할 수 있게 된다. 「리만(理滿) 지경자(持経者)가 경전의 영험을 나타낸 이야기」라는 제목의 설화로, 『홋케겐키』 상권 제35화를 출전으로 하고 있는 법화경 영험담이다. 법화경 경전 수행에 전념하고 있는 리만이란 승려가 니치조(日藏)상인의 제자가 되어 수행을 하던 중, 「나는 속세를 싫어하여 불도를 수행한고 하지만 범부의 몸이라서 아직 번뇌를 끊지 못하였다. 그러니 혹시라도 욕정이 일어나는 마음이 생긴다면 그것을 멈추기 위해서 욕정을 억제하는 약을 먹고 싶구나(我レ世ヲ厭テ佛道ヲ修行スト云ヘドモ、凡夫ノ身ニシテ未ダ煩惱ヲ不斷ズ。若シ、愛欲ノ發心ヲテハ、其レヲ止メムガ爲ニ不發ノ藥ヲ服セム)」라고 생각하고, 스승에게 부탁을 했더니 스승이 그런 약을 구해서 먹게 해 주었다. 그리고 바로 약의 효험이 있어 여자에 대한 생각이 전혀 나지 않게 되었고 매일매일 법화경 독송(讀誦)의 수행을 열심히 할 수 있게 되었다는 것이다. 여기에서 밑줄친 「후하쓰노구스리(不發ノ藥)」란 말은 출전인 『홋케겐키』의 용어를 그대로 답습한 것으로 욕정을 억제하는 약을 말하는데, 리만이 수행하는데 있어서 여자를 멀리 하고 욕정을 금한다는 것이 얼마나 절실한 문제였는지를 충분히 느끼게 해 준다.

그런데 이러한 고뇌는 남자 수행자에게만 국한된 것은 아니었던 모양이다. 제13권 제12화 「조라쿠지(長樂寺) 절의 승려가 산에서 입정한 비구니를 본 이야기」에 의하면, 불도 수행을 하는 승려가 불단에 바치기 위해서 꽃을 구하러 깊은 산속으로 들어갔는데 날이 저물어 나무 밑에서 묵기로 했다. 그런데 밤중에 희미하게 법화경을 독송하는 소리가 들려 이상하게 여기면서 듣던 중 날이 밝았다. 그래서 소리가 들린 쪽으로 걸어가면서 누가 있는지 둘러보았더니 이끼가 낀 바위가 약간 솟아 있었다. 그렇다면 이 바위 위에 선인(仙人)이 앉아 있었던 건 아닐까 생각하고 있는데 갑자기 바위가 움직이며 솟아올랐다. 기이한 일이라며 보고 있었더니 바위가 사람으로 변하여 도망가려 했다. 자세히 보니 나이가 육십 정도 된 여자 수행자였다. 이를 본 승려가 무서운 생각이 들어 어찌 된 일이냐고 물었더니 울면서 다음과 같이 답하였다.

나는 여러 해 동안 여기에 있었습니다만 욕정을 일으킨 일이 없었습니다. 그런데 지금 당신이 오는 것을 보고 「저 사람이 남자인가?」라고 생각하자마자 원래 인간의 모습이 되어버렸으니 참으로 슬픈 일입니다. 역시 인간의 몸처럼 죄가 깊은 것은 없습니다. 이제 지난 세월보다 더 긴 시간이 걸려야 원래의 모습처럼 되겠지요(我レハ多ノ年ヲ經テ此ノ所ニ有ツルガ、愛欲ノ心發ス事無シ。而ルニ、只今、汝ガ来ルヲ見テ、「彼レハ男カ」ト見ツル程ニ、本ノ姿ニ成ヌル事ノ悲キ也。尚人ノ身許弊キ物無カリケリ。今亦過ギヌ

ル年ヨリ久ク有テゾ本ノ如ク可成キ)

여자는 깊은 산속에서 오랫동안 법화경을 독송하면서 수행에 정진하였기 때문에 상당한 경지에 올랐고 그래서 바위로 보일 정도의 신통력도 갖추게 되었을 것이다. 그럼에도 잠시 승려의 모습을 보고 남자인가보다 하는 정도의 생각을 했을 뿐인데 그 동안 쌓아왔던 수행의 공덕이 한순간에 물거품이 되고 다시 보통 사람으로 돌아가게 된 것이니 참으로 허망한 생각에 눈물이 난 것이다. 그녀의 탄식 가운데 「사람의 몸처럼 죄 많은 것이 없다(人ノ身許弊キ物無カリケリ)」라고 한 말의 바탕에는 이성을 의식한다든지 욕정을 느낀다든지 하는 문제를 해결하지 못한 것에 대한 자괴감이 존재함을 느낄 수 있다. 그렇기 때문에 앞에서 본 리만 승려처럼 약으로라도 해결하고자 하는 모습이 설득력을 얻게 되는 것일 수도 있다.

이처럼 수행자에게 있어 욕정이란 남녀노소를 불문하고 넘어야 할 산이었다. 그 산이 넘기 어려웠던 만큼 설화의 세계에서는 욕정으로 인한 수행자의 실패담이 주를 이루는데, 가장 대표적인 것이 『곤자쿠모노가타리슈』 제11권 제24화의 구메(久米) 선인담일 것이다.

구메가 수행을 쌓아 선인이 되어 하늘을 날고 있을 때였다. 요시노가와(吉野川) 강가에서 젊은 여자가 허벅지까지 옷자락을 걷어 올리고 빨래를 하고 있었는데, 새하얀 허벅지를 보자마자 선인이 욕정을 일으켜 그녀 앞에 추락하고 말았다. 그 후 그 여자를 아내로 삼고 보통 사람으로 살아가게 되었다. 그 무렵 나라에서는 천황이 도읍을 옮기려고 공사가 한창이었고 구메도 인부로 차출되었는데, 사람들이 그가 예전에 익힌 선인의 비술로 목재들을 하늘로 날려서 운반해주기를 원했다. 그는 오랫동안 선인의 비술을 잊어버리고 범부로 살아왔기 때문에 안 된다고 하면서도 마음속으로는 「범부의 욕정에 의해 여자에게

마음을 더럽히고 선인이 되는 일이야 없겠지만 그래도 수년간 행해온 비법이니 본존께서 혹시 도와주실 지도 모른다(凡夫ノ愛欲ニ依テ、女人ニ心ヲ穢シテ、仙人ニ成ル事コソ無カラメ、年來、行ヒタル法也、本尊何カ助ケ給フ事無カラム)」고 생각하고, 칠일 동안 심신을 깨끗이 한 후 단식하면서 기원을 올렸다. 팔일 째 되는 날 아침 갑자기 하늘이 어두워지고 천둥이 치며 비가 내렸다. 한참 지난 후 하늘이 개이자 숲에서 크고 작은 목재들이 하늘을 날아 궁궐을 짓는 공사장으로 향했다. 이를 본 사람들이 구메를 존경하게 되었고 천황도 그에게 전답을 하사했다. 구메는 기뻐하며 그 마을에 절을 세웠는데 바로 구메데라(久米寺)가 그 절이다.

본 설화의 제목 「구메 선인이 처음으로 구메데라 절을 세운 이야기」에서 알 수 있듯이 구메데라 절의 연기담으로, 설화의 말미도 연기담으로 맺고 있지만, 구메는 선인이 되려다가 여자 때문에 실패한 인물로서의 에피소드가 더욱 유명한 것 같다. 예를 들어 그의 이름은 일본 중세의 대표적 수필집인 『쓰레즈레구사(徒然草)』에도 등장할 정도로 후대에까지 널리 알려졌다. 제8단을 보면 세상 사람들을 미혹하는 것으로 색욕만한 것이 없고 인간의 마음이란 어리석은 것이어서 냄새 같은 것은 덧없는 것임에도 옷에 향내가 스며있어 좋은 냄새를 맡으면 마음이 두근거리는 것이라고 하면서 다음과 같이 구메 선인의 이야기를 언급하고 있다.

구메 선인이 옷을 빨고 있는 여자의 새하얀 정강이를 보고 신통력을 잃어버렸다고 하는 것은, 참으로 손발이나 피부 같은 것이 예쁘고 살이 쪄서 기름진 것은 다른 색깔을 입힌 것이 아니기 때문에 그럴 수도 있다는 생각이 든다. (久米の仙人の、物洗ふ女の脛の白きを見て、通を失ひけんは、誠に手足·はだへなどのきよらに、肥えあぶらづきたらんは、外の色ならねば、さもあらんかし。)

구메 선인의 이야기를 통하여, 인간이 어리석은 존재라서 여자의 색이 덧없는 것임을 알면서도 그 유혹에 빠지는 것을 어쩔 수 없는 일로 생각하고 있는데, 역시 인간의 욕망을 있는 그대로 긍정적으로 보고자 한 작자 겐코(兼好)의 시선이 잘 느껴지는 장면이라고 할 수 있겠다.

구메 선인의 경우는 한때의 욕정으로 신통력을 잃었으나 다시 정진을 통하여 신통력을 회복하고 구메데라라는 절까지 창건 하는 등 명예를 회복하였으나, 대부분의 경우에는 욕정에서 헤어나지 못하고 일신을 망치는 경우가 많았는데, 예화를 통해 살펴보기로 하겠다.

제20권 제7화는 「소메도노(染殿)왕후가 덴구(天狗)로 인하여 착란을 일으킨 이야기」라는 제목으로, 몬토쿠(文德)천황의 어머니인 소메도노(染殿)왕후 관련 설화이다. 왕후가 늘 모노노케(物怪)에게 괴롭힘을 당하였으므로 험력(驗力)이 뛰어난 명승들을 초청하여 가지기도(加持祈禱)를 하였지만 효험이 없었다. 그런데 야마토지방의 가즈라키(葛木)산에 사는 성인이 오랫동안 수행을 쌓아서 대단한 영험을 지니고 있다고 평판이 자자하여 그를 불러 기도를 올리고자 하였다. 그는 여러 번 고사하였지만 천황의 명을 거역할 수 없어서 입궐하게 되었다. 그가 기도를 올리자 즉시 효험이 나타났는데, 시녀 한 사람이 갑자기 미친 듯이 날뛰며 비명을 지르는 것이었다. 성인이 더욱 힘을 써서 기도를 했더니 그녀의 품에서 늙은 여우 한 마리가 뛰쳐나와 쓰러진 채 도망치지도 못하고 있었다. 그러자 왕후의 병은 하루 이틀 사이에 다 나았고 모두가 기뻐하였다.

이를 보더라도 성인의 험력이 매우 뛰어났고 그의 수행이 얼마나 높은 경지에 이르렀는지 알 수 있는데, 문제는 그 후에 발생하게 된다. 감사를 표하기 위해서 성인에게 며칠 묵고 가도록 했는데, 마침 여름이어서 왕후가 홑옷만 입고 있을 때 바람이 불어 휘장이 살짝 열렸다. 성인이 그 틈새로 왕후의 모습을 훔쳐보았더니 그 모습이 지금까지 본

적이 없는 뛰어난 미인이었다. 이때의 성인의 상태를 『곤자쿠모노가타리슈』는 다음과 같이 서술하고 있다.

이렇게 아름다운 모습을 본 성인은 갑자기 마음이 어지럽고 가슴이 무너져 왕후에게 커다란 욕정을 일으켰다. 그렇지만 어찌할 도리가 없는 일이어서 괴로워하고 있으니 가슴이 불타는 듯 하고 한시도 떠올리지 않고는 지낼 수 없어서 (此ク端正美麗ノ姿ヲ見テ、聖人忽ニ心迷ヒ肝砕テ、深ク后ニ愛欲ノ心ヲ發シツ。然レドモ、可爲キ方無キ事ナレバ、思ヒ煩テ有ルニ、胸ニ火ヲ燒クガ如ニシテ、片時ヲ思ヒ遇スベクモ不思エザリケレバ)

밑줄 부분과 같이 『곤자쿠모노가타리슈』의 상투적 어법인 「욕정을 일으켰다(愛欲ノ心ヲ發シツ)」라는 표현으로 서술하고 있는데, 아무리 깊은 수행을 쌓은 성인도 아름다운 여인의 모습을 보고 일어난 욕정 앞에서 필부의 한사람에 지나지 않음을 느끼게 한다. 마침내 성인은 욕정을 참지 못하고 침실로 침입하여 누워있는 왕후를 껴안았다. 놀란 왕후의 비명 소리에 어의(御醫)가 달려 들어와 성인을 포박하였다. 결국 감옥에 갇힌 성인은 「나는 지금 당장 죽어서 귀신이 되어 이 왕후가 살아있을 때 나의 뜻대로 왕후와 정을 통해야겠다(我忽ニ死テ鬼ト成テ、此后ノ世ニ在マサム時ニ、本意ノ如ク后ニ陸ビム)」라고 서원을 세웠다. 이를 알게 된 천황이 그를 풀어주어 산으로 돌아가도록 했다.

그런데 남자의 정념(情念)도 대단한 것이어서, 성인은 왕후에 대한 생각을 참지 못하고 십여 일 단식으로 죽은 후 뜻대로 귀신이 되었다. 그리고 침실로 들어와 왕후의 정신을 빼앗고 함께 눕는 것이었다. 제정신이 아닌 왕후는 기쁜 얼굴로 그를 맞이하였고 이런 날이 거듭되었다. 이를 알게 된 천황이 고승들을 불러 기도로 귀신을 물리치게 하였다. 그 효력이 있어서인지 석 달 정도 귀신이 나타나지 않았고 왕후도

제정신으로 돌아온 듯하였다. 그래서 천황은 오랜만에 왕후와 재회하여 정을 나누는데 방구석에서 갑자기 이전의 귀신이 뛰쳐나왔다. 그리고 사람들이 보는 앞에서 왕후와 함께 자리에 눕더니 차마 눈뜨고 못 볼 짓을 아무 거리낌 없이 저지르는 것이었다. 그렇지만 천황도 어찌 할 도리가 없어 탄식할 뿐이었다.

이런 사실을 기록하면서 『곤자쿠모노가타리슈』의 편자는 고귀한 여성에게 절대로 이런 법사를 가까이해서는 안 된다고 주의를 환기시키고, 이것은 매우 부끄러운 일이지만 후세에 알려서 법사에게 다가가는 것을 경계하도록 하고자 한다고 하였다. 욕정에 눈이 어두워지면 아무리 수행의 공덕이 높은 성인일지라도 한순간에 모든 것을 잃고 무너지고 마는 것임을 간파하고 여성들에게 그 위험성을 주지시키고 있는데, 이 설화의 독자들은 성인이 저지른 파계를 통하여 여성에 대한 욕정이 얼마나 참기 어렵고 무서운 것인가를 새삼 실감하게 된다.

제3절 욕정으로 인한 외도

이성에 대한 욕정으로 인하여 야기되는 상황은 그 자체로 이야깃거리가 되는데 기혼자의 경우에는 간통을 저지르는 것이 되기 때문에 더욱 화제가 된다. 그런데 남편이 바람을 피우는 경우가 일반적이라 생각되지만, 『곤자쿠모노가타리슈』에는 아내가 외간 남자와 정을 통함으로서 벌어지는 사건도 보이고 있어 주목을 끈다.

먼저 제29권 제14화를 보면 「구조호리카와(九條堀河)에 사는 여자가 남편을 죽이고 통곡한 이야기」라는 제목의 설화인데, 다이고(醍醐)천황 시절에 있었던 일이다. 천황이 밤중에 여자의 우는 소리를 듣고 그곳이 어디인지를 찾아보라고 하였다. 궁 안에는 없어서 궁 밖까지 찾아보니 구조호리카와에 있는 작은 집에서 울고 있는 여자가 있었다. 그녀를 잡아오려고 했더니 하는 말이, 집에 도둑이 들어와 남편을 죽여서 지금 남편의 시신이 집안에 있다는 것이었다. 그래서 그녀를 게비이시에게 넘겨 취조를 했더니, 실은 그녀에게 정부(情夫)가 있어 둘이 합심하여 남편을 죽인 것이었는데 사람들을 속이기 위해 거짓으로 울고 있었다고 자백했다. 결국 여자와 정부는 모두 감옥에 갇히게 되었고, 이야기는 천황의 뛰어난 능력에 대한 감탄으로 마무리되고 있다.

하지만 본 설화에서 관심을 끄는 것은 천황의 뛰어난 능력보다 여자의 간통 사건 자체일 것이다. 그렇기 때문에 이 사실을 알게 된 사람들이 「마음씨가 악하다고 생각되는 아내에게는 마음을 놓아서는 안 된다(心悪ト見ム妻ニハ、心ヲ不免マジキ也トゾ)」라고 말했다고 편자는 전하고 있는데, 여자가 간통을 저지른 것으로도 모자라 정부와 짜고 남편을 죽인 것이 당시 사람들에게 큰 충격이었음을 짐작할 수 있다.

이와 반대로 남편의 바람기가 사달을 일으킨 일화로서 제28권 제1화 「고노에노토네리(近衛舎人)들이 이나리(稲荷) 신사에 참배하는 길에 시게카타(重方)가 여자를 만난 이야기」를 들 수 있다. 고노에노토네리는 천황과 황족을 모시거나 호위하는 일을 하던 관료인데 이들이 교토의 이나리 신사를 참배하던 날이었다. 일행 중에 시게카타라고 하는 자가 있었는데 원래부터 여자를 좋아해서 아내가 항상 질투를 하고 있었다. 그날도 참배객 가운데 많은 여자들이 스쳐 지나갔는데 마침 아주 예쁘게 차려입은 여자가 시게카타 일행이 다가오자 길을 비켜주면서 나무 그늘에 서 있자 남자들이 농담을 걸었다. 특히 시게카타는 그녀 옆에 달라붙어 열심히 그녀를 유혹했더니, 아내가 있는 분의 일시적인 마음을 어찌 믿을 수 있겠느냐며 의심하자, 자기 아내는 원숭이를 닮았고 마음씨도 고약해서 헤어지려고 생각하고 있던 참이었다고 말하면서 참배하러 가는 신사의 신에게까지 맹세를 하였다. 그래도 여자가 믿지 않고 지나치려 하자 시게카타는 그녀 앞으로 다가가 두 손을 싹싹 빌면서 이후로 절대 집으로 돌아가지 않겠다고 머리를 조아리며 약속했다. 그러자 여자는 갑자기 그의 상투를 움켜쥐고 뺨을 산이 울릴 정도로 세차게 후려쳤다. 놀란 그가 무슨 짓이냐며 여자의 얼굴을 올려다보니 자기 아내가 그의 바람기를 확인하려고 속이고 한 일이었다. 결국 시게카타는 집으로 돌아와 열심히 아내의 비위를 맞추고 빌었기 때문에 아내도 화가 가라앉아 별 일 없이 지내게 되었다고 한다.

본 설화의 서두에서 시게카타를 소개하기를, 「시게카타는 원래부터 여자를 밝히는 마음이 가득한 사람(重方ハ本ヨリ好々シキ心有ケル者)」이라고 하였듯이, 그는 천성이 바람기가 많은 남자였고 맘에 드는 여자를 보면 욕정이 발동하여 자기 아내의 모습과 목소리도 못 알아볼 정도로 이성을 잃었기 때문에 주위로부터도 어리석은 사람이라는 웃음거리로 전락하고 만 것이다. 무엇보다도 『곤자쿠모노가타리슈』가 마지막 마무리로 「그 아내는 시게카타가 죽은 후 한창 때의 나이가 되어 다른 사람의 아내가 되어 있었다(其妻、重方失ケル後ニハ、年モ長ニ成テ、人ノ妻ニ成テゾ有ケル)」라고 한 한마디는 이 설화의 압권이라고 할 수 있을 것이다. 즉 젊은 시절의 욕정이 바람기로 표출된 남자는 먼저 세상을 떠나버리고, 남겨진 아내는 재혼하여 여자로서의 한창 때를 즐기며 살고 있다는 사실을 간단히 적시함으로써, 대조적인 두 사람의 삶을 통하여 인생의 아이러니를 명시하고 있는 것이다.

제4절 욕정과 해학의 공존

욕정이라 하면 부정적인 이미지가 강하기 때문에 해학과는 관련성이 없어 보이지만, 『곤자쿠모노가타리슈』는 욕정에도 해학을 접목하여 그 부정적 이미지를 희석시키고 있다. 예를 들어 앞에서 살펴본 시게카타의 일화를 보더라도 자기 아내를 못 알아보고 험담을 늘어놓다 탄로가나서 낭패를 보는 장면에서는 어이없는 짓에 웃음을 짓게 되며 해학성을 느끼게 되는데, 좀 더 구체적인 예를 통해 보기로 하겠다.

『곤자쿠모노가타리슈』의 제28권은 44화 전체를 골계(滑稽)담으로 구성하였는데, 그 가운데 제11화와 제12화는 욕정 및 간통과 관련된 이야기이다. 먼저 제11화 「기온(祇園 교토시 히가시야마[東山]구에 있는 야사카[八坂]신사의 별칭인 기온샤(祇園社)의 약칭)의 벳토(別當 절의 사무를 총괄하는 최고 책임자) 간슈(感秀)가 독경료로 보내진 이야기」를 보면, 간슈라고 하는 기온샤의 벳토가 지방관의 아내와 정을 통하고 있었는데, 지방관이 밖에서 돌아오자 아내와 하녀들이 이상하게 안절부절 못하는 듯이 보였다. 지방관은 전부터 어렴풋이 아내의 외도를 짐작하고 있던 터라 외간 남자가 와 있을 거라고 짐작하고 안으로 들어가 보니 평소와 달리 궤짝에 자물쇠가 채워져 있었다. 그래서 틀림없이 궤 안에 남자를 숨겨놓았을 거라고 생각한 남편은 사람들을 불러 궤짝을 기온샤로 가지고 가서 독경료(誦經料)로 드리고 오도록 시켰다. 이를 본 아내와 하녀들이 당혹해 했지만 어쩔 수 없었다. 이렇게 해서 기온샤로 운반된 궤짝을 열기 위해 벳토를 찾았지만 보이지 않아 고민하고 있는데 궤짝 안에서 모기만한 소리로 「벳토는 찾지 말고 그냥 사무승이 열어라」라고 하는 소리가 들렸다. 이 소리에 모두들 놀라 두려워하면서 열었더니 안에서 벳토가 살그머니 머리를 내밀었다. 모두들 놀라 흩어지자 벳토도 궤짝에서 나와 어딘가로 숨어버렸다고 한다.

우리나라에도 잘 알려진 조선시대의 소설 『배비장전(裵裨將傳)』을 연상케 하는 내용이다. 간슈는 교토의 유명한 신사인 기온샤의 업무를 총괄하는 벳토이므로 신을 모시는 사람으로서 누구보다 바른 생활을 해야 함에도 불구하고 지방관의 아내와 정을 통하고 있었다는 것은 범상치 않은 일이다. 이 보다 더욱 주목할 만한 것은 지방관의 대처이다. 즉 『곤자쿠모노가타리슈』의 편자도 칭찬했듯이, 아내의 부정을 눈치 챈 지방관이 벳토를 궤짝에서 끌어내어 혼을 내주었다면 자기도 세간의 입방아에 오르내리게 되고 별로 좋을 게 없었을 터인데, 단지 그를 수치스럽게 하는 정도에서 마무리한 것은 현명한 처사였던 것이다. 특히 궤 안에 들어있는 벳토를 찾는 난처한 상황에서 모기만한 소리로 위기를 모면해보고자 한 그의 행동은 실소를 금할 수 없게 하는데, 『곤자쿠모노가타리슈』는 「간슈는 원래부터 매우 우스운 말을 잘하는 사람이었기 때문에 궤 안에서 그와 같은 말을 한 것이다(感秀本ヨリ極タル物云ニテ有ケレバ、唐櫃ノ内ニテ此モ云フ也ケリ)」라는 설명으로 벳토의 됨됨이가 원래 우스꽝스러운 사람이라는 것을 밝히고 있다.

제12화도 역시 유명한 승려와 귀족의 아내가 저지른 불륜을 소재로 하고 있다. 「어느 귀족의 집에 명승이 숨어들어 정을 통한 이야기」를 보면, 어느 귀족 집안의 아내에게 유명한 승려가 몰래 찾아다니며 정을 통하고 있었는데 남편은 이런 사실을 모르고 있었다. 때는 3월 20일 무렵, 남편이 입궐한 사이에 승려가 찾아와 입고 있던 승복을 벗고 자기 집처럼 지내는데, 하녀가 벗어놓은 승복을 주인인 남편의 옷걸이에 같이 걸어두었다. 그런데 다른 귀족들과 사냥을 가게 된 남편이 하인을 보내 옷을 가져오도록 하자, 아내는 무심코 옷걸이의 사냥복과 모자를 보자기에 싸서 들려 보냈다. 남편이 열어보니 안에는 승복이 들어 있었다. 그래서 아내가 승려를 정부로 두고 있음을 알아챘는데, 이미 다른 귀족들도 함께 보고 말았다. 남편은 부끄러웠지만 어찌 할 도리가 없어서 옷을 그대로 싸서 다음과 같은 와카 한 수와 함께 돌려 보냈다.

오늘이 며칠인가 4월 1일도 아닐 터인데 벌써 옷을 갈아입게 되다니
(トキハヰカニケフハウヅキノヒトヒカハマダキモシツルコロモガヘカナ)

밑줄 친 「고로모가에(コロモガヘ)」란 여름옷과 겨울옷을 시기를 정해서 바꿔 입었던 관습을 얘기하는데, 겨울옷을 여름옷으로 갈아입는 것이 4월 1일, 여름옷을 겨울옷으로 갈아입는 것이 10월 1일로 정해져 있었다. 그러므로 이 와카는 앞에서 서술했듯이 이 일이 3월 20일 경에 있었던 것임과 결부시키면 이해가 된다. 이후 남편은 아내와 인연을 끊고 말았는데, 아내의 어리석은 행동이 실소를 금할 수 없게 한다.

위의 두 설화는 모두 아내의 부정(不淨)이 발단이 된 이야기들인데, 제24권 제8화는 상황이 다르다. 「여자가 의사 집에 가서 종기를 치료하고 도망친 이야기」를 보면 덴야쿠노카미(典薬頭 의약에 관한 일을 관장했던 덴야쿠료[典薬寮 또는 구스리노쓰카사 라고도 읽음]의 최고 책임자)의 지위에 있을 정도로 아주 뛰어난 명의가 주인공으로 등장한다. 어느 날 이 의사에게 아주 아름다운 여인이 찾아와서 적당한 곳에 방을 하나 마련해 달라고 했다. 의사는 원래부터 여자를 밝히는 다정한 노인이었기 때문에 사람 눈에 띄지 않는 방을 준비했다. 그리고 마주앉아 여인을 살펴보니 나이는 삼십 정도이고 어디 흠잡을 데 없을 만큼 아름다운 여인이었다. 의사는 삼사년 전에 늙은 아내가 세상을 떠나고 없으니 기쁘기 이를 데 없었다. 어떻게 된 일인지 물었더니 여자는 목숨의 소중함에 부끄러움을 무릅쓰고 찾아왔으니 모든 것을 당신에게 맡기겠다며 옷자락을 열고 상처를 보여주었다. 눈처럼 새하얀 허벅지가 조

금 부어 있었는데 아무래도 이상해서 허리띠를 풀게 하고 앞부분을 보니 털이 나있어 상처가 잘 보이지 않았다. 그래서 손으로 그곳을 더듬자 음부 바로 가까이에 빨간 종기가 보였다. 양손으로 털을 가르고 자세히 보니 목숨을 위태롭게 할 정도로 무서운 종기였다. 그날로 아무도 접근하지 못하게 하고 밤낮으로 치료에 전념하였더니 칠일 정도 지나서 아주 좋아졌다. 의사는 적당히 약을 발라주며 그녀를 당분간 붙잡아두려는 속셈이었는데 그날 저녁 가벼운 옷차림으로 하녀와 함께 도망치고 말았다. 그녀가 사라진 것을 알고, 환자라서 피할 게 아니라 서둘러 그녀를 해치웠더라면 좋았을 것이라며 후회를 했지만 이미 소용없는 일이었다. 발을 구르고 땅을 치며 우는 그의 모습을 보고 제자 의사들이 뒤에서 큰 소리로 웃었다. 세상 사람들도 이 이야기를 듣고 웃으면서 의사에게 물었지만 몹시 화를 내며 변명하기에 바빴다.

결국 늙은 의사의 욕정은 실패로 끝나고 웃음거리가 되고 말았다. 그 과정을 보면 여자는 의사의 욕정을 눈치 채고 있었던 것이고, 나름대로 기지를 발휘하여 어려운 상황을 모면했기 때문에 『곤자쿠모노가타리슈』의 편자도 「매우 현명한 여자(極ク賢カリケル女)」라고 칭찬하고 있다. 여자는 자신의 미모를 이용하여 아무런 대가 없이 난치병 치료에 성공한 셈인데, 그 배경에는 늙은 의사의 호색이 존재하고 있음을 알 수 있다.

또한 본 설화에서는 무엇보다도 여자의 환부를 찾아내는 장면의 묘사가 너무 노골적이어서 충격을 느끼게 되는데, 이는 당시의 다른 문학작품에서는 쉽게 볼 수 없는 『곤자쿠모노가타리슈』의 특징이라고 할 수 있다. 근대 작가 아쿠타가와류노스케가 「생생함은 『곤자쿠모노가타리』의 예술적 생명이라고 해도 지장이 없다. (중략) 이 생생함은 본조부에서는 한층 더 야만스럽게 빛나고 있다(生ま々々しさは『今昔物語』の芸術的生命であると言っても差し支へない。(中略) この生ま々々しさは、本朝の部

には一層野蛮に輝いてゐる)」라고 평한 것도 바로 이러한 적나라하고 노골적인 묘사를 높이 평가했기 때문일 것이다.

이상 『곤자쿠모노가타리슈』의 애욕담을 다양한 각도에서 살펴보았다. 시대와 장소를 막론하고 남녀 간의 성애(性愛)는 인간의 관심사였던 만큼 『곤자쿠모노가타리슈』에도 많은 이야기들이 전해오고 있는데, 성과 속을 넘나드는 공간을 무대로 하여 헤이안시대 일본인의 삶의 궤적을 보여주고 있다.

경전을 서사하는 신성한 작업 도중에 벌인 정사로 인하여 죽음에 이른 다지히, 법문을 듣고 있는 아내를 불러내어 억지로 관계를 맺다가 죽음에 이른 남편, 이들은 모두 성(聖)을 모독한 욕정이 불러온 불행한 결말이었다.

그리고 수행자의 경우는 욕정으로 인하여 색욕을 금하는 계율을 어김으로써 다년간 쌓아온 공덕이 수포로 돌아가고, 심지어는 소메도노 왕후의 경우처럼 귀신이 되어서까지 욕정을 채우는 무서움을 보여주기도 하는데, 이러한 수행자의 파계를 보면서 이성에 대한 욕정의 무서움을 실감하게 된다. 또한 기혼자의 잘못된 욕정은 외도로 이어지고 심지어는 아내가 정부와 모의하여 남편을 살해하는 경우도 있어 오늘날과 크게 다르지 않은 시대상을 보여주기도 한다.

홍미로운 것은 서로 어울리지 않을 것 같은 욕정과 해학을 접목하여 심각한 상황에서도 웃음을 발견하게 된다는 점인데, 이것은 『곤자쿠모노가타리슈』라는 작품이 인간의 삶의 곳곳에서 해학을 찾아냄으로써 설화문학으로서의 홍미를 이끌어내는 특징을 지니고 있음을 말해 준다.

이처럼 『곤자쿠모노가타리슈』의 애욕담은 당시의 시대상을 살필 수 있는 다양한 사건들을 기술하면서, 사건의 단순한 전개에 그치지 않고 아쿠타가와류노스케가 묘사의 생생함과 야만스러움이란 말로 적시(摘示)했듯이, 『곤자쿠모노가타리슈』만의 특징적인 문학성을 재확인하게 해준다.

설화문학으로 본

일본문화

초판 인쇄	2017년 8월 24일
초판 발행	2017년 8월 31일

지은이	문명재
발행인	김인철
총괄 · 기획	가정준 Director, University Knowledge Press
편집장	신선호 Executive Knowledge Contents Creator
도서편집	김민정 Contents Creator
전자책편집	이리나 e-Contents Creator
재무관리	김은혜 Managing Creator
마케팅 파트장	백승이 Chief Marketing Creator
마케팅	박종원 Marketing Creator
발행처	한국외국어대학교 지식출판원 02450 서울특별시 동대문구 이문로 107 전화 02)2173-2493~7 팩스 02)2173-3363 홈페이지 http://press.hufs.ac.kr 전자우편 press@hufs.ac.kr 출판등록 제6-6호(1969. 4. 30)
디자인 · 편집	(주)이환디앤비 02)2254-4301
인쇄 · 제본	네오프린텍 02)718-3111

ISBN 979-11-5901-233-4 03830 정가 19,800원

HUiNE은 한국외국어대학교 지식출판원의 어학도서, 사회과학도서, 지역학 도서 Sub Brand이다. 한국외대의 영문명인 HUFS, 현명한 국제전문가 양성(International +Intelligent)의 의미를 담고 있으며, 휴인(携引)의 뜻인 '이끌다, 끌고 나가다'라는 의미처럼 출판계를 이끄는 리더로서, 혁신의 이미지를 담고 있다.